探寻公平而有质量的教育

青海省西宁市城乡教育集团化办学改革案例

西宁市教育局 编

青海人民出版社

图书在版编目（CIP）数据

探寻公平而有质量的教育：青海省西宁市城乡教育集团化办学改革案例 / 西宁市教育局编 .-- 西宁 ： 青海人民出版社，2022.7

ISBN 978-7-225-06305-8

Ⅰ．①探… Ⅱ．①西… Ⅲ．①中小学—办学模式—研究—西宁 Ⅳ．① G639.284.41

中国版本图书馆CIP数据核字(2022)第117769号

探寻公平而有质量的教育
—— 青海省西宁市城乡教育集团化办学改革案例

西宁市教育局　编

出 版 人　樊原成

出版发行　青海人民出版社有限责任公司
西宁市五四西路 71 号　邮政编码 :810023　电话 :（0971）6143426（总编室）

发行热线　（0971）6143516/6137730

网　　址　http://www.qhrmcbs.com

印　　刷　青海雅丰彩色印刷有限责任公司

经　　销　新华书店

开　　本　787mm×1092mm　1/16

印　　张　26

字　　数　550 千

版　　次　2022 年 7 月第 1 版　2022 年 7 月第 1 次印刷

书　　号　ISBN 978-7-225-06305-8

定　　价　88.00 元

出版说明

党的十九大报告指出："推动城乡义务教育一体化发展，高度重视农村义务教育。"统筹城乡义务教育一体化发展，缩小城乡、区域、学校之间的差距，推动区域教育由高速发展向深入提质迈进，是基础教育发展的题中应有之义，更是促进教育公平、办好人民满意教育的重要战略任务。实现城乡义务教育一体化改革发展，是新时代办好农村义务教育、整体提升农村教育公共服务水平的必然选择，对于落实乡村振兴战略、建设教育强国具有重大而深远的意义。自 2016 年起，青海省西宁市根据国务院和青海省关于统筹推进县域内城乡义务教育一体化发展改革的工作意见和工作部署，特别是按照习近平总书记关于高度重视农村义务教育，推动城乡义务教育一体化发展的重要指示精神，以问题为导向，创新工作思路，出台《西宁市城乡义务教育集团化办学指导意见》，打破城乡管理多重界限，按照"以城带乡、以优带潜"的形式，将城区 27 所优质中小学与三县 15 所薄弱乡村校组建为 12 个教育集团，启动实施了跨界城乡的义务教育集团化办学改革，有效探索了"管理互融、师资互派、教学互通、学生互动，党建共抓、资源共享、文化共育、质量共评"的"四互四共"集团运行模式，针对乡村学校短板，促进乡村学校管理走向科学规范，聚集核心业务，全力促进城乡教研教学质量同步提升，突出精神引领，打造集团校教育工作多维特色，改进乡村学校管理、加强师资力量、整合德育资源、培育校园文化。

几年来，"西宁模式"的集团化办学改革取得了积极成效，乡村学校的办学条件和育人环境得到改善优化，1400 名乡村教师得到了全师、全科、全覆盖式的专业发展指导与帮带，办学质量得到大幅提升，惠及乡村学生

1.7 万人，乡村学校陆续出现赴外就读学生的回流现象，对化解乡村控辍保学和城镇消除"大班额"问题、改变"城镇挤、乡村弱"的教育发展不均衡现状发挥了积极作用，力促了西宁市城乡义务教育一体化发展。改革成效得到广大群众和教育部、省、市各级领导充分肯定，改革案例被评为"全国基础教育优秀工作案例"，入选"全国教育扶贫攻坚典型案例"，办学经验被青海省教育厅在全省进行了推广。

本书对青海省西宁市 2016 年以来城乡义务教育集团化办学改革的阶段性工作进行成果总结，内容围绕党建思政引领、集团内部管理工作机制构建、教学教研活动模式、集团师资队伍建设有效举措、城乡优质教育资源共建共享、集团文化及德育活动、集团内部督视导、乡村学校校园文化建设等八个方面，总结提炼出对乡村学校办学提质可复制、可推广的改革经验，所有案例成果是在集团化办学持续研究探索的基础上形成，案例理论联系实际，经过实践检验，在解决城乡教育均衡化、一体化发展中具有较强的学术价值及实践价值，对推动城乡教育改革创新、提高乡村学校办学质量、育人水平具有较强的示范性和借鉴意义，具有区域示范性和推广价值，可推广应用于更大范围的教育实践，可为完善强校带弱校、城乡对口支援办学机制，推动城乡义务教育一体化、优质均衡发展提供参考。

本书在编撰出版过程中，得到了西宁市教育局、各县、区教育行政部门、各教育集团的大力支持，在此，对所有关心和支持《探寻公平而有质量的教育——青海省西宁市城乡教育集团化办学改革案例》成书的领导和同仁们表示感谢！由于编写人员水平有限，还存在许多不足之处，恳请广大读者批评指正，我们将在今后的实践探索中不断完善，不断进步。

目　　录

党建思政引领　党建联盟"双培"聚力

管理机制构建　管理输入提质增效

教学教研共融　规范要求　研教一体

师资队伍建设　师资帮带　交流提升

资源共建共享　资源共建　互惠互享

德育共育共促　立德树人　全面发展

发展督视评估 督导考核 质量共评

坚持和加强党对教育工作的全面领导，探索建立"组织联建、资源共享、事务共商、党员联管、人才共育、文化共兴"的"双联四共"党建联盟机制，成立多个教育集团党建联盟，着力做好集团党建思政工作，通过"把优秀的教师培养成党员、把党员培养成优秀教师"的"党员双培"机制，不断壮大改革推进的中坚力量，教育引导党员成为集团化办学改革的排头兵，实现党建引领、改革联动的发展局面。

党建思政引领
党建联盟『双培』聚力

党建引领聚合力　联盟共建促发展

西宁市第八中学教育集团自成立以来，坚持党建引领，坚持社会主义办学方向，成立西宁八中教育集团党建联盟工作机制。党建联盟以习近平新时代中国特色社会主义思想为指导，深入学习贯彻党的十九大精神，全面落实新时代党的建设总要求，按照"党建统领、统筹发展、尊重主体、共促和谐"的总体思路，对标"组织共建、资源共享、活动共办、事务共商、党员共管、人才共育、文化共兴"的发展目标，不断探索创新管理制度、活动载体和引领方式，把党建工作贯穿在集团发展的各项工作中，不断巩固"党建工作沉下去，立德树人促发展"的鲜明导向，着力构建集团化党建工作新格局。教育集团各党组织充分重视，组织有力；活动组织形式多样，成效明显；切实把党的思想政治组织优势转化为教育改革发展优势，为集团化办学提供坚强的政治和组织保障。

一、具体做法

（一）坚持思想引领，党员四个意识得到增强

教育集团党建联盟始终将学习习近平新时代中国特色社会主义思想作为贯彻党的十九大精神的重中之重，在"学懂弄通做实"上下功夫。结合推进"两学一做"学习教育常态化制度化，巩固"不忘初心、牢记使命"主题教育成果，精选学习内容，及时将全国、省市教育大会精神及习近平总书记在思政教师座谈会上的讲话精神、师德师风建设、党风廉政建设、脱贫攻坚等内容纳入学习研讨中；建立健全集团党员教育管理的长效工作机制，严格落实相关规定，落细落小落实集团"三会一课"、组织生活会、"主题党日"、民主评议党员、工作例会等组织生活制度，提高集团各党组织的党建生活质量，增强党员的组织观念，强化党员教师立德树人的责任意识，

夯实农村学校组织基础。

（二）丰富活动载体，党员先锋作用得到呈现

教育集团党建联盟结合教育集团发展的实际，不断丰富党建活动载体。一是坚持远程党课，同上一堂党课，强化先锋模范作用；二是召开集团思政课教师座谈会，进一步学习领会习近平总书记在学校思想政治理论课教师座谈会上的讲话精神及全市学校思想政治理论课教师座谈会议精神，探索教育集团思想政治理论课建设；三是集中评优表彰优秀党员、党务工作者，树立身边的典型，以身边的榜样影响身边人。四是共同开展主题党日活动，使集团内党员的先锋模范作用得到呈现。

（三）创新工作方法，工作融合实效逐步提升

教育集团党建联盟落实落细"党建1+6"工作法。坚持党建＋教育科研、德育实践、脱贫攻坚、师德师风、民族团结、志愿服务的发展方式，并持续将"党建1+6"工作法拓展至中层干部挂职交流、优秀教师培养等工作上，做到了党建与教育教学工作互动互促、同频共振，聚焦问题补短板、强弱项，强化了党组织的引领和统筹。

一是围绕教育集团中心工作，在集团内部推进"红色朋友"学科结对帮扶，培育"党员名师工作室"集群，涵盖初中英语、思政，小学语文、数学、书法，班主任党员名师工作室建设，通过开展团队政治学习、课堂问诊把脉、示范课展示、听评课交流、课题申报开展、成果联合展示、"双培双带"等活动，切实发挥了学科党员教师在教育集团教学改革中的主动性、引领性和创造性，实现了团队引领教师成长目标。

二是狠抓集团德育队伍建设，提升德育队伍的管理和育人水平。以班主任党员名师工作室为抓手，通过班主任论坛、班主任例会、班主任培训、师德师风建设专题会议等方式进一步优化了教育集团德育队伍的过程管理，细化了集团内的研学活动、三礼教育、"四爱三有"等主题活动，制定并落实了学生管理中的"九个好"要求；通过研发家庭教育读本、开展心理健康疏导、文明校园创建和德育常规检查，进一步提高了集团德育工作成效。

三是规范中层干部挂职交流和支教教师的管理，引导、督促、考核挂

职干部和支教教师主动参与交流学校的党建引领、教育教学、学生管理、课题研究、青年教师培养和校园文化建设等实际工作，并结合交流学校实际和自身特长，为学校发展和教育教学质量的提升诚恳表达合理化意见建议，进一步优化干部教师的知识结构和工作视野，夯实党建工作基础，赢得了挂职和支教学校（乡村学校）师生的高度评价。

（四）坚持党建带团建，打造集团文化品牌

教育集团党建联盟认真落实党建带团建要求，主动加强对共青团、少先队和青年教师工作的领导，支持群团组织紧密围绕教育集团教育教学工作，充分发挥各自的桥梁纽带作用。

一是以社团为纽带，搭建学生学习交流的平台。在集团党建联盟的建议和支持下，集团三所学校先后成立和充实了跆拳道、轮滑、剪纸、合唱队、书法、鼓乐队、皮影戏等精品社团，得到了孩子们的喜爱和教师们的欢迎。

二是深化团队改革，落实各项任务。教育集团各团队组织紧紧围绕习近平总书记对团队工作的要求，积极开展了社会主义核心价值观教育和中华优秀传统文化教育，精心谋划了"十四岁生日""微心愿"帮扶、优秀学生评比、成立志愿服务队等活动，引导团队组织与党组织同步开展各类活动，实现党建带团建、带队建的工作目标。

三是党建联盟以中华民族优秀传统文化和社会主义核心价值观为导向，以打造集团共性美丽和各校个性特点为主要内容，深入挖掘和整合集团现有文化资源，着力推动集团物质文化、精神文化和制度文化建设，初步形成了"沃土生辉、格桑花开"的集团校园文化教育品牌。

二、工作设想

西宁八中教育集团党建联盟将持续深入学习贯彻习近平新时代中国特色社会主义思想，全面落实党的十九大及全国、省、市教育大会精神，坚持和加强党对教育工作的全面领导，深刻把握新时代教育发展的趋势性变化，紧跟西宁市集团化办学改革的步伐，不断强化思想引领，创新工作机制，丰富工作载体，全面推动集团内各项事业的发展，为推动城乡教育的发展贡献自己的力量。

阳光联盟促党建　联建共享筑堡垒

一、背景介绍

依据《西宁市城乡义务教育集团化办学的指导意见》，城西区教育局以"组织联建、党员联管、资源共享、事务共商、文化兴人、人才共育"的基层党组织联盟新形式，探索建立教育集团党建联盟。2017年启动城西区域内学校对接湟源县学校，实现教育党建一体化发展，把党的思想政治组织优势转化为教育改革发展优势，通过党建资源共享、教育发展共谋、文化活动共搞、中心工作共推、实事好事共办，推动城乡党建优势互补、协调发展。城西区教育局党组作为"阳光党建圈"品牌创建责任主体，加大对党建工作实施的支持，根据学校的特点，突出重点，扎实推进，稳步实施，推动教育集团党建联盟多出务实的成果、多出好的经验、多出可学的典型，构建"阳光党建"的工作格局。

二、具体做法与成效

（一）探索党建联盟引领教育领域工作新途径

以贯之持续推进"两学一做"学习教育常态化制度化，巩固"不忘初心、牢记使命"主题教育成果，将政治建设作为根本性建设摆在首位，做好"四个创建"（创建学习型、服务型、创新型、廉洁型党组织），开展"年初相约话党建"活动，采用"提前命题、分组讨论、导图展示、汇报互评、活动小结"的形式，将单向的汇报变成面对面的互动和分享，为全面推进教育集团党建联盟工作提供了谋划思路、相互学习沟通的互助平台，切实推动"阳关党建圈"品牌建设全面进步、全面过硬。

（二）推进教育集团党建联盟协调发展

持续健全符合新形势目标任务的党建支撑机制，逐步构建适应新时代教育改革发展要求的党建工作新格局。教育集团党建联盟所属各党组织和湟源集团化办学对接学校党组织相约开展庆"七一"红色主题党日活动，举行"阅读品书香"党员结对共读交流分享会，同期前往小高陵精神展览馆学习参观。以"弘扬红色精神，传承红色基因"，深入开展有规模、有声势、有影响的爱国主义教育、革命传统教育和改革开放教育，深情回顾中国共产党的奋斗历程，并号召集团校广大党员教师坚定理想信念，争当先锋模范，不忘初心、牢记使命，为促进西宁市城乡义务教育均衡发展和青海省民族地区教育发展作出更大贡献。

（三）强化党组织联盟的战斗堡垒作用

全面推广"五融入"（融入重大决策，强核心；融入教书育人，强功能；融入主题教育，强堡垒；融入争先创优，强示范；融入队伍建设，强组织）党建工作法，加快提高党建工作水平。进一步开辟教育宣传阵地，开展品牌特色创建活动，促进党建工作机制进一步完善。利用各类媒介宣传党组织、党员先进典型、党员微故事，营造学先进、赶先进、当先进的浓厚氛围。围绕"民族团结进步示范校"创建活动，结合民族团结宣传月开展维稳集中宣讲和思想引导工作，使广大党员牢固树立"维护祖国统一，反对民族分裂"意识。加强"党员服务站""党员活动室""党员服务先锋队"阵地建设，使广大党员作用发挥有平台、服务师生有舞台。多措并举抓好"精准扶贫"结对帮扶工作，通过班子联促、阵地联建、队伍联抓多种措施，形成合作共赢的良性循环。

（四）加强党员队伍建设发挥先锋模范作用

深入贯彻新形势下党内政治生活的若干准则，党员"先锋指数"考评，落实"双培"机制，加大党员教育培训力度，注重交流教师党员的教育管理。加强党内关怀激励，做好重点对象关怀帮扶工作，进一步增强党员的凝聚力，提升党员对党组织的认同感、归属感。强化师德师风建设，努力做到"六个一"（培育一种精神、崇尚一种美德、强化一项职责、增强一种意识、养成一种习惯、树立一种理念），不断加强教师职业道德建设，切实提高教师思想政治素质和职业道德水准。大力宣传优秀教师、师德标兵的先进模范事迹，表彰奖励师德先进个人等，凝聚教育正能量，不断提升教师综合实力。

三、主要经验

"阳光党建圈"品牌的实施有力地促进了教育集团化党组织基本能力的提升和党建工作的建设，实现了"三结合"和"四体现"。

"三结合"：通过实施"阳光党建圈"品牌建设，把党员队伍成长目标设定和教育集团化党组织期望结合起来，引导党员干部、教师合理设定成长目标，实现基层党组织队伍建设常态化；把过程管理和目标管理结合起来，助推党建工作发展，促进党员干部、教师提升党员素质；把激发党员内在成长动力和提供外部环境保障结合起来，增强党建育人功效。

"四体现"：把抽象的长远理想分解为清晰的阶段目标，体现了理想信念教育的现实操作性；把外在的目标转换为内在的自我激励，体现了教育与自我教育的结合；把消极的等待转化为积极地寻求指导，体现了党员队伍对党组织的认同感；把孤立的组织活动整合为系统的目标管理，体现了党建育人的整体性和系统性。

四、存在问题

一是思想认识还不适应新形势的需要，在巩固党的执政基础的战略高度上去认识和推进教育集团党建联盟工作还存在不足；二是能力素质还不适应形势的需要，普遍存在缺乏对党建工作特点规律、方式方法、基本流程的研究和探索，与教育教学工作的融合不够，创新能力和工作经验不足；三是教育培训监督管理还不适应形势的需要，在实践中，重教育教学工作培训、轻党建工作培训的现象普遍存在，教育培训的针对性不强，工作考核的激励性还不够。

五、工作设想

巩固深化集团化"党建联盟"推进城乡教育一体化发展党建项目成果，积极推进交流党员教师"双培"工作，加强集团党员的教育与管理，丰富联盟党建组织生活，把党的思想政治组织优势转化为教育改革发展优势。深入挖掘、整合集团各校现有文化资源，打造联盟党建文化品牌，不断实现对师生社会主义文明新风尚的精神引领，切实强化集团党组织政治引领和服务功能。

打造"党建+"模式 推动城乡教育一体化

一、具体做法

（一）组织联建

西宁市第二中学教育集团按照《西宁市城乡义务教育集团党建联盟实施意见》，每学期召开党建联盟工作会议，各分校党组织负责人参加各项事宜的讨论。二中教育集团党建联盟实现所属1个党委、6个党支部通力联建，成立了以集团总校党委书记为组长、其他分校党组织负责人为副组长的党建联盟小组，责任落实到人，分校党组织确定1名党建指导员与活动联络员，负责指导与日常联络工作，确保活动顺利开展。开展西宁二中教育集团年度党建工作表彰活动，评选表彰优秀共产党员、优秀党务工作者，为教育集团做出表率、树立榜样，切实当好实践活动参与者、践行者、示范者。每年制定年度工作要点，建立联盟党建工作管理体制和运行机制，坚持围绕集团化办学的核心工作研究明确党建任务，充分发挥党建联盟党组织的政治核心和战斗堡垒作用。

（二）党员联管

通过创办联盟性"党员集中培训、党员讲坛"等活动方式，加强联盟内党员教育管理，推进联盟内互动开放式党组织生活，派出总校党委成员讲授"四爱三有""不忘初心、牢记使命"等主题党课。派出优秀党员教师赴分校开展政策理论学习、思政专题讲座、主题党日活动等，严格落实"三会一课"、民主评议党员等基础性工作，集团总校依托党建联盟QQ工作交流群、远程录播课堂等载体，实现跨区域的党员教育管理，建立党组织主导、党员广泛参与、集团联动的党建工作机制。联盟依托教育集团的各种党建、业务活动呈现党员"三亮三比"和"八个一"工程。

（三）资源共享

按照"联建共用"原则，加强联盟内协调联动，积极挖掘联盟内优秀人力资源、文化资源，组织开展了丰富多彩的活动，实现联盟资源的整合。通过开展"唱响青春年华十四岁集体生日"活动，搭建 LED 大屏和舞台，举行冷餐派对，二中总校和古城台小学带来了精彩的文艺演出，二中总校提供了 500 顶帐篷在申中乡中心学校的操场进行"仰望星空脚踏实地"集体露营。录播教室建好后，通过互动教学、讲课评课、播放党课录像等系列活动实现了资源共享、文化共兴、发展共赢的目标。

（四）事务共商

按照集团校总的安排，每季度进行例会共同研究讨论联盟内党的建设、学校管理等事项，认真落实"帮助抓好党建基础性建设，帮助理清学校发展思路，帮助搞好日常教学规范，帮助搞好树立学校良好形象地宣传"的"四个帮助"要求。针对新课程标准，以集团校教研组或备课组为单位进行业务学习，多次组织"同课异构"、集体备课、统一试题模拟测验、教学教研经验交流分享等活动。此外，教育集团还进行了加强师德师风建设专项活动，开展班主任论坛、名班主任经验交流分享会等活动，促进了集团教师师德师风建设纵深发展，为全面贯彻落实师德师风建设工作开创了新的局面。

（五）人才共育

建立联盟内"互派优秀教师、连抓教师教育、共享人才资源"的人才共育机制，有效疏通联盟内优秀教师互动交流沟通渠道，促进教师队伍"互联互育、互动共享、互通互补共用"。集团校教师积极开展周训、听评课、同课异构等指导观摩活动，深入推进教学教研制度，进一步打造高效自主课堂。针对教师成长、学生发展、课堂教学、作业设计、试题命制、写作指导等内容开展集体研讨，开展学科专题研讨会议、中考复习策略研讨会等，并通过录播教室、送教下乡、订单送教等形式，发挥示范引领作用，搭建交流平台，"以研促教、以研促质"，以规范高效的教研引领助力乡村教学质量提升。

整合集团校心理教师和党员老师力量，共同为学生量身定做了心理健康活动月方案。总校心理健康中心提出以"做事——炼人——找方法"的工作模式进一步深入学生的学习、生活和心理状态，用发展的眼光、动态的方式做好学生心理健康教育知识的普及、宣传及个体学生的心理辅导工作。学会珍惜周围的朋友。通过活动的体验，学会珍惜与周围同学一起走过的奋斗历程，与同学友善相处，进一步学会处理与同学之间的小矛盾，认识到班级团队的凝聚力需要每一位同学付出自己绵薄的力量；开展"生生不息"生命教育，以日常生活中任何生物皆能尊重其生命并珍惜自己的生命为教学主题，以讲解母亲孕育孩子，父母养育过程中付出的努力和艰辛为切入点，使学生明白生命来之不易。通过活动和体验，学生的社会价值、个人价值和教育自身发展价值得到统一，学生生命质量得以提升。

（六）文化共兴

深入挖掘和整合现有文化资源，同心协力打造联盟党建文化品牌，积极拓展德育活动，通过参观博物馆、科技馆等文化资源，丰富学生的见闻、开阔视野。强化校园文化、班级文化建设，举办"考前心理辅导"课程，为即将中考的学子疏导紧张的心理。开展"心理剧大赛"，提升教师和学生对于心理健康的关注程度，也加深了教师对一些心理状态的了解。举行"同主题"的毕业典礼活动。教育集团以培养学生良好思想品德和健全人格为根本，促进学生形成良好行为习惯为重点，将"四爱三有"融入学校教育教学、校园文化建设，加强城乡共建，发挥集团校的平台优势，拉近城乡学生距离，培养学生良好情操，开创德育新途径，促进了教育集团的进步与发展。

努力做好中学生心理健康宣传日活动。教师带领全体学生共同学习和寻找调节心理状态的方法，走出心理困惑，发掘自我潜能，真正达到"助人自助"，推进学校心理健康教育向更有序、更专业的方向发展。"5.25中学生心理健康宣传日"活动中，党员老师为组长，学生分组管理，一个党员老师带动一个小组的学生，宣传心理健康知识，组织心理健康活动，这些小组学生像星星之火一般，将这种力量、光、热辐射到更广的学生中去，充分调动学生探索知识、挖掘潜能的积极性和主动性。活动中，学生主动探究、发现和参与，以自身的身心健康、自我关注意识为起点，在学中做、做中学。

二、经验与启示

经过几年的努力，西宁二中教育集团党建联盟从资源共享、事务共商、业务共进等多个方面取得了不少成效，党建联盟不断成长，从政治保障、思想引领、队伍建设、率先垂范、制度融合、党政共进六个方面都在不断走向成熟，并通过事务共商、资源共享努力推动集团学校各项工作的开展，最终实现业务共进、思想共生，以推动集团党建工作不断发展。

虎台先锋 365　城乡校园党旗红

一、背景介绍

西宁市虎台中学教育集团打造三个平台：集团活动平台、集团学习平台、集团业务平台。实现六个目标：一是组织共建；二是党员共管；三是资源共享；四是事务共商；五是人才共育；六是文化共兴。过好五个主题党日：一是党员学习日；二是党员议事日；三是党员活动日；四是党员服务日；五是党员践诺日。

西宁市虎台中学教育集团在总校党委引领下，积极实践"虎台先锋 365 城乡校园党旗红"品牌内容，深化品牌内涵，创新活动方式，实现党建工作与业务工作的 365 日双提升，不断强化学校基层党组织党建共建。

通过三个平台建设切实增强成员校各级党组织的向心力、党员的主体意识和责任使命责任感；通过六个目标切实增强城乡党支部的凝聚力和战斗力；通过认真开展五个主题党日切实激发党支部的活力，纯洁党员的道德品质，提升党员的思想素质，营造风清气正的良好氛围。

二、具体做法

（一）搭建三个平台

一是搭建活动平台。虎台中学总校积极对接行知、虎小、巴燕和波航 4 所分校，通过开展"支部书记大讲坛"、党员送教下乡、"仰望名师"系列讲座等活动，打破地域和单位界限，推进城乡党建协调发展，努力实现党建工作的动态延伸和全面覆盖。

二是搭建学习平台。总校党委始终将网络信息技术同党建工作紧密结合，通过开通党建联盟 QQ 号、微信群，重点打造"三个阵地"：一是以党建宣传为主旨，打造网络学习阵地。以庆祝建党 99 周年、庆祝中华人民共和国成立 70 周年等重大节日为契机，组织广大党员开展"对党说句心里话"等活动，为城乡党员干部学习交流提供网络阵地；二是以互动式学习为手段，打造干部培养阵地。党建联盟每年坚持开展一次青年干部集中培养工程，以集中讲座、专家释疑、交流研讨、素质拓展等多种培养方式，不断提高集团各校后备干部、党务干部、支部委员的专业素养和管理水平，为集团化办学提供强大人才支持；三是以"三会一课"为载体，打造党员教育阵地。不断完善"党员领导干部带头讲党课、支部书记定期讲党课、党员教师人人讲党课"的活动机制，城乡党员共同制定"学习菜单"，通过提前"订单"、及时"下单"、课后"晒单"，不断激发党员干部参与党组织生活的积极性和主动性，多种形式的党课学习，进一步提高了集团各校党务干部的政治素质和业务能力，拓宽了集团干部培养的渠道。

三是搭建集团教育教学业务平台。总校党委始终坚持"围绕教育抓党建，抓好党建促发展"的工作思路，通过同步课堂、网络教研、德育共育、联考联评、思政教育等活动的常态化制度化，有效发挥了学校党组织的政治核心和思政引领作用，促进城乡教育互帮互助、共同提高。

（二）实现六个目标

一是组织共建，通过制定《教育集团党建联盟章程》，明确党建联盟各校党组织工作要求及职责，通过建立健全联席会议制度等，推动党建联盟工作科学化规范化；二是党员共管，通过制定《教育集团党员管理办法》，强化对"三会一课"、组织生活会、民主评议党员等制度的落实和监督，通过量化考核定期评选出优秀党员，大力实施党员教师旗帜工程；三是资源共享，集团各校之间共享学习资料，开展党建远程工作研讨和交流活动；四是事务共商，每学期召开 2 次党建联盟议事会，对教育集团年度的工作进行安排部署和总结梳理，确保党建联盟工作有方向、有动力、有措施、有总结；五是人才共育，通过组织书记大讲坛、后备干部培养等措施，不断提高集团校党员教师的理论水平和政治素质，不断扩大学习的覆盖面；

六是文化共兴，深化教育集团党建文化和校园文化建设，通过开展集团各校师生德育论坛、书信互访、关爱留守儿童、书法征文手抄报评比等活动，增强教育集团广大师生爱党、爱国、爱校的获得感、归属感和成就感，培育广大教师积极向善的人生追求和价值取向。

（三）过好五个主题党日

一是党员学习日。校党委隔周组织党员开展一次集中学习，认真组织党员学习习近平总书记关于教育工作的重要论述、党的十九届四中全会精神、全国"两会"精神等内容，不断提高党员思想理论水平。二是党员议事日。议事日以"党委＋支部"的形式展开，党委和支委班子成员围绕上一年度党组织书记述职评议中提出的意见、教育局党组日常考核督导中反馈的意见、民主生活会和组织生活会中提出的意见、主题教育期间检视问题查摆出的内容以及广大教职工群众反映的突出问题等内容进行分组集中讨论，一条一条查摆、一项一项列出，切实抓好问题的整改落实工作，促进集团党建工作再上台阶。三是党员活动日。利用"七一""十一"等重要时间节点，组织党员开展演讲比赛、诗歌朗诵、红歌联唱等丰富多彩的主题党日活动。四是党员服务日。以支部为单位，每月开展一次党员志愿服务活动，通过慰问离退休职工、植树活动、文明劝导、送教上门等措施，不断建立健全教育集团规范化、制度化、常态化的党员志愿服务制度。五是党员践诺日。坚持实践导向，以"双联双进四服务"活动为载体，召集党组织书记和党员代表前往街道、社区、联点扶贫村开展践诺活动，通过实地走访慰问和查看，解决群众实际困难，为群众解决"微心愿"，以实际行动践行"全心全意为人民服务"工作宗旨。

三、实践成效

"虎台先锋365 城乡校园党旗红"党建特色品牌的创建，将理论学习和实践应用紧密结合，及时把虎台中学教育集团改革发展中总结的成功经验升级固化为制度，把虎台中学教育集团各校党组织和广大党员干部职工的力量凝聚了起来，搭建了交流、学习、分享和奉献的平台。丰富多彩的实践措施，使基层学校党组的战斗堡垒作用发挥更加明显，广大城乡党员教师党性意识进一步增强，党员教师在教育教学岗位上的示范引领作用更加突出，从而有效促进了集团分校党组织间"血管"的畅通，激活了全面从严治党的"神经末梢"，党建引领集团化办学的工作格局正在西宁教育改革发展的道路上阔步前行。

西宁市第七中学教育集团党建联盟

"132" 工作模式

一、基本概况

党的十九大报告指出，实施乡村振兴战略和区域协调发展战略，优先发展教育事业，指明了推动义务教育均衡发展和城乡义务教育一体化发展的大方向。在这一形势背景下和义务教育由基本均衡向优质均衡发展关键时间节点上，西宁市教育局率先尝试在辖区内全面推行城乡一体化办学工作并出台一系列指导性文件推动集团化办学工作。

为进一步打破区域界限，逐步形成城乡资源共享、功能互补、双向受益、共同提高的工作局面，充分发挥学校党组织战斗堡垒作用和党员先锋模范作用，推动城乡集团工作、党建工作统筹发展，2017 年 4 月，西宁市第七中学教育集团成立了党建联盟。集团工作按照党政同责、分抓共管、成果共享的组织原则进行组织，具体以集团党建联盟理事会为载体进行推进。初期，七中教育集团讨论并制定了《西宁市第七中学教育集团党建联盟章程》，中期，立项《教育集团城乡党建联盟的实践探究》课题，在"党政合力，资源共享"的总体要求下，依托党建联盟和课题为抓手，实行工作联管。截至 2020 年 6 月,西宁七中教育集团党建联盟共有党支部 9 个,党员 163 名。

二、主要做法

（一）一个章程统领

西宁市第七中学党建联盟成立以来，各成员校高度重视在城乡一体化办学中的重要地位。集团以《西宁市第七中学教育集团党建联盟章程》为统领，通过每月召开党建联盟理事会的核心领导方式，促进学校工作的交流，建立好联盟基础工作。联盟形成了常态长效的党建工作议事机制，联盟总校协调联盟成员校通过民主平等、协商互动的方式，共同研究讨论，推进党建联盟的建设工作。西宁七中教育集团党建联盟按照"一联盟一特色"和"共建共用"原则，加强联盟内协调联动。

（二）三个方面发展

一是理论学习为基础。自党建联盟成立以来，集团重视并认真学习贯彻习近平总书记系列重要讲话精神与省市党代会精神，通过开展远程党课、专题讨论、先锋论坛、演讲比赛、红色研学、共读红色书籍等活动，用习近平新时代中国特色社会主义思想武装头脑，指导党建实践，教育引导广大党员不断强化党员意识，敢于担当。截至目前，共开展"学习党的十九大精神""四爱三有"等主题党组织书记讲远程党课7节，开展"不忘初心、牢记使命"等专题讨论5次，共读红色书籍7期，举办党员先锋论坛1期，赴小高陵精神展览馆红色研学等活动220人次。二是阵地建设为保障。建好学校党组织活动阵地，是增强基层党组织凝聚力、战斗力和服务党员能力水平的有力保障。三年的集团化办学过程中，西宁七中总校牵头给和平乡中心学校、东峡乡中心学校党支部重新建设了党员活动室、少先大队活动室，在总校建立建成马克思书院，并在校园、楼道、活动室内营造红色宣传氛围，通过共建党员教育培训基地让党建联盟有思想教育的阵地，有传授知识的课堂，有议事参政的场所；实现以阵地建设为重要抓手，实现线路党支部组织活动场所规范化。三是业务共促为目标。西宁七中教育集团党建联盟切实以党建促业务，以业务促党建，实现党建与业务两手抓、两促进、两提高。一是开展党员"菜单式"资源送教服务。根据两所乡村学校个性化的需求，每月派遣城区学校骨干教师赴乡村学校进行学科送教，特别是心理、美术、体育、音乐等乡村学校师资匮乏的学科，充分发挥了党员教师的先锋模范作用，更大限度地将党建工作和教育教学工作有机融合。二是开展党员"先锋课堂"远程录播课程。鉴于以送教形式进行资源共享较为耗时耗力，党建联盟在后期以集团远程录播系统为媒介，鼓励党员带头开展"先锋课堂"远程录播课程。三是举办教师岗位大练兵活动，城区学校牵头，每学期安排党建联盟内青年党员教师参加学科岗位大练兵活动，实现"以赛促练，以赛促学"的目的，提升教师专业能力，促进教师队伍的发展。四是举办中层干部业务培训。为了进一步提升乡村学校干部队伍的综合素质，提高中层干部的工作能力和管理水平，三所城区学校每学期通过中层论坛、远程培训等形式对乡村学校党员干部进行日常管理、教学教研、教师队伍、学生德育等方面的培训。

（三）两个层面评价

一是突显党员先锋模范。党建联盟各支部对照"星级党员"考核标准每季度对党员学习、工作情况进行阶段性考评。每年通过"七一"表彰，对联盟内优秀党员、党务工作者进行表彰和年度总结，通过这种方式树立典型、表彰先进、弘扬正气，充分发挥共产党员的先锋模范作用，切实当好实践活动参与者、践行者、示范者。二是发挥支部堡垒作用。联盟以"星级支部"考评为抓手，为9个支部建立党支部规范化建设档案体系，通过各支部阶段性交流互查、集团总校年终督导检查的方式，加强各学校支部规范化和标准化建设切实增强西宁七中教育集团党建联盟的凝聚力、战斗力。

三、小结

几年的工作及探索，西宁市第七中学党建联盟取得一定的总结和成果。今后，集团党建联盟将进一步完善评价机制、激励体系，更大限度地调动党员参与党建联盟工作的积极性，促进西宁七中教育集团党建联盟不断走向成熟，为办好人民满意教育提供坚强的思想保证、政治保证和组织保证。

党建雨润万物　格桑馨香满天

一、背景介绍

西宁市沈那中学党建联盟挖掘党员队伍优势资源，以互联互帮的方式，积极开展"党建雨润万物,格桑馨香满天"品牌建设,培育集团为党育人文化,通过以党建引领，建设集团校园的精神文化、制度文化、行为文化和硬件文化，实现潜移默化的育人氛围。实现集团内城乡教育党建一体化发展，把党的思想政治组织优势转化为教育改革发展优势，全面贯彻党的教育方针，引领正确办学方向，落实立德树人根本任务，推动集团学校党建和思政工作，为办好人民满意教育提供坚强的思想保证、政治保证和组织保证。

二、具体做法

一是按照项目实施步骤，召开项目组成员会议，收集资料，进行可行性调查论证，申报项目，进行理论学习。学习《西宁市城乡教育集团化办学改革三年行动计划》及《2020 年西宁市城乡教育集团化办学改革工作要点》，与集团各理事校校长、中层干部多次进行沟通，传达了西宁市教育局在集团化办学改革工作推进会的讲话精神，最终集团理事会经过讨论确定 2020—2022 年沈那中学教育集团的三年行动计划以加强教师队伍建设为抓手，把后备干部队伍建设、乡村学校骨干教师队伍建设以及薄弱学科帮扶团队建设作为主要工作，从而推进集团党建联盟工作促学校管理、德育共育、教师发展、教学质量提升等各项工作。

二是通过前期摸底调查，整理三校中层后备干部名单，启动了中层后备干部培养计划，研究制定集团中层后备干部培养及管理办法。此项工作的开展将进一步加强沈那教育集团干部队伍建设，打造出一支数量充足、结构合理、素质优良、群众公认的后备干部队伍，提升干部现代化管理的水平。

三是实施"格桑花励耕"计划，促进城乡教师专业化成长。通过钉钉直播开展了以"中考、学考备考策略研讨"为主题的集团教研活动、远程党课活动，另外根据朔北订单式培训项目的需求，利用远程录播的形式，进行了三场大教研活动，以上活动，党员参与率达90%以上，充分发挥了党建联盟的引领作用。

四是推进"格桑花吐蕊"计划，落实核心素养的培养。结合疫情，集团开展了以"感恩新时代、携手共抗疫情"为主题的班会、手抄报比赛等系列活动；结合"我们的节日"主题教育活动，开展了以"慎终追远、缅怀先烈"为主题的班会课、清明节手抄报比赛等系列活动。

三、实践成效

"党建雨润万物,格桑馨香满天"党建联盟品牌的创建,持续加强"雨润"效果，充分发挥了集团校党员教师的先锋模范带头作用，打造了一支敢于担当、作风过硬的党员队伍，并以"党建＋思政"、"党建＋育人"为依托增强雨润，保障吐蕊与硕果。另外，切实提高了党建工作的规范化、科学化水平，加强了党建工作与教育教学工作的深度融合，扎实推进城乡义务教育集团化办学工作，真抓实干、破解难题，通过探索缩小城乡和校际教育教学质量差异的方法，积累了提升农村学校各项工作高质量发展的经验。

全员驱动　共创美好联盟

西宁市第十三中学教育集团全面贯彻落实党的十九大及十九届历次会议精神，深入学习习近平总书记系列重要讲话精神，紧紧围绕"四个扎扎实实"重大要求、省委"四个转变"新思路，以创新党建管理体制机制为动力，充分发挥各校党组织政治核心作用，通过互联互帮的途径和党建联盟的方式，实现城乡教育党建一体化发展，把党的思想政治组织优势转化为教育改革发展优势，全面贯彻党的教育方针，引领正确的办学方向，落实立德树人根本任务，推进中小学校党建和思政工作，为办好人民满意教育提供坚强的组织保证。自2017年集团校党建联盟成立以来，以推动组织联建、资源共享、事务共商、党员共管、人才共育、文化共兴的目标，按照统筹规划、管理创新、城乡联动、协调发展、有序推进的原则，实现城乡党建优势互补、共同发展，为党建联盟各校教育改革发展提供有力的思想、政治和组织保证。党建联盟以全面贯彻执行党的教育方针，引领正确办学方向，落实立德树人根本任务为目标，通过各分校共同建立城乡教育党建一体化联盟，融合城乡教育资源，实现城乡学校的组织共建、互联互助、融合共进，实现党建联盟各校党组织动态延伸、全面覆盖。

一、党建联盟品牌创建

（一）组织联建

按照《西宁市城乡义务教育集团党建联盟实施意见》，将党建联盟各分校党组织全部纳入党建联盟工作范围，各分校党组织结合实际，制定党建联盟党组织结对联建工作计划，签订协议书，进一步明确城乡教育党建一体化建设的目的、工作要求以及各自的职责，各分校党组织确定1名党建指导员与活动联络员，负责指导与日常联络工作，确保活动顺利开展。

为加强教育集团党建联盟的组织协调共建能力，提高服务群众的水平，线上依托"学习强国""信仰力量"学习平台，结合话题讨论、主题分享等网络学习内容，不断拓宽学习的视野。线下通过理事研讨学、联席例会学、观看影视学、自主研读学、实地观摩学、对照典型学等方式，组织理事、党员教师深入学习习近平新时代中国特色社会主义思想，形成"比、赶、超"的浓厚学习氛围，进一步激发集团党建联盟主题教育的驱动力。

（二）资源共享

推进联盟内"人、财、物"等资源的集约利用工作，按照"一联盟一特色和联建共用"的原则，加强联盟内协调联动，通过联建党员教育培训基地，以"讲习所""书记大讲堂"为载体，每月开展一次党课活动，让党建联盟有思想教育阵地，有传授知识的课堂，有议事参政的场所。各校积极挖掘联盟内优势资源进行整合，健全党建联盟各校党组织互联互帮机制，实现资源共享、发展共赢的目标。

（三）事务共商

通过成立联盟党员议事会，建立联盟党建工作议事机制，协调党建联盟成员学校通过民主平等、协商互动的方式，共同研究讨论联盟内党的建设、学校管理等方面的重大事项，解决工作中存在的问题。联盟内各分校党组织，充分发挥自身优势，切实做好基层党组织的互帮互助、优势互补，实现党建引领，带动业务发展，实现党建带动团建、带动群建的工作目标，不断提升教育集团品质。

（四）党员联管

通过创办联盟性"党员集中培训""党员讲坛""万场党课万人讲"等活动方式，加强联盟内党员教育管理，推进联盟内开放式党组织生活，依托党建联盟 QQ 工作交流群、微信群、网络课堂等载体，实现跨区域、全天候的党员教育管理。严格落实"三会一课"、民主评议党员等基础性工作，建立党组织主导、党员广泛参与、集团联动的党建工作机制。通过党建系列活动，进一步加强党建工作，推进党建创新，展现党员风采，夯实基层党组织基础，全面提升基础工作。

（五）人才共育

逐步建立联盟内"互派优秀教师、连抓教师教育、共享人才资源"的人才共育机制，有效疏通联盟内优秀教师互动交流沟通渠道，促进教师队伍"互联互育、互动共享、互通互补共用"。健全把骨干教师培养成党员、把党员教师培养成教育管理骨干的"双培养"机制，全面实施每年集中培训一次党务干部，各校党组织轮训一遍党员教师，集团总校开展一次政治理论和教学业务培训，总校校级干部至少为党员讲一次党课，使学习成为共建的长效性和常态性工作。

（六）文化共建

通过深入挖掘和整合联盟各分校现有文化资源，充分发挥各校党组织人才、信息、场所优势，同心协力打造联盟党建文化品牌，围绕学习习近平新时代中国特色社会主义思想、党的十九大精神，开展各项主题活动，扎实推进各项具体化工作。联盟各校每年开展"一次互访活动""一次书记大讲坛活动""一次经验交流活动""一次教研活动""一次学生德育教育活动""一次'手拉手'活动""一次师德教育活动""一次专题研讨活动"等"八个一"活动，搭建交流平台，促使联盟内党员、教师、学生在交流学习中借鉴提高，共同倡导社会主义文明新风尚。

二、今后努力的方向

西宁市第十三中学集团校党建联盟成立至今，按照习近平总书记在党的十九大报告中提出的"推动城乡义务教育一体化发展，高度重视农村义务教育，努力让每个孩子都能享有公平而有质量的教育"重要指示要求，探索实施有利于乡村学校"五育并举"稳步发展的举措。今后，十三中集团校将继续紧紧围绕"乡村振兴战略"的实施，扎实推进城乡义务教育集团化办学，在建立"组织联建、党员联管、资源共享、事务共商、人才共育、文化共兴"的"双联四共"党建联盟机制的基础上，更加有效地推动城乡党建工作统筹发展。

栉风沐雨民族心　携手与共昆仑行

　　党的十九大报告强调，要全面贯彻党的民族政策，深化民族团结进步教育，铸牢中华民族共同体意识，加强各民族交往交流交融，促进各民族像石榴籽一样紧紧抱在一起，共同团结奋斗、共同繁荣发展。青海昆仑中学连续多年被西宁市教工委评为民族团结进步教育示范点。随着西宁市城乡义务青海昆仑中学教育集团的成立，更是把民族团结进步教育放在了集团党建联盟的重要工作日程之上。杨家庄小学 2018 年 12 月被评为青海省青少年民族团结进步示范点。大通县良教乡中心学校 2013 年 12 月被评为大通县创建民族团结进步先进区示范学校。教育集团始终将创建民族团结进步教育工作作为"一把手"工程。在 2018 年 3 月正式挂牌成立了青海昆仑中学教育集团民族团结进步教育基地，位于青海昆仑中学启智楼 5 楼，占地 80 平方米，作为集团校师生接受民族团结进步教育的固定场所。

一、奠定民族团结思想教育工作的基础

　　2019 年 9 月 27 日，习近平总书记在全国民族团结进步表彰大会上说："实现中华民族伟大复兴的中国梦，就要以铸牢中华民族共同体意识为主线，把民族团结进步事业作为基础性事业抓紧抓好。"青海昆仑中学教育集团在长期的教育实践中形成了具有集团特色的"三个不忘"思想：一是不忘民族团结的指导思想，增强做好民族团结进步教育的责任感；二是不忘立德树人的根本任务，增强培养合格人才的使命感；三是不忘爱岗敬业的具体要求，增强做好民族团结教育工作的自觉性，形成了教育集团民族团结进步教育的思想基础。

（一）统一思想，加强领导

青海昆仑中学教育集团成立"青海昆仑中学教育集团民族团结进步教育工作小组"，制定了《青海昆仑中学民族团结进步教育实施方案》并给予专项经费，促进青海昆仑中学教育集团民族团结进步教育工作有序、有效开展，使民族团结教育活动落到实处，收到实效。

（二）加强教育，重视学习

充分利用班会、国旗下讲话、主题团队会等时机，组织教师、学生学习"三个离不开思想""五个认同""五个维护"等民族团结相关政策及法律法规，通过运动会学生穿着民族服饰展示、"民族团结一家亲"的校园金秋艺术节等活动践行昆中教育集团"三个不忘"。

（三）利用平台，重视宣传

充分利用集团校的微官网、QQ 工作群等网络平台，进行民族团结进步教育活动公开，让"宣传、过程、总结"都能得到教师、学生和家长的了解，并经常邀请新闻媒体对集团校民族团结创建工作进行报道。

（四）开展谈话，重视交流

在集团校内全面开展师生谈心"对话"活动，针对集团校民族团结创建工作与少数民族党员干部、教师、学生及家长进行各类谈话，获取社会对于集团校内民族团结进步教育工作的评价。

二、营造浓厚民族团结思想教育氛围

2017 年 3 月 10 日，习近平总书记参加十二届全国人大五次会议新疆代表团审议时强调："像爱护自己的眼睛一样爱护民族团结，像珍视自己的生命一样珍视民族团结……"集团校把民族团结宣传教育的着力点放在育人环境建设中，努力营造"清新、雅致、和谐"的校园环境。

从"视觉营造""听觉营造"的角度，在集团各校校园内进行民族团结进步教育的视觉宣传，利用班会、团队活动、社会实践等形式，让随处可见的民族文化元素，以润物细无声的方式，让每个孩子感受到民族团结进步教育的温暖，真正实现信任融合、情感融合、团结融合的"三个融合"。

三、提升民族团结思想教育成效

2014年5月29日在第二次中央新疆工作座谈会上，习近平总书记说："让各族群众切身感受到党的关怀和祖国大家庭的温暖。孩子们学习在学校、生活在学校、成长在学校。"青海昆仑中学教育集团用"三个人人"的形式，切实提升民族团结进步教育在集团内的实效性。

（一）人人上好民族团结教育的课

以课堂为主阵地，青海昆仑中学的教师编写《青海昆仑中学民族团结教育校本教案集》4本，在集团教学资源共享开设民族团结课，开展教研活动，并将渗透民族团结教育的计划、课例和总结存档并计入考核，实现民族团结教育制度化。

（二）人人做好民族团结教育的事

在集团校社会实践活动中，组织教师带领学生参观藏文化博物馆，参加少数民族敬老院、社区参加义务劳动等，培养实践中的少数民族学生与汉族学生团结协作。自教育集团成立以来，各校共开展社区帮扶35次，村落扶贫共30次。在集团7个支部中实施"党员导师入班制度"，党员教师担任班级导师，一对一为单亲生、贫困生、学困生等少数民族学生及其家庭"送温暖"，仅2020年，集团共162名党员就开展帮扶活动近500次。

（三）人人传递民族团结教育的情

集团校将民族团结教育渗透在家庭教育、社会教育中。通过成立家委会、设立家长开放日等形式来加强家校配合。在穆斯林节日通过互联网等向学生和教师表达慰问、传递祝福。学生和党员干部、教师担任"安全排查员"，每天在每个年级进行排查和辅导，体现着民族教育的和谐发展之情。

提升党建靶向性　助推集团新发展

一、加强党建引领与集团管理的协同促进

西宁市第一中学教育集团从制度建设切入，使党建与集团管理融合，探索总结集团化办学管理规律性的经验，对管理制度进行完善、创新，促进集团的全面发展。西宁市第一中学教育集团成立集团理事会，严格集团重大事项理事会讨论决定制度，制订了《集团章程》《党建联盟章程》和具体的工作方案、计划，先后选调 6 人组成管理团队，到海上学校担任管理干部，负责主持或协助集团工作的组织实施，促进了主体责任和分管责任的落实。集团完善教师交流机制，先后有 24 名教师参加了为期一年的交流或支教活动，实现了由教师层面交流互派延伸到管理干部层面的交流互派，促进了促进集团一体化、规范化管理。

二、加强党建示范与教师队伍建设的协同促进

通过抓好常规政治学习教育、师德标兵评选、岗位比武练兵、教师结对互助等，提高党员及教师政治和业务素养。利用网络同步录播教室，邀请上级领导、市宣讲团成员、联盟优秀党员，先后 5 次为联盟各校党员进行网上党课集中宣讲，实现了联盟党课资源共享、同步互动，创新了党课形式，扩大了教育覆盖面。另外，集团成立了集团学术委员会、学科中心教研组，举办了党员暨优秀教育人才示范课、青年教师现场板书设计大赛、现场教学设计大赛、现场解题大赛等多维度、多频次的岗位练兵比武活动，以赛促学，以赛选优，促进了教师成长。

三、加强党建文化与德育工作的协同促进

西宁市第一中学教育集团设立了集团班主任学校、班主任讲堂，将班

主任培训、交流与实践紧密结合在一起，开展了以"班级建设策略""班主任育人策略"为主题的班主任培训、交流活动，征集了47份优秀案例并汇编成册；开展了"扬师德、铸师魂"的主题征文活动，编印了《师德心语》征文集；组建了组建"校园之星"巡讲团，积极发掘学生身边的榜样，在集团各校开展了巡讲活动；采取党员宣讲、主题班会等形式，组织了"责任、使命、担当"爱国主义教育主题宣讲《珍爱生命、感恩父母、感恩社会》主题班会等活动,推动了习近平新时代中国特色社会主义思想"三进"工作。

在这些活动中，集团各校党员积极参与，发挥了主力军作用，营造了党员带头学习提高、带头争创佳绩、带头服务学校的良好氛围，实现了以党性铸师魂，以党风带教风，以作风促提质，集团党建与集团化办学改革实践协同促进的目的。

探究思政育人新路径　落实立德树人总目标

一、背景介绍

思政课是落实立德树人根本任务的关键课程。全面贯彻党的教育方针，坚持社会主义办学方向，必须加强党对思政课建设的全面领导。国务院印发的《关于加强全国高校思想政治工作的意见》中明确指出，要将思想价值引领贯穿于教育教学全过程和各环节。中央、省市，不断加强思政课建设，要求全面落实立德树人这一根本任务，将教书和育人贯穿教育教学的全过程。西宁市第八中学教育集团坚持以党建为引领，坚定社会主义办学方向，紧紧围绕学校思想政治工作这条生命线，将思政课作为关键环节，以思政名师工作室的建设为抓手，大力推进思政课改革创新，锻造高素质思政教师队伍，增强铸魂育人实效。

二、主要做法

（一）以党建引领为根本，提升思政工作科学化水平

坚持党建引领，深入学习习总书记的系列讲话精神，特别是有关思政课建设的相关精神，贯彻中央、省市有关教育的论述，不断丰富工作室成员的党建思想和教育理念，提升思政工作的科学化水平。

（二）以思政名师工作室建设为重点，提高教育教学质效

集团校深化课堂教学改革，彰显高效务实之风，提高思政课政治引领性、思想针对性、时代创新性，把创建思政名师工作室作为抓手，全面贯彻党的教育方针，努力办好思想政治理论课，发挥示范、引领、辐射的作用，做思政课实践教学的示范，通过模拟展示课比赛、集体大备课、送教下乡、工作室成员座谈会、优秀课例展示、时政新闻评析、微课案例征集、名师

讲坛等系列活动，推动思政课改革创新，打造思政金课，在教学内容、手段方式上不断守正创新，增强时代感和吸引力。

（三）以校本教材和市级课题为载体，提升教育科研质量

通过《知行合一，中学生践行社会主义核心价值观》校本教材读本的编写实施和《基于立德树人背景下的案例教学法研究》课题项目的研究推进，推动科研引领，进一步提升学校思想政治理论课科研的质量，促进学校思想政治工作的科学发展，推动学校思想政治理论课改革创新实现"八个相统一"。

（四）以思政辅导为突破口，推动思政课建设内涵式发展

在各班配齐班主任和思政专职教师的同时，按照王建军书记在青海大学调研时强调"思政课要讲出真情真诚真理真谛真言"的要求，聘请优秀教师担任思政辅导员，召开专题会议，制定《思政辅导员工作职责》和思政辅导"1234"工作计划，包年级包班开展工作，即每学期讲一节思政课，参加两次思政教研活动，听三节思政课，和四名特殊群体学生开展谈心谈话，关爱帮助学生健康成长。

（五）以家校合作为平台，填补家庭教育短板。

"家庭是人生的第一所学校，家长是孩子的第一任老师。"习近平总书记的讲话高度概括了家庭教育的重要性，对新时代家庭教育建设具有重要的指导意义。为进一步加强家长对家庭教育的重视与理解，不断更新和转变教育观念，提升教育子女的能力和水平，促进孩子的健康快乐成长，通过线上线下推送家庭教育专题讲座，编写《西宁市第八中学教育集团家庭教育指导手册》，为各位家长提供学习与参考的读本，提供科学育人的指导和帮助，为集团校初中部家长发放《家庭教育指导手册》共1300多册。

在发挥思政课堂的主渠道、主阵地作用的同时，通过与集团班主任党员名师工作室广泛合作，交流互补，资源共享，共同挖掘育人资源，形成育人合力，提升学校育人水平。组织开展针对全学科的师德论坛、德育讲座、经验交流、案例征集等活动，发挥好思政名师工作室的辐射作用，引导教

师创新挖掘思政课程元素，将思政教育内容和要求有机融入主要课程教学环节，逐步实现全员全过程全方位育人目标，全面落实立德树人的根本任务。

三、工作设想

不忘教书育人初心，才能落实立德树人使命。在决胜全面建成小康社会之际，只有解决好"培养什么人、怎样培养人、为谁培养人"这一根本问题，才能真正为党育人，为国育才。而学校是落实这一根本问题的重要场地，加强学校思政课建设，是当今和以后学校的一项重点工作。只有不断推进思政课建设，加强思政育人的引领和辐射作用，才能培养出合格的社会主义建设者和接班人，实现伟大的复兴梦。集团校以党员思政名师工作室为抓手，加强思政课改革，提升名师工作室的示范、引领、辐射作用，形成大思政观，全面落实立德树人这一根本任务。

发挥党员先锋模范作用　助力乡村学校心理发展

2017 年，西宁市第七中学教育集团党建联盟自成立以来，三所城区学校从学校发展、教学教研、教师队伍建设、德育共育、文化建设多个方面对两所农村学校进行工作的指导和切实帮扶。其中，和平乡中心学校、东峡乡中心学校这两所被帮扶的乡村校所面临的困境之一是美术、音乐、心理健康教育工作基本处于空白：学校无专业教师、基本未开设专业课程、师生和家长对此方面的教育也并不关注。为了有力地改善这一现状，西宁市第七中学在对两所乡村学校充分调研的基础上，组织党员教师积极探索对乡村学校艺术学科教育工作的新路子，三年的时间总结出了一些经验，现就以心理健康学科为例进行总结。

一、菜单式"点课"送教

课程是开展心理健康教育的主阵地。在前期了解到，两所乡村学校基本上为开展过心理健康课程，个别的内容和需求也是通过班团队课、政治课程进行渗透。因为学校没有专职的心理教师，班团队课的效果和心理健康教育课程的内容有较大的区别。为了满足两所乡村学校对心理健康课程个性化的需求，西宁市第七中学安排 3 名党员心理教师每月为和平乡中心学校、东峡乡中心学校制定学年度送教课程表，按需进行点对点的送教。

（一）个性订制，按需上课

"乡村的孩子留守儿童比较多，需要通过专题课程给孩子们加以关注和辅导""能不能给初三即将中考的孩子进行一场考前心理辅导的讲座""乡村学校学生家长心理健康知识比较匮乏，希望老师们可以送教一场讲座"常规课程、学生讲座、团体辅导、素质拓展，西宁七中对两所乡村学校送教，让乡村的孩子们对心理学、心理健康课及其意义有了初步的认识，一定程度上改善了乡村学校心理健康教育缺失的现状。"菜单式"的模式更有针对性，实现了供给侧和需求侧的有效对接，授课效果明显。

（二）个体辅导，答疑解惑

因为没有专业的心理教师，在每次送教过程中，三位心理教师上完课后会专门余留一个小时的时间，对学生们存在的心理困惑进行及时答疑和必要的个体辅导。起初，乡村学校的孩子对心理辅导是排斥的、被动的，但是这项工作通过长期的坚持和对心理健康工作的普及，乡村学校的孩子们也能越来越接受心理辅导，帮助他们排忧解难，汲取能量。例如：东峡乡中心学校初二有一女生有人际关系方面的困惑，住宿学习，寝室舍友关系紧张影响到了学习和生活。因为父母亲不在身旁，她感到无所适从。在一次送教活动结束后主动约了心理教师进行辅导。几次个体辅导后孩子掌握了一定的沟通技巧，再加上班主任对寝室同学的引导，紧张的人际关系有所改善。

二、远程式"同步"学习

送教的各类心理课程及活动，受到了两所乡村学校师生的高度评价，"心理课有趣又有用""原来学习也要讲求科学方法""原来我现在不稳定的情绪状态是因为青春期的心理和生理变化"然而与此同时，三位专职心理教师也看到了下乡送教的弊端：受到时间、地理位置的限制，送教课程数量有限，并且较为耗时耗力。鉴于前期工作收到的成效和学生的实际需求，西宁七中教育集团党建联盟在"送教"活动基础之上，尝试利用集团远程录播系统开展"先锋课堂"，让东峡乡、和平乡的孩子们与七中的孩子们同步进行更加系统、正规的心理健康课程，同时利用远程录播系统，也可更方便地开展针对性的学生心理课、家长心理讲座。

（一）把握成长规律，确保课程效度

在西宁七中已经相对成熟的心理课程基础之上，三位专职心理教师在远程课前又做了大量调研，了解两所乡村学校学生的实际发展情况和需求，进一步完善了常规课程，力求课程设计可以兼顾不同学生以达到最优效果。在大量调研及分析讨论后，初步制定了不同年级的个性化主题：初一年级——适应环境、学习动机激发、时间管理；初二年级——青春期异性交往、情绪管理、亲子关系、价值观；初三年级——压力管理、责任与担当、潜能激发等。以上主题内容中，既有与七中常规课程一致的，也有根据乡村学生实际需求略做修改的，让乡村学校直接受益。

（二）关注留守儿童，加强引导力度

乡村家庭中，有很大一部分家长会外出打工，存在大量留守儿童，他们中的很多又会在成长中出现一些特殊心理状态，相较同龄青少年，他们更需要关爱、理解和积极引导，因此，针对该群体，除了专题送教活动及常规心理课之外，西宁七中的党员心理教师也为他们设计了个性化课程，旨在引导他们自我悦纳、树立正确价值观、学会担当、积极生活。

（三）助力家庭教育，拓宽教育维度

学校教育的直接对象是学生，然而，家庭教育对个人的成长起着至关重要的作用，在很多乡村家庭中，普遍存在父母文化水平低、陪伴孩子时间少、教育方法简单、可利用教育资源少等现实问题，为了进一步提升集团校乡村家庭教育质量，打开乡村家庭教育新局面，七中党员心理教师针对家长群体开发了"解码青春期""有效亲子沟通"等家庭教育课程，并利用远程录播课、直播、微课等形式开展，解决了很多家长因外出打工无法统一上课的问题，为乡村家长提供了专业指导，受到了家长们的热烈欢迎和一致好评。

三、造血式"专业"支持

通过集团党建联盟内各项心理送教、远程心理课堂、必要的个体辅导等活动，在乡村学生心理健康教育工作方面，取得了一定成果，但与此同时，两所乡村学校也深切感受到，仅仅依托西宁七中党员心理教师开展心理活动，存在很多局限性，如覆盖面不够、乡村心理健康教育缺乏系统性、及时性及长时性等。因此，在开展的各项心理帮扶活动"输血"的基础上，"造血"工作迫在眉睫——对乡村学校的心理健康教师进行必要的专业支持。

（一）"一对一"师徒结对指导模式＋教研组集体研讨交流

课程方面，西宁七中党员心理教师与湟源县东峡乡中心学校、和平乡中心学校负责心理健康教育的老师形成"一对一"师徒指导模式，平日就学校心理健康教育各项工作的开展随时进行沟通交流，同时依托心理教研组活动，每周通过网络进行集体备课及主题研讨，以指导其完成初步的心理课程备课。实践方面，组织集团校内心理教师和部分青年教师编写《西宁七中教育集团心理校本教材》，保证小学段初中段都有统一教材。师父每月至少完成1次现场听课及指导，徒弟每月至少听2节心理健康课，最终达到集团各校心理教师能够独立授课、开展活动、进行学生心理辅导的目标。

（二）系统性心理健康教育培训

依托西宁七中与青海师范大学合作为青年教师及班主任开设的"心理健康教育培训班"，集团各校青年教师、班主任通过此平台，进行系统、正规的心理学专业课程学习，通过1~2年的系统培训及考核，综合提升其专业性，从而确保其可以有效开展本校心理健康教育的各项工作。

个体的成长关乎每一个家庭，青少年群体的发展决定国家的未来。从目前实际情况来看，我国乡村学生数量庞大，近些年乡村科学文化教育已经在很大程度上有所提升，而心理教育仍处于起步阶段，对乡村学生进行全方位的心理健康教育意义重大，作为党员心理教师，我们有责任培养青少年会学习、爱学习、会生活、爱生活、有担当、能适应的健康心理状态和综合素质。相信通过广大心理健康教师的努力和探索，城乡间的沟通会更通畅，乡村学校的心理健康教育也定会迈上新的台阶。

烛光行动　云端帮扶

一、背景介绍

做好"双困"学生的转化是一项颇具研究价值的工作，西宁市第十二中学推出"烛光行动　云端帮扶"计划，是对网络备课教学、充分利用现代信息技术、因材施教、分层次教学的一种尝试。学校愿借助这个良好的背景条件，为提升教师信息技术教育能力、转变身边的"双困"学生搭建平台，勇于作为，善于作为，为落实"立德树人"教育总目标而不断努力。

二、具体做法

（一）在集团总校党委统一部署指导下开展工作，对"双困"学生坚持"一无""三不""四先"原则："一无"即无偿；"三不"即"不勉强""不歧视""不加压"；"四先"即"心理辅导优先""学业辅导优先""家访帮助优先""表扬鼓励优先"。

（二）由集团办牵头结合集团化办学实际情况，负责确定集团各校"双困"学生的名单（原则上集团各校、各个班级针对各个科目报名人数不超过10个），指导报名学生及家长签订自愿辅导协议书，做到学校、家长、学生三方知晓，三方自愿。

（三）由西宁十二中教务处合理安排辅导时间，确定"双困"学生学习时间段，原则上课程开设时间集中在每周六上午9:00—11:30，每个科目辅导时间不超过60分钟，学生和家长可根据需要自愿选择所需听讲科目。通过钉钉等网络平台，分年级、科目建立"烛光行动　云端帮扶"辅导群，安排党员志愿者进行授课、讲座，并做好课程及内容的检查、指导与评价工作。

三、主要经验

集团帮扶活动的开展，得到了全体参与学生及家长的普遍认可，多位家长与学生在中期调研表、钉钉交流群、微信交流群等网络平台为帮扶活动的开展多次表达了诚挚的谢意。下一步学校将逐步总结经验，形成一套行之有效的"双困"学生帮扶办法，将集团校党建工作与教育教学工作有机融合的工作机制和创新成果在更大范围内推广。

党建联盟促发展　共筑堡垒凝合力

西宁市第十一中学理科党支部与湟中县大才中心校党支部主要围绕手拉手青蓝结对工程、送教下乡促引领工程、党务工作培训提升工程，共同创建党建品牌。

一、手拉手青蓝结对工程

义务教育均衡发展是提升国民素质的基础，是实现社会公平的起点。受城市化进程和生活节奏加快、大量农民进城居住和务工等因素的影响，教师资源分布相对不均衡，城乡教育差距较大等问题，为促进城乡教育均衡化发展、为全面提高乡镇学校教育教学质量，充分发挥城市骨干教师的"传、帮、带"作用，更好地促进乡村教师的专业化发展，提升城乡教师队伍的整体素养。西宁十一中理科党支部以此为背景与大才中心校的理科老师们开展了"手拉手青蓝结对工程"。该工程包含了以下几个具体工作事项：一是师徒结对、师傅一学期至少上 2 次展示课，徒弟一学期至少 4 次汇报课，汇报课后开展点评工作。师傅按期对徒弟的教案进行点评指正建议，并就教学各环节给出一些合理的建议。二是与教研室携手对学期末徒弟教学成绩进行考评、若徒弟在师傅的带领下，本学期教学成绩在年级中取得了不低于两个名次的进步,则对徒弟给予嘉奖,并给师傅授予"优秀蓝方教师奖"。这在我们学校职评中是一项重要的加分项目，大大激发了师傅帮带徒弟的热情，同时徒弟也能更快的成长。三是学科教研活动远程同步进行、受地理因素的影响，很难经常到大才中心校开展教研活动，但对于教学工作而言，教研活动又是必不可少的一项教学环节。利用多媒体技术远程开展教研活动，能实时对徒弟进行指导，并且和学科老师们能更有效地开展好教研活动，对这一阶段教学中的问题，教学建议，后续教学计划实时分享交流。通过开展此工程，乡镇学校的老师专业能力得到了提高，师傅们在指导过程中，自己的专业素养也得到了升华。

二、送教下乡促引领工程

随着基础教育课程改革的不断深入，为了更好地把先进的教育教学理念和教学方法送往偏远乡村，以实现教育资源的优化，教师专业的均衡发展。西宁市第十一中学理科支部联合教研室在校领导的正确指挥下，积极、主动地开展送教下乡促引领工程：一是到大才中心校积极听课，参与评课，深入了解当地教师们上课的情景、状态，学生参与课堂教学的实际情况，发现亮点和不足之处进行指导建议；二是亲身示范讲授课程，在授课过程中，把主流的教育理念，教育形式方法实时展示，让每一位听课的老师切实感受到教育的改革，新的理念方法如何有效地融入课堂教学，一节好的授课并不会因为我们面对的是农村孩子而难以施展，关键还是在于老师的因材施教，细心备课，亲切讲授的；三是课后与学科老师们开展互动研讨与微讲座，交流教学经验，共享新的教学方法。在整个送教下乡活动中，理科支部党员充分利用教学资源，发挥典型教师的示范辐射作用；改变了过去的教研指导方式，将教研重心下移，面向比较偏远的山区乡镇；到课堂上、师生中，感受了解农村学校在教育教学中存在的问题，解决农村教师在新的教育教学背景下遇到的困惑；通过这个活动有效地促进了送教和受教教师教学能力的不断提高，推动新的课程改革和理念的传播，送教下乡活动效果显著。

三、党务工作培训提升工程

党建工作，关键在人。党务工作者是党的路线方针政策的传达者和执行者，是各项工作的组织者和实施者，必须明确自身肩负的责任，开展好干部职工以及群众的思想政治教育工作。在新的发展时期，对党务工作者的自身素质提出了更高的要求。此工程的开展有以下几种方式：一是理论授课，经验分享、与大才中心校党支部共同学习上级部门下发的关于党务工作开展的方法指导，理科支部这边每次检查中学习到的新方法，新做法、新要求及时通过微信、QQ 平台共享给大才校党支部；二是现场课件教学、不定期的前往大才中心校实地进行学习指导，通过现场讲授，范例展示，临场解惑来提高他们的党务工作能力（尤其是在资料归整方面）；三是与大才中心校利用多媒体共同开展"三会一课"，参与其中更能学好党务工作。通过此工程的开展，能有效增强农村地区党务工作的系统性和有效性，不断提高农村地区党务工作者（党务干部）运用新思想新知识武装头脑、指导实践、推动工作的能力和水平。同时，帮助他们切实把学习成果落实到自己的教育教学本职工作上，奋力开创新时代党务工作新局面，确保党组织始终成为中国特色社会主义事业的坚强领导核心，为实现"两个一百年"奋斗目标和中华民族伟大复兴的中国梦提供坚强保证。

今后，西宁十一中理科党支部将继续在十一中党委的带领下持之以恒地与大才中心校党支部创建好此品牌，并不断完善品牌内容和形式，以此为联系共同发展、共同进步，形成党建工作资源共享、带动促进、优势互补，联动共赢的党建工作新格局。

党建联盟创先进　城乡联合创特色

一、背景介绍

西宁市第十一中教育集团西关街小学前沟学校通过建立城乡互助的党建工作机制，以"四联"的方式，组织联建，建立城乡基层党组织互助机制，实现以城带乡，联动发展。结合中共西宁市西关街小学党支部委员会年度工作安排，共同研究制定共同体党建工作计划，定期召开集中研讨会，研究支部建设、党员先锋模范带头作用等工作；工作联促，推动党建与教育教学工作融合互促，共同确定主题党日实践活动，并将其与其他党建活动、教学活动、教师培训等方面紧密结合；品牌联创，以建设组织制度健全、党建特色鲜明、工作成效显著、党员群众认可、带动作用较强的党建精品点为目标，大力开展"一校一品"党建精品点创建工作，真正使党建工作成为推动教育事业发展的坚强保证；队伍联抓，充分发挥党员先锋模范作用，共同鼓励党员干部和党员教师在师生中开展手拉手、同进步、共成长、献爱心等交流活动，确保城乡党建联盟建设取得显著成效。

二、具体做法

（一）建设大党建格局，增强联盟校党支部和党员凝聚力

始终坚持正面引导，注重理想信念教育。坚持民主生活会制度和民主评议制度。重视政治理论、教育理论知识和先进的教育教学理念的学习。一抓组织领导，明确两边学校一把手负总责，班子成员全员参与，党务工作与教育教学工作同步运作；二抓示范引领，充分发挥党员示范作用，无论大事小情，时时刻刻为教师作出表率；三抓活动过程，不走过场，不哗众取宠，突出实效。班子成员带头读专著、写随笔、写读书笔记、坚定理

想信念。两个党建联盟支部结合"廉政文化进校园""改进工作作风、密切联系群众""坚定理想信念""不忘初心、牢记使命"等主题教育活动，创新党建活动形式，形成了激励与约束相结合的有效教育机制。以党员承诺活动为契机，每学期初与每位党员签订《党员承诺报告单》，通过"党员先锋岗""党员师德宣讲""党员示范课""党员捐款帮扶""微党课"等丰富多彩的支部活动，充分地发挥了每位党员的率先垂范作用，树立了支部和党员良好形象。

（二）打牢党建基层基础，营造和谐共建氛围

特色鲜明的党建工作不仅给支部工作带来了生机，更为集团化办学教育教学工作注入了活水。依靠联盟校领导班子的放手支持，支部充分发挥党团队引领作用，定时安排优秀党员、团员、少先队员通过具体事例进行道德讲堂等活动，通过"党员远教"等进行先进性教育，提高党团员素质。定期组织教师深入社区家访，了解社情民意，及时反馈学生在校信息，及时对老党员、生活困难党员进行帮扶救助。及时向广大教师公开有关政策，推进党务公开，传递党的温暖，听取意见，构建其乐融融的和谐氛围，有效激发了联盟校全体党员的工作热情和创造潜力。

（三）不忘育人初心，牢记教学使命

在"不忘初心、牢记使命"主题教育活动中，联盟校党支部召集全体党员进行集中学习、党课授课、主题党日等系列活动使全体党员牢记实现中华民族的伟大复兴历史使命，把握大会精神实质，真正把思想和行动统一到报告精神上来，把学生的青春梦、自己的教育梦、学校的强校梦与民族的复兴梦统一起来，做到思想上牢牢掌握，行动上紧紧跟上，以党的十九大精神为指引，撸起袖子加油干，共同做好、做实西关街小学和前沟学校教育教学工作。每年"七一"，为认真贯彻落实习近平总书记在党的十九大中关于优先发展教育事业的讲话精神，突出党建工作在城乡集团办学中的引领作用，搭建党员沟通互动平台，丰富党员生活，提升党员荣誉感，提高党组织的凝聚力和号召力，建设基层服务型党组织，在集团校内开展

庆"颂党情，感党恩，永远跟党走"等主题教育活动，共同庆祝党的生日，在重温入党誓词中牢记党员身份。十一中教育集团党建联盟举办以"学习先进楷模精神，汲取榜样力为量"为主题的讲座活动，倡导全体党员学习马复兴、杨毛吉等先进人物事迹，为全体党员和教师进一步做好教育教学工作给予正能量——不忘教育初心，肩负教书育人使命。

（四）"党旗辉映团旗红高举队旗跟党走"，关爱留守儿童

为丰富开展主题党日活动，联盟校的党员、团员志愿者代表、红领巾志愿者代表和教师代表以及"爱在身边"公益联盟志愿者带着精心准备的节目，连同全校师生满满的祝福与关爱，前往西宁市社会福利院开展慰问活动。在中共西宁市西关街小学党支部委员会的带领下西关街小学团支部和大队部联合前沟学校开展了"情暖童心，相伴成长"关爱留守儿童系列活动。汇聚爱，结对学生开展"点亮微心愿"活动。活动分为征集"微心愿"、甄选"微心愿"、认领"微心愿"、圆梦"微心愿"四个环节。前期通过结对小伙伴一对一的形式认领微心愿，在"六一"儿童节到来之际，西关街小学邀请前沟学校的21名少先队员参加"六一主题大队活动暨第四届科技节"，结对同学向小伙伴赠送了书包、书籍、故事书等，圆梦微心愿让留守儿童感受到学校、社会的温暖，帮助留守儿童健康、快乐成长。传递爱，开展"多彩周末"城乡儿童结对共度周末活动。以集团化学校为主平台，以学校党团队组织为主渠道，以一对一的形式开展城乡儿童结对，利用周末时间开展"多彩周末"活动，结对同学通过共同前往德育实践基地，如科技馆、天文馆、南山公园等开启自主研学之旅参观和学习；共做一件有意义的事，如练习书法、参加社区活动、手工DIY等，共同感受幸福西宁城市发展和变化。

（五）"一名党员，一面旗帜"，党员示范引领促发展

为促进教师专业化成长，联盟校西关街小学和大才乡前沟学校全体教师在远程录播平台的辅助下开展党员教师讲党课活动和各学科教学研讨活动。党课均由联盟校优秀党员教师承担，各年级、各学科的远程录播课授

课教师团队由联盟校党员教师、骨干教师组建而成。通过讲党课及远程录播课活动，既提升了党员教师的政治素养，也促进了每一位教师的专业化成长。

三、主要经验

（一）党建引领树品牌

坚持"素质立校"理念，充分发挥党员骨干引领功能，通过党员骨干教师作专题报告、党员骨干教师与其他教师结对、座谈交流、青年教师演讲等活动，不断提升全体教师的师德素养。以学校实际情况完善校本教研机制，通过"课题研究、典型示范、教学论坛"等活动，有效提高了联盟校教师教学研究水平、反思能力和教学动力。实施青年教师培养"135"工程（青年教师一年熟悉业务，三年入门，五年成才），"蓝青工程"由"一对一"的师徒结对子形式改变为"一对多""多对一"的结对模式，有效提升了青年教师专业水。成立"名师工作室"，充分发挥党员教师的先锋模范作用，带动了更多的青年教师迅速成长。

（二）党建引领强素质

"以党建带团队"活动宗旨，构建"七彩德育"新模式，大力创新学校素质教育，夯实联盟校德育工作。一是"红色经典"放异彩。主要通过升旗仪式、演讲、快板、经典诵读、网上签名寄语等系列实践活动，对学生进行爱国主义、集体主义、民族团结教育。二是"黄色系列"闪光辉。通过"感念师恩"、"爱心重阳，雏鹰在行动"等主题队会进行感恩教育，让校园奏响和谐的强音。三是"蓝色心理"得到重视。学校定期利用校园广播、电视台对学生进行心理健康知识的普及。四是"绿色环保"成效大。通过开展"创城"、"创模"等活动，进行环保教育。五是"青色法制、常规"从小抓。通过开展读书活动、开设法制课堂、观看普法视频和体验教育（收获节的摘、品、颂梨活动；兰空少年军校），提高学生学法、知法、守法、用法的自觉性。六是"橙色安全"有特色。定期进行消防、交通、防震、法制安全教育，提高学生安全为上的意识。七是"紫色网络"常常抓。学校建有"绿色网吧",任课教师在授课时引导学生健康上网、文明上网,提升了素质教育水平。

（三）党建引领促教研

立足于打造真实灵动育英才的童心课堂,充分发挥支部的核心作用和党员的示范引领作用,带动联盟校全校教师各显才能,加强教研工作,使学校在研究如何设计有效作业、高效课堂教学、校本教研、学生个性化辅导策略等方面初具特色。积极配合联盟校领导班子,在教师人才培养模式上大胆改革,采用竞赛评比、研训一体、专家引领、名师工作室师徒结对、同伴互助、联盟校线上线下交流等形式实行教师分层培训、自主研修,形成了报告式、观摩式、沙龙式、网络式、参与式等校本培训模式,均衡发展资源,培养教师个体组建教师团队,先后组建了6个名师工作室、3个名优班主任工作室等学术性研究团队,引领联盟校全体教师先后承担了2个市级、3个省级、1个国家级的科研课题研究工作,让不同层次、不同特点的教师在团队活动中能够扬长避短、互学共进,较好实现了"结构合理、学科平衡、名师荟萃"的教师特色发展目标,达到了科研兴校的育人目的。

四、工作设想

创建党建联盟品牌,充分发挥党员先锋模范作用,充分体现了"一名党员,一面旗帜"的榜样作用,推动集团化办学联盟校的管理经验、教育理念、教学资源和教育成果的共享,进一步完善共同体学校党建工作体系,使双方学校党建工作的整体水平有明显提高,形成城乡党建工作一体化的新格局。西关街小学党支部和前沟学校党支部将在上级党委的积极引领下,紧紧依靠两校领导班子,立足成绩,不骄不躁,继续发挥好"党建联盟"作用,不断开创联盟校党建工作新局面。

笃行践悟只争朝夕　慧爱育人不负韶华

西宁市虎台中学教育集团党建联盟集团始终以习近平新时代中国特色社会主义思想为指导，深入学习贯彻党的十九大和十九届历次全会精神，认真学习贯彻集团工作部署，以坚持立德树人根本任务不动摇，以服务幸福教育为主旨，做好党建引领五融合，在此基础上，按照"名师统筹、资源共享、优势互补、促进提高"的策略，整合优化教育资源，提升办学效益和水平，推进城乡教育优质均衡发展，满足乡村学校对优质教育的需求。

一、党建常规传承中求创新，构建意识形态新格局

（一）规范"三会一课"，抓思想，促组织建设

制定"三会一课"规范标准，从时间上严格落实。从内容上，要求围绕全面从严治党，重点推进"两学一做"学习教育常态化制度化，研究贯彻上级党组织决议决定、基层党建主要任务落实、重大事项决策、党员教育管理、党员发展等方面内容，聚焦主业、服务大局。实现党内生活党员全覆盖不掉队。落实党员知情权、参与权、管理权和监督权。

（二）加强城乡党建互动

加大特色化党建联盟建设的力度，强化联建党员教育培训基地建设，认真落实"四个帮助"的要求，不断实现城乡学校党建工作的优势互补，不断促进联盟内党建工作的学习交流与协调联动。

（三）健全机制，把握方向保落实

完善党建制度体系，推动党建引领五融合，提高党组织把方向、管大局、保落实能力。修订党建工作责任清单,实施领导班子成员党建工作联点管理。打造有特色、有创新、有实效的党建阵地。

一是强化常态促辐射化。强化党员队伍常态化建设和管理，开展党员承诺、党员责任区、慧（惠）爱党建争先锋活动。提高党员教师模范引领作用的辐射面，不仅要在学校工作中做恪尽职守的好老师，也是恪守自律、热心公益、热心服务的好公民、好党员，积极参与社区党建工作，落实"双报到"，丰富拓展活动方式、途径和内容，实现区域联动、优势互补。

二是聚焦主题促科学化。聚焦全面从严治党，重点加强党员干部理想信念、作风建设、党风廉政等方面的教育，使党员教师始终同党组织保持一致。在内容上贴近群众，每次会前广泛征求党员意见建议，弄清楚党员群众想什么、盼什么、缺什么，紧跟群众期盼。在方式上灵活多样，采取集中教育与讨论交流、请进来与走出去、理论教育与现场观摩相结合，邀请专家讲党课、观看电教片、参观实践基地学习先进典型等方式，增强党内生活的吸引力和号召力。继续坚持需求导向、问题导向、效果导向，深入推进组团式联系服务群众制度，完善谈心谈话制度。

三是抓牢关键促质量化。重点抓好领导干部这个"关键少数"，要求学校班子带头参加"三会一课"，发挥领导干部的示范表率作用。严格抓好组织生活会这个"关键环节"，要求全体党员拿起批评与自我批评的有力武器，敢于直面问题。

（四）创新三项活动，丰富形式提素质

一是扎实开展"主题党日"活动。从支部党员工作、生活的实际出发，确定每个月最后一个周末作为"主题党日"，开展民主议事，进行志愿服务等，强化组织生活制度并形成常态。充分利用各类社会资源，如虎台社区党建服务中心，各类主题图片展览等活动场地和学习资源，开展开放式组织生活。将党员参加"主题党日"活动情况记入党员管理积分，作为民主评议党员的重要依据。

二是认真解决实际问题。党支部在推进各项工作中做到服务社会、服务家长、服务学生。采取调查研究、检视问题的形式来发现社会关注的，家长急需解决的，关乎学校发展和学生成长的问题，不等不拖、即知即改。

就当前疫情防控期间按照上级要求，做细做实各项防控工作，为学生营造安全健康的学习环境，让社会满意，让家长放心。

三是积极参与慧（惠）爱服务活动。立足解决社会反映强烈的问题和基层社会治理的"最后五百米"问题，深化党员志愿行动，深化"满意在虎小·服务在基层"组团式联系服务群众走访行动，组织引导党员教师主动倾听社区群众需求，利用教书育人的专长，积极参与公益志愿服务活动，尤其是与社区联合开展"传统文化进社区"活动，增强广大市民对中国传统文化的认同感、归属感和自豪感，使社会主义核心价值观内化为人们的精神追求，外化为人们的自觉行动，提升市民的文化素质，为巩固创城成果做贡献。

二、品牌建设立足实际创特色，打造教育教学新局面

虎台小学党支部以"乐学笃行育人"慧（惠）爱党建为特色。努力打造乐学慎思、笃行践悟、慧（惠）爱育人的教师队伍。做好党建引领五融合。围绕"找问题，重分析，求改变，强落实"十二个字展开。

（一）乐学慎思，抓品牌建设内涵发展

一是新学期学校选配政治素养高、业务能力强的优秀党员教师组成学科工作室。从深化"课程体系建设"，以标准促规范；重视"教学常规工作"，以反馈促落实；聚焦"课堂教学"，以活动促提升，完善"学生过程性评价"，以评价促成长。进一步强化教育集团党建联盟建设。落实党员联培。借助网络智慧课堂远程录播、QQ群等平台深入开展联盟党员集中培训、党员讲坛、大党课等活动，积极构建网上党校、网络课堂、联盟党建微信群等党员教育阵地，加强联盟内党员教育管理，不断实现教育集团党建工作的同标准、同要求、同规范。

二是加强日常管理，采用定期分享经验、查摆问题、改进教学的方式来提升教学质量。围绕"趣味课堂"建设：注重统编教材的研究与研讨，数学故事阅读，英语绘本阅读等学科内容的研究，开展模拟授课、年级组汇报课、主题教学展示课、课堂课后复盘、名师课例研磨等系列教学活动，让所有老师都能通过授课、观摩、研讨得以提升。

三是通过"美丽课堂·党员争先"为主题的教学评比活动，努力使学校的党建水平和教学业绩不断提升。发现更多教学妙招、实招、真招，推出更多有思想、有风格的教师，促进教师的专业化成长，提升教育教学质量。认真学习党的重要文件精神，在我校党员与湟源巴燕的党员老师中继续开展"读好书、共成长"读书活动，交流读书感受，提升思想认识，加强交流互动的针对性和实效性，从而促进教师的成长。

（二）加大教育教学管理帮扶

一是开展集团内各学校领导和行政人员通过网络直播功能定期交流，互相学习研讨完善学校教育教学管理制度，交流管理经验，提升集团内各学校教育教学管理水平，形成和谐互助的集团化办学管理文化。

二是为实现集团内优质师资共享、共赢的良好局面。学校定期选派具有丰富教学经验的骨干教师、优秀教师通过网络智慧课堂远程录播、QQ群等平台开展示范课、公开课、观摩课、专题讲座等集体教学研讨活动，共享优秀的育人经验，推广先进的课堂教学模式，拓宽示范教学途径。持续开展相关的"主题教学教研"活动，从而推进教研联合体结对共建。

三是本学年继续开展共享课堂活动，将活动统一时间，列入课表，按计划开展网络课堂同步授课，点对点异地同步网络授课，学生共同上课，达到资源最大化的共享。同时根据集团学校需求，开放教学设施、设备、优质辅导资源，提供相关教学资料，相互探讨课程建设、评价改革等有关教育教学方面的最新信息，实现真正意义上的资源共享。

（三）笃行育人，促品牌建设特色推进

一是坚持德育为先的育人导向，近期学校将利用"钉钉"和班级QQ群等网络媒体开展"2020，爱不离"和"虎娃学先锋，长大做先锋"系列活动，让学生学会关爱社会，树立爱国情怀;学会关爱他人，树立担当意识;学会关爱生命，拥有责任之心。

二是坚持"五育并举"的原则，开足开齐各门学科，注重古诗文吟诵。

利用课前三分钟、古诗文赏析课等形式让虎娃了解古诗文吟诵的前世今生，感受古诗文的韵律之美。发挥虎娃课外自主阅读、健康教育、艺术欣赏、健康教育等课程的育人作用。重视课间广播体操和眼保健操的质量，坚持每天锻炼一小时，努力保障学生在线学习期间的视力和体质健康。

三是丰富德育活动，努力做最好的自己。让队员在活动中感知、在活动中体验，在活动中产生影响的力量。在"主题活动"中体验；在"特色活动"中成长以及"社会实践，锻炼自理能力"活动。

三、队伍建设双培养求发展，提升素养争当先锋

注重以校本研修为抓手，充分打造课程团队以团队活动加速教师成长的步伐。学校将实施"双培养"机制，即把骨干教师培养成党员，把党员教师培养成教学、科研、中层管理骨干。

（一）强化科研意识

怎么教＝关注学习兴趣＋提高学习力，教学过程推荐更多教师和更多班级尝试小组合作模式；怎么评价＝知识＋能力＋素养，把评价作为导向，指导教学内容和教学方式，并继续完善综合素养测评。继续强化科研意识，坚持"问题即课题、工作即研究、成果即发展"的科研理念，坚持立足课堂教学实践的草根化研究，开展阶段性成果研讨活动，学校小课题结题活动，邀请专家进行指导，进一步明晰研究方向，邀请湟源巴燕的老师共同参与，不断规范学校的课题管理工作，提升教师的课题研究能力。

（二）发挥引领作用

开展以骨干教师为主导的"蓝青师徒"帮扶结对活动，充分发挥党员教师、学科带头人的示范、引领、辐射、融合作用。加强帮扶机制的精细化管理，形成浓厚教科研气氛，提高教科研水平，努力使教科研工作迈上新台阶。加强教研组团队建设，让党员教师在教研组中发挥引领作用，注重教研组学科整合，教师针对年级学生特点，有针对性地开展学科竞赛活动，确保组内均衡发展。

（三）完善培养机制

不断完善学校教师培养培训机制，积极参加各级各类培训，加快教师队伍成长。学校将根据集团内教师需求情况开展跟岗交流教学活动，切实提高课堂教学效率，分享课堂教学智慧，共同探讨教学质量的提升，共同关注课程设置的科学性和创新性，共同推进教学评价制度新一轮的改革和突破。

（四）强化基本功训练

扎实开展教师基本功训练。按学科不同提出具体要求，督促教师专业化基本功的提升。在各类学校教研活动中加强教师的说课、评课、课件制作、信息化技术、板书设计、读书交流、教育故事等基本功的强化。

（五）促进集团办学质量

根据集团总校安排，学校将继续发挥学校教研的整体优势，走进湟源巴燕中心学校，要求教师带着任务、带着问题、带着思考参加各学科联片教研活动及主题教研活动，以良好的教研意识促进两校之间教师个人的教学业务提升。通过校本教研、区域教研、集团教研、跨区教研、网络教研等多种教研形式，在教学计划制定、教学常规检查、教学进度推进、教研活动开展、教学质量评价、学生综合素质评价、学业水平测试、教学评估等方面协调一致，统一标准，统一要求，最大限度地满足教师专业发展需求，课堂教学改革的需求，教学水平均衡发展的需求。实施城乡教研带动计划，落实集体备课、课题研究、同课异构、校本教研等常规教研专项指导，帮助乡村教师准确把握教材，改进教学方法，提高课堂效率。

笃行践悟只争朝夕，慧（惠）爱育人不负韶华。虎台小学党支部以坚持立德树人根本任务不动摇，以服务乡村教育为主旨，继续努力打造"乐学笃行育人"的慧（惠）爱党建特色，推进学校党建工作创新创优，发挥好优质教育资源的强大引领作用和辐射作用，加大集团间交流的机会，更好地促进广大教师的专业成长，全面提升教育教学质量。

"五比五看"打造"双培养"先锋工程

青海昆仑中学教育集团为全面实现集团化办学目标，切实提高乡村学校教师队伍水平，建设一支政治素养高、业务能力强的教师队伍，以党建引领"双指数"达标工作为契机，党员教师带头示范，扎实开展以"五比五看"为抓手的"双培养"先锋工程活动。

一、确定"双培养"对象，落实"双培养"责任

经过摸底，青海昆仑中学教育集团获得市级以上荣誉的青年优秀教师有25人，教育集团党建联盟首先将这些能力强、素质高的教师确定为发展党员培养对象；其次，在集团的162名党员中最具有发展潜力的25名青年党员建立业务档案、制定专业发展规划，将他们确定为培优对象，结成"双培养"帮带结对，双方在政治、业务上互相帮助，最终实现双帮双赢、共同提高。最终，在教育集团内形成业务骨干向党组织靠拢，党员个个争做骨干的良好氛围。

二、开展"五比五看"活动，强化"双培养"措施

（一）比学习看素质。

结合青海昆仑中学教育集团开展的师德师风教育活动，采取多种形式强化政治理论和业务知识以及法律法规的学习。深入学习贯彻党的十九大精神和习近平总书记系列重要讲话精神。在学习政治理论的同时，狠抓教学业务理论知识，每年举办不少于5次的辅导讲座、外出进修、内部研讨等交流活动。通过深入学习，不断提高"双培养"人员的政治和业务素质，成为教学工作的行家里手。

（二）比工作看业绩

青海昆仑中学教育集团围绕教育教学中心工作，结合党建活动、课堂教学、德育活动等方面，在"双培养"人员中开展评比活动，每学年进行"美丽教师""优秀教师""优秀党员"等的评选，自从教育集团成立以来，共评选各类优秀人员共200余人，提升了教育集团各校的教育教学质量，用优异的成绩赢得学生、家长、社会的满意。

（三）比先锋看服务

坚持"服务学生、服务学校、服务家长"的三服务理念，树立宗旨意识和群众观念，制定"班级导师入班制度"，要求集团162名党员教师深入年级，深入学生，"一对一"帮扶，积极帮助特殊群体学生解决实际问题。

（四）比修养看党性

青海昆仑中学教育集团"双培养人员"以习近平新时代中国特色社会主义思想为指导，自觉践行社会主义核心价值体系，弘扬社会主义新风尚，以一个党员的标准要求自己，把教书育人、立德树人，作为自己工作的出发点和落脚点，以自己高尚的思想品德为师生做出表率。

（五）比奉献看廉洁

认真贯彻上级有关教育行政部门的政策，没有任何违规违纪现象发生，形成了青海昆仑中学教育集团的良好师德师，每位教师都做到了文明行教、廉洁从教，为构建和谐师生关系、和谐集团作出了积极的贡献。

三、深化"双培养"方法，夯牢"双培养"实效

（一）加强教育培训

按时召开青海昆仑中学教育集团"双培养"工作机制例会。坚持把提高党员和非党员优秀教师的业务水平和思想政治素质作为"双培养"活动的重点。对于"双培养"队伍中的非党员优秀教师要加强思想政治教育、通过列席参加"三会一课"、主题党日等活动，增强了他们的政治责任感和教师使命感；反之，对党员教师，通过教师专业培养、汇报课、听评课、外出培训学习等方式，进行教育教学水平提升的学习培训，不断提高专业水平、业务能力。

（二）典型引领示范

对"双培养"活动中涌现出的优秀党员和先进分子进行宣传报道，每年的"七一"、教师节等重要节日，青海昆仑中学教育集团近几年来共对"双培养"工程中涌现出的先进集体和优秀人才共 46 人制作了个人风采专栏，在集团各校进行宣传，并号召广大干部和教职工向先进学习、向典型学习、向优秀人才学习，形成相互促进、共同推动的良好格局。

实施"双培养"工程 打造高素质队伍

一、背景介绍

西宁市城西区教育局坚持以深化义务教育集团人事管理体制改革为动力,以均衡配置优质师资为主线,以提升义务教育集团农村教师队伍整体素质和专业发展为核心,以提高农村教育质量为根本,优化管理、创新机制、强化保障,不断探索启动"双培养"人才工程,推动优秀教师和党员双向培养,基本实现义务教育集团内城乡师资重组共享,人事管理体制全面改革,教师队伍管理规范运行,人才培养体系逐步健全,教师专业成长平台有效搭建,各类保障措施全力跟进,办学质量整体提高,逐步实现教师从"单位人"转变为"集团人"的目标,达到"重要岗位有党员、教学骨干是党员、关键时刻见党员,充分发挥党员先锋模范作用和党支部战斗堡垒作用对集团化办学目标实现的推动和促进的目的。

二、具体做法

(一)把优秀教师培养成党员

城西区教育局各集团校不断探索"组织共建、资源共享、活动共办、党员共管、人才共育、文化共兴"为核心的党建联盟新形式,充分发挥党员教师在日常工作中的先锋模范作用,让党员教师带头树新风、遵规章、提质量和改作风,带动和影响身边青年优秀教师。各集团校党组织制定党建联盟实施方案、签订党建联盟协议书,结合实际共同研究制订工作计划,积极安排重点发展对象参与集团校教师手拉手、党建联盟演讲比赛、教学教研等活动。在实践工作中培育青年优秀教师的先锋模范意识,引导他们在实践工作中认真履职、做到率先垂范,积极向党组织靠拢。两地集团校党组织在培养过程中，严格执行"控制总量、优化结构、提高质量、发挥作用"的党员发展工作方针，坚持标准，规范程序，坚持成熟一个、发展一个的原则，积极吸收教师队伍新鲜血液，加强教师队伍建设，增强组织活力，巩固集团校党组织的战斗堡垒作用。通过3年集团校的培养，近30名优秀年轻教师被发展为中共党员，40名优秀教师主动向党组织递交了入党申请书。

（二）把党员培养成教学名师

城西区教育局各集团校党组织根据党员教师的业务素养、职业能力等实际情况与教师制定了"一对一"发展计划，明确培养目标。根据每个培养对象的培养方向，分学科开展"师徒结对"项目，有针对性地开展骨干教师教学技能培训。结合学科培训、岗位大练兵、教学技能比武，广泛开展"寻找好课堂、发现好老师"之学科同课异构等活动，激发党员带头学业务、岗位争先锋，提升党员教师的教学能力水平。有目的地组织党员教师积极参与省市区级重点课题研究，激发党员先锋意识，发挥骨干带头作用，提高教学能力和教师队伍素质。各集团校党组织以"让最优秀的人才培养更优秀的人才"为目标，依托名师工作室、学科工作坊，采取"高校联合、区域联动、名师走进西区"等方式打造各学科优秀教师队伍梯队，组织两地党员教师、发展对象积极参加各类竞赛活动，并取得了良好的工作成绩，截至目前，城西区教育局成立3个名师工作室和8个优秀教师学科工作坊，工作室主持人大多由党员教师担任。

（三）把党员骨干输送到重要岗位

"双培养"工程的最终目标不是培养，而是输送人才。2016年，自与湟源县开展集团化以来，城西区教育局在党员和骨干教师双向培养工作中做了大量工作，把"双培养"工程培养的党员骨干输送到湟源县教育局的重要岗位。已有近40名党员骨干被输送到湟源县教育系统进行轮岗交流。

三、存在的问题及打算

（一）存在的问题

虽然城西区教育局在党员、教师"双培"工程下取得了一定的成绩，但是党员教师在发挥模范作用及骨干教师在传帮带等方面发挥得不够好。

（二）下一步打算

今后的工作学习中，城西区教育局把义务教育集团化办学师资队伍建设作为推进城乡教育一体化发展的重要工作来抓，列入"十四五"教师队伍建设规划，列上议事日程。逐步形成政府统筹、部门协作、齐抓共管、保障有力的工作格局，确保工作稳步推进，有序开展。加强学习，积累经验，弥补不足，做到稳中创新，努力激发广大教师的积极性、主动性和创造性。认真总结教师队伍建设工作的成功经验和典型做法，多种形式进行宣传和推广，在全社会营造关心和支持义务教育集团教师队伍建设工作的良好氛围，把"四讲四有"内化于心外化于行，不断在学中刷新认知、提升自觉，在工作中磨砺担当，努力使教育教学工作再上新台阶，为集团化办学发展贡献自己的力量。

"双培养"机制　共育联盟新人

一、党员教师和教师"双培养"机制有效落实

西宁市第十三中学教育集团校党建联盟，结合"人员大培训、岗位大练兵、环境大整治"工作，突出政治标准，强化师德建设，抓实教育培养，提高发展质量，进一步优化党员结构，深化"双培养"工程，提升教师队伍党性修养和业务能力，发挥党组织战斗堡垒作用和广大党员、业务骨干的示范带动作用，为以更高水平建设绿色发展样板城市和新时代幸福西宁，推进西宁教育现代化高质量发展提供坚强的组织保证和人才支撑。

（一）确定培养对象

组织开展"双培养"对象调研摸底工作，全面分析非党员业务骨干教师（荣获校级及以上"优秀教师""教学新秀""教学能手""骨干教师""学科带头人""名师"等荣誉称号或师德师风良好、师生认可度高、教学业绩突出地教师）的政治表现和思想状况，逐一评价党员教师的专业能力，根据业务骨干教师人数和党员发展计划，建好"双培养"对象"蓄水池"，合理确定年度"双培养"数量，确保把政治觉悟高、业务能力强、勇于担当和甘于奉献地教师确定为党员培养对象，确保将符合条件、具有潜力的党员教师确定为业务骨干培养对象。

（二）健全培养机制

成立集团内由党组织书记和校长任组长，相关处室负责人为组员的"双培养"工作组，建立培养梯队，明确培养目标，细化培养举措，扎实做好培养教育工作。要结合单位"双培养"目标，建立健全党组织抓党支部、党支部抓党员、年级组抓教师，校级党员干部和优秀党员与非党员业务骨干教

师结对、党员与业务骨干教师结对的"三抓两结对"机制，做好"双培养"对象情况分析、学习教育、业务指导、培训培养等工作，努力形成业务骨干教师积极向党组织靠拢、党员教师争做业务骨干的良好"双培养"氛围。

（三）强化培养教育

坚持把提高思想政治素质和业务能力水平作为工作重点，定期开展党员发展研判和业务骨干教师培养情况分析，有效解决"入党为什么、在党干什么"和"教什么、怎么教"的问题，着力构建学习、成长的共同体。结对双方经常性面对面交流、每月谈心谈话不少于２次，非党员业务骨干教师积极参加单位党组织举办的党的基础知识、党性能力提升等培训，列席党员大会、听专题党课、参加支部主题党日等活动，非业务骨干党员教师带头参加教学理论讲座、常规教研交流、新课程改革等培训，参与各级各类示范课、观摩课、公开课和"教学大比武""岗位大练兵"等活动，助力"双培养"对象成长。

（四）拓宽培养载体

结合"不忘初心、牢记使命"主题教育成果巩固深化、各类教科研训及实践活动，充分发挥名校长工作室、名师工作室、学科基地及各级各类新时代新担当新作为先进典型、业务骨干的示范引领、辐射带动作用，采取重学习强党性、压担子促成长、走出去增能力、请专家找短板等途径，通过点对点、面对面、手拉手等方式，借助"一名党员一面旗""志愿服务活动"和"青蓝工程"等活动载体，组织开展"亮身份、亮承诺、亮职责""微党课、微案例、微宣讲""读一本教育专著、参与一项课题研究、讲授一节优质示范课、帮扶一名学生""三亮三微四个一"活动，真正让党徽在课堂上闪光，让能力在岗位上提升。

（五）工作步骤和方法

一是认真调查摸底，确定"双向培养"对象。集团校党建联盟组织专门力量，采取逐个排查的办法，对培养对象进行调查摸底，全面掌握有关情况。二是合理制定计划，确定"双向培养"目标。集团校党建联盟结合学校实际，根据"双向培养"对象情况，有针对性地为每一名培养对象制定培养计划，确定年度培养目标。三是加大工作力度，落实"双向培养"措施。按照因人施教、分类培养的要求，有针对性地采取学习培训、教学指导等多种途径和方法，落实好各项培养措施。四是不断完善提高，总结"双向培养"经验。在开展双培养活动过程中，集团校始终坚持与时俱进，边实践、边总结、边提高，不断完善各项措施，全面提高联盟党建工作的整体水平和实际效果。

二、经典案例

随着"西宁模式"的城乡义务教育集团化办学改革的不断推动与实践，集团化办学逐渐展现出独特的优势与活力。西宁十三中教育集团校的两所分校在各自的办学特点上不断得到提升，特别是大通县逊让乡中心学校得到了全县教育系统的好评，党员教师在工作能力与教学水平上也有大幅度提升，姚文举同志就是其中一员。

（一）不忘初心，坚守信念

西宁十三中教育集团组建伊始，逊让中心学校在选派跟岗教师困难时，他挺身而出，主动请缨到集团总校跟岗学习，决心为学校集团化办学出点儿力。在十三中学跟岗学习期间，他忠诚党的教育事业，勤勤恳恳，时时以优秀共产党员的标准要求自己。他所教的初一4班学生，行为习惯良好，道德品质优秀，学习成绩突出。一年的时间，全班孩子们的成绩由年级倒数稳步提升到年级第一，以至于在他离开返回时，深受学生、家长、老师和学校的挽留，集团总校领导也多次谈心予以挽留，但他婉言决绝，坚持回到了乡村学校。

该同志在跟岗研修期间，认真学习城区学校先进的管理理念，还积极协调两校教师交流工作，为大通县逊让乡中心学校募捐电子白板、电脑、粉笔等教学工具，希望利用集团化办学平台，为乡村学校做了很多实事。他始终牢记"教书育人"的初心，以服务学校、服务学生为己任。跟岗学习结束后，他放弃了在西宁城区的工作机会，怀揣集团化办学要为乡村学校做点儿贡献的梦想，毅然回到逊让乡中心学校，他期盼更多土乡的学子带着梦想飞出大山。

（二）奉献爱心，教书育人

鲁迅说："教育根植于爱。"高尔基说："谁爱学生，孩子就爱谁，只有爱孩子的人，才可以教育孩子。"爱是教育的前提，缺乏爱的教育是不科学的教育。习近平总书记说过："青年兴则国家兴，青年强则国家强。"一直以来，姚文举同志钟爱自己从事的教育事业，从心底里爱着每一位学生。2018年9月返回乡村学校后，学校给他安排了棘手的初三1班数学教学兼班主任，他没有放弃任何一个学生。很多个中午，他放弃休息，主动到班里或找学生谈心或辅导学生；无数个夜晚，当人们被精彩的娱乐活动吸引时，他在学校陪同学生撒花姑娘晚自习、夜读。因为他始终相信每个学生的心灵都是一颗纯净的种子，都会在教师爱的沐浴下长成参天大树；每一双稚嫩的小脚都会在教师爱的牵引下变成民族巨龙的鳞爪。2019年中考，他的初三（1）班的39名学生中有27位孩子考上了高中，创造了学校升学率之最。

工作中，他常说："教书不求别的，但求问心无愧。"2019年9月1日，姚文举担任初一（1）班班主任，其他班的多名学生请求转到他的班级学习，油然而生的感动和自豪，更坚定了他教书育人的决心。在传授知识的同时也把爱的种子播撒在孩子们的心间。一直以来，他关爱农村留守儿童，给患心脏病的学生捐款；还倡导全校师生及全乡百姓为身患白血病的学生捐款3万余元；他是学校爱心团队的一员，近七年来，常牺牲放假时间，为慈善人士和品学兼优的贫困生之间搭建起爱心桥梁，陪同品格教育中心爱心人士，为留守儿童办品格营教育活动，并发动社会力量资助贫困生上高中、读大学，每年累计资助学生钱款10余万元。2020年6月初，他借助团县委，搭建爱心资助平台，一位社会爱心人士为学校苏有萍等3名学生争取到爱心助学金，每人1000元，爱心人士将承诺长期资助这些学生。

（三）牢记使命，不断超越

借助集团化办学跟岗研修契机，他学习了西宁十三中总校先进的教学理念。返校担任教研主任，集团化办学联络员。他按照习近平新时代党对教育工作的要求，积极探索党建＋教学理念，从一对一帮扶留守儿童到带头弘扬土乡文化，传播学校"谦逊敬让，厚德成器"的办学理念。教学中，他刻苦钻研教材、注重生本课堂、重视情感教育，探索构建生命化课堂。在教研组活动中积极探索并试行以学案导学为载体的"六步（导、学、展、讲、练、馈）教学"模式。他积极协调集团校教研工作，先后积极组织各种教研活动，为教师服务，教师专业不断成长，学校教学成绩稳步提升。2020年2月，因工作他担任了学校教务主任，重视向课堂要质量，逐步探索实施了"七彩双师好课堂"工程，引导教师借助现代信息辅助教学，提高课堂有效性。他常说，乡村孩子的教育主要靠老师，教师的每一分精彩都会铸就孩子美好的未来。他是这样说的，也是这样做的，他所带的班级班风好、学生浓，赢得了学校师生和附近村民一致好评。

习近平总书记说过："人的一生只有一次青春。现在，青春是用来奋斗的；将来，青春是用来回忆的。"浅浅纸上书，深深足下行，回望姚文举同志的从教经历，他希望自己在集团化办学的春风里青春多一些踏实，少一些虚度；年老的时候，多一份甜蜜的回忆！姚文举同志，自2010年9月参加工作以来，一直在西宁市十三中教育集团大通县逊让乡中心学校任教。工作中，他一直担任数学教学、班主任工作，还先后兼任学校教研组长、党务干事、团委书记、教研主任、教务主任等职务。10年，他从一位普通的教师成长为学校中坚力量，他用青春和热情谱写了一支支爱的教育赞歌，也收获了"大通县教学新秀""西宁市教学新秀""西宁市优秀共产党员""西宁市优秀党务工作者"等40多项荣誉。2018年8月，借助集团化办学平台，他有幸入选"国家首批乡村优秀青年教师培养奖励计划"。

搭建"双培聚力"机制　提升教师素质能力

西宁市二中教育集团积极推行"双培养"党建工作模式，把党员教师培养成骨干教师。实施"借力名师工作室，提升党员综合能力"项目，整合集团内的名师资源，充分发挥"名师工作室"引领作用，努力将青年党员教师吸纳为"名师工作室"成员、培养成骨干教师，把"名师工作室"骨干教师发展成为党员。

一、具体做法

（一）有效推进跟岗培训，转变农村教师观念

为进一步提高湟源申中乡教师的教育教学专业水平，提升教学教研能力，二中教育集团每学期分四期完成初中全员教师、全学科为期一天的跟岗教师培训工作，为跟岗教师提供集体备课、观摩课、评议课、班级活动等一系列活动，让跟岗教师通过"听、看、问、议、思、写"的办法开展影子研修。同时紧紧围绕新课程的实施，结合课堂教学，对跟岗教师进行教育科研基本方法培训，注重教师教学科研意识和能力培养，根据乡村教师本人的实际情况，针对当前教育教学中遇到的实际问题，特别是基础教育中的问题，有效地开展学科教研活动引导乡村教师从教学实践中不断总结经验，提高教育科研水平。

（二）组建学科教研联盟，搭建教学互通交流平台

每学期集团联盟校围绕"让学引思"教学理念，大力开展语文、数学、英语、理综、文综活动月，从而提高课堂教学研究，进一步聚焦课堂，研究探讨课堂教学模式，为集团内师生搭建了交流平台。比如数学活动月，通过开展"快乐数学、活力数学"活动逐渐增强学生学习意识、合作意识、

创新意识、充分开发学生个人潜能。以培养学生学习数学的兴趣为重点，继而培养学生良好的学习习惯和创新精神，转变学生对数学单调枯燥的思想，让学生感受数学的魅力，享受学习的乐趣，让学生们体验"学数学，其乐无穷；用数学，无处不在；爱数学，受益终身"。

（三）构建教科研平台，实现教科研互通

通过搭建线上网络平台、实地展示平台、交流平台，建设教育教学资源库，鼓励各学科名师、学科带头人在线上为广大乡村教师答疑解惑、提供优质的教学资源。通过组织课堂观摩、同课异构、教学技能竞赛、说课比赛以及评选典型教学案例、优秀教育科研论文等活动，为集团内广大教师开辟互动交流的通道，搭建展示才华的舞台。邀请名师到集团里讲座，每年有计划地组织乡村教师到市区学校进行考察、学习，转变乡村教师教育观念。通过各种教研活动和理论学习，提高城乡教师的教学分析与设计能力、教学实施与调控能力和教学总结与反思能力，利用网络和信息技术，开展集团内"一师一优课"的录播教学、"阶段目标导学"和异地同步教研等活动，拓宽城乡教师教研交流的时间和空间，灵活丰富教研形式，为集团教师有效开展教研交流工作搭建平台，有效提高教学素养。同时还进行集团校间的同课异构、同测同评，每学期集团校教师共同完成开学考、期中、期末试卷命题工作，做到"四统一"，即：教学进度的统一、教学资源的统一、考试模拟的统一、质量分析会的统一，提升教育教学质量。

（四）开展"N+1青蓝工程"，促进农村教师专业化发展

集团开展两个"二合一模块送教下乡"活动。即各年级将学期所授内容模块化，将每个模块具体分配给同年级各集团校每位对应教师，通过送教下乡、远程教研、线上展示课，加强教师之间的专业切磋、互助合作，使双方教师在同伴互助中更好地成长，使"N+1"的结对效率最大化。每学年的青蓝工程活动中，西宁二中集团根据湟源县申中乡中心学校教师的实际需求，派名师、学科带头人、骨干教师、教研组长等担任青蓝工程的蓝方教师或活动指导人，定期对结对教师进行在备课、课件制作、课堂教学、

家校沟通等全方位的指导交流。同时组织开展青蓝双方汇报课大赛，邀请市上的教研员等参与听课和评价指导。这项举措搭建了教师交流互动学习交流的平台，发挥了党员教师、骨干教师的模范带动作用，有力地促进了城乡青年教师的成长与发展。西宁二中教育集团创造性地探索集团各学校之间教师互动交流的模式，提升各成员学校的师资水平，不断推动集团学校教师间的专业成长。

二、成果与收获

西宁二中教育集团开展的教育教学深入融合的活动，不但激活教师专业成长内驱力，更彰显名优教师的风范，促进骨干教师发展，引领年轻教师成长，让青年教师在思想觉悟、政治修养、业务能力等方面不断进步。在西宁市第二中学教育集团的"岗位大练兵"中有23名党员、9名名师工作室的成员参加，其中有11名党员教师进入复赛，7名党员教师被推选出参加市里的教师基本功大赛。在参加"CCTV希望之星"英语口语大赛的11名教师中有4名党员教师、1名名师工作室的成员。在"同课异构"教研活动中有58名党员参加，11名名师工作室的成员参加。在研修培训中有96名党员和13名名师工作室的成员参与，校本教材的编写参与人员的12人中有党员4人，名师工作室的成员2人。

探索建立总校上级党组织领导下的理事会制度和集团理事会领导下的校长负责制，组建跨区域、跨层级的教育集团领导班子，制定完善《西宁市城乡义务教育集团化办学实施方案》及教师队伍建设、教学教研管理、校园文化建设、督导评估等"1+9"制度体系，下派"团队式"管理帮扶团队，对乡村学校管理、师资建设、教学教研、文化德育等进行全方位指导和全面管理，形成"一个集团、多个校区、统一管理、融合发展"的集团办学模式，乡村学校的规范管理与办学水平不断提高。

管理机制构建

管理输入提质增效

做强课题研究助推大通教育内涵发展

大通教育集团根据西宁市教育局城乡教育集团化办学改革工作精神和相关要求,围绕"集团乡村校教育教学质量提升"工作计划,结合大通县《三年教育教学质量提升计划》,探索实施课题管理工作,着力提升农村中小学教师专业成长,提升集团乡村学校教育教学质量。

一、背景介绍

为了解各学校课题研究水平及状况,大通县教研室对 33 所学校的 18 门学科的一线教师进行了问卷调查,发放收回问卷 2600 份。从问卷反馈的信息来看,全县教师在如何选择课题、如何申报课题、立项课题、如何开题、"校本教研"小课题的特征与其在教师专业发展中的作用及认识、课题研究的方法、课题生成没有制度保障、课题研究意识、实效性不强,表面化、形式化现象严重等方面存在诸多问题,课题存在重立项、轻管理的现象。

二、主要做法

(一)做好调查摸底,掌握课题研究的第一手资料

领导行为跟进、制度管理引领、教师积极参与是扎实开展教科研课题的关键;校长的意识决定着学校工作的高度和深度,这种意识,促使大部分学校实践以课题研究带动校本教研,以校本教研带动课堂教学,促进师生共同成长。

(二)完善评价标准,引领课题研究向纵深发展

基于大通县教科研现状、调查问卷中反馈的信息,在管理过程中,教研室秉承大课题引领、小课题深做、校本教研夯实的理念,建构四级(国家级、省级、市级、县级)课题网络,助推全县教育向纵深发展,促进学校和师

生快速成长。

对学校的课题评价及调研内容不断进行改进，逐步向管理过程、成果提炼方向倾斜，主要考察学校在课题立项后的管理、引领和重视程度。近几年，大通县教育集团已形成了比较科学的评价体系及标准，主要从课题立项及结题、课题管理、成果奖励等三方面进行评估，三项内容分别占25%、37.5%、37.5%，从中可以看出75%的分值检验的是学校课题管理、成果应用及推广等的工作效率。主要表现在以下几个方面：

1. 课题立项及结题。立项课题主要指国家级、省级、市级、县级、县级"校本教研"小课题五个级别，其立项主要以国家、省、市、县各教科研单位下发的正式文件为依据。奖励标准主要以五个级别的课题结题证为依据，国家级结题2分，省级结题1.2分，市级结题1分，县级结题0.5分，"校本教研"小课题结题0.2分，其中，大通县10项以上"校本教研"小课题结题得满分。各项指标累加满分2分。

2. 课题管理。①学校有课题领导小组，且职责明确，责任到人0.5分。②学校建立有效的课题管理制度、细则0.3分；学期有切实可行的教科研工作计划0.2分，全面具体的总结、会议记录0.4分；立项课题研究工作纳入教师考评并付诸实施，且有资料可查0.1分。③学校有课题产生的流程及管理资料，包括申报、结题答辩、论证资料1分。④座谈交流0.5分：课题主持人带相关课题研究过程性主要资料、教案进行沟通与交流，了解其课题前期准备工作、开展情况、取得的成果等。

3. 成果奖励。对优秀课题成果进行奖励，研究过程性资料0.5分、听评研究汇报课1分、成果鉴定0.5分、成果应用及推广1分。

（三）做实课题评估，督促学校规范课题管理

近年来，教研室结合每年的教学质量评估视导，依据评价标准，采用查阅学校及课题主持人资料、听取课题研究课、与课题主持人交流座谈、调查问卷等方式，从学校课题研究管理工作、教师课题研究进程等方面对全县33个单位进行全面、细致的调研与评估，并及时反馈意见和建议，督促学校建立课题领导小组，明确小组各成员的职责，加大学校教科研管理力度，各校逐步形成了以"专家指导——校长主抓——教务主任——课题组长"共同参与的课题管理网络。如《园林小学教科室主任职责》《园林小学立项课题管理细则》，制度中明确细化了各自的职责，主要从计划管理、课题管理、成果管理、档案管理四个方面做好课题的常规工作，在《园林小学立项课题管理细则》中从总则、课题选择、课题申报、课题立项、中期管理、结题验收、经费管理、成果奖励八个方面具体做了规定和要求；朔北中心学校制定了操作性较强的《教科研工作规划》，完善了《校本教研管理制度》《科研课题研究方案》《课题管理细则》等；新庄中心学校课题研究领导小组坚持校长或主管校长为组长的第一责任人、教导处专人主管、教研组长协同调研、骨干教师分头指导的管理制度；桥头镇中心学校将课题研究纳入教师的量化评价与绩效考核中进行动态管理，并在教师职称聘任考核的个性部分中加入课题研究的考核，同时出台了《教科研成果奖励制度》，对结题的课题、发表的论文按照不同级别进行奖励。以上措施，使各校课题管理进一步科学化、规范化和可操作化，各学校致力于建设一个具备较强科研意识和科研能力的教学研究团队，关注发挥科研骨干的引领和辐射作用，极大地促进了学校教育教学研究工作的开展，提升了教科研水平及执教能力，从而促进了课堂教学效率的提升。

（四）加强专题培训，指导教师解决核心问题

邀请西宁市教科院专家为大通县教师做了"课题研究的基本方法"为主题的专题培训；同时因学校需求派专人给全县23所学校进行了"教师如何申报市级课题""校本教研小课题促教师专业发展""开展'草根式'小课题研究，促教师专业发展"等课题专题培训；为了分享经验，取长补短，每年大通县"校本教研"小课题立项后，召开由各学校课题领导、主管校长、教务主任、课题主持人参加的县级"校本教研小课题开题暨培训会议"，分别从"成果展示与案例借鉴、教学问题现场调查、核心概念的界定、小课题的特征、教师如何进行小课题研究"等方面进行培训；针对立项的34个

市级课题开题中存在的问题，组织召开了"大通县市级立项课题开题反馈暨培训会"，从"开题工作反馈、开题流程、开题报告、课题研究过程、结题"等方面进行有针对性的培训；基于课题实施的真实需求，检测课题实施的效果，引领各学科课题工作的有效开展，适时举办全县优秀小课题成果展示观摩活动。

（五）严把课题申报和结题关，确保课题研究的质量和价值

课题的提出一定是基于学校存在的突出问题并以学校发展的实际需要为选题范围，是在教师教育教学实际实践中遇到问题，然后再通过问题梳理的基础上产生的。其主要流程为：①教师教学反思发现问题→教研组收集汇总问题（切磋交流）→教导处归纳提炼问题形成研究课题；②反思行为组内论证→申报课题→学校论证→组织实施；③教育教学实践（多反思、困惑）→形成问题→理论、文献、读书学习→找到方法→尝试方法→保留经验（撰写论文、结题报告）。课题结题重点关注学校层面的验收，从教师答辩、过程性资料展示、课题成果汇报课等方面制定科学合理的评价标准，确保结题质量落到实处。

三、取得成效

课题管理不断出现新的成果，就"校本教研"小课题而言，各学校在管理上逐步趋于科学、规范，小课题申报、立项数据不断创新高，课题结题质量大幅度提升。数据显示：2010年全县立项小课题79项，结题30项，结题率37.9%；2016年立项课题230项，结题188项，结题率81.7%。从学校反馈的信息来看，每年的"校本教研"小课题启动暨培训起到了积极的指导、引领作用。我县对园林小学、朔北中心学校等7个教科研先进单位、杨文贤等90位优秀小课题主持人进行了表彰奖励。2017年1项省级课题结题获一等奖，2项获优秀结题。2019年2项省级课题结题获一等奖，1项获优秀结题。目前已结题校本教研小课题580项，省级课题3项。

乡村教师开阔了教育视野、更新了教育理念、启迪了教育思维，促使他们在教学教研、学生管理上有更进一步的发展和提升，使学员拓宽专业

视野、学习与感悟先进的教学方法及理念、分析和解决课堂教学中存在的疑难问题，进一步提升教育教学能力，为提高乡村教育教学质量发挥骨干示范作用。

四、实践反思

（一）优化研究意识

以课题研究为内涵发展服务的意识，倡导"在研究状态下工作"的理念，坚持"从教学中来，到教学中去"的科研原则，在"求真务实、研以致用"的科研价值观引领下，以"小步子、低重心、求实效"为原则，以培育学校研究文化为先导，以贯彻落实课程标准为目标，培育学校教研文化，提升农村教师的专业水平。

（二）加强服务的意识

课题研究为构建"有效课堂"服务的意识。逐步形成"课题从课堂教学中去选，研究到课堂教学中去做，答案到课堂教学中去找，成果到课堂教学中去用"的研究文化；确立课题研究为教师"专业成长"服务意识，引导教师形成"为自己而研究"的课题意识，实实在在促进教师专业成长。

（三）探索互融的意识

将课题研究与课堂教学、校本教研、常规教研融为一体，教学工作即为研究工作的理念正在得到执行。乡村学校围绕校本教研主题开展课题研究课、问题诊断课，通过最有效的课堂观察、评价、反思推动课题研究的进程。

助力校长领导力　促进资源共融共享

　　湟中区为加快全区中小学校长队伍建设步伐，提升校长专业能力和综合素质，依托区内优质教育资源，聚焦治校和育人两个重点，发挥集团合力优势，抱团发展，促进教育优质均衡发挥。湟中区教育局围绕学校发展规划、价值文化、铸魂育人、课程教学、教师成长、依法治校和信息化提升七个方面问题，成立了湟中区第一中学、多巴高级中学、康川学校、鲁沙尔二小四个中小学校长培训基地和四个中小学校长工作室。教育局通过指导各培训基地统筹校长教育教学改革创新能力，建构别具一格的育人文化、校园文化能力，规划学校发展愿景能力，建设特色学校的能力及目标管理、综合管理、现代管理素养的能力，确定培训总体目标和具体任务，制定出了切实可行的培训方案及考核、研修等各项制度。依托省内优质教育资源和集团化办学优势，确立了西宁四中、十一中、七一学校校长培训基地，拓宽校长跟岗研修挂职锻炼渠道，实现了优质教育资源共享共融。

　　充分发挥校长培训基地与校长工作室资源优势，以"异质化"的学习场景为导向，选派不同层次、不同类别学校校长分别到西宁四中、湟中一中等六个培训基地开展跟岗研修、返岗实践、交流讨论，通过分层、分类、分岗确定研修目标与学习主题，采取"实地参观＋专题培训＋座谈交流"的方式，让参训学员感受优质学校校园文化、真实课堂、校本教研、精细管理、团队精神、学生成长开展培训。通过搭建学习和交流的平台，达到了优势互补、经验共享与共同提高的目的。各校长工作室根据参训学员的需求，认真确定活动主题，丰富专题论坛，最大限度地满足了不同校长的工作需求，解决了工作难题，补齐了工作短板。同时，组织实施"校长阅读工程""校长读书班""幼儿园园长读书班"开展理论研究、管理方式、教育教学、情感引领等阅读书目推介活动，进一步提升了校长领导力思想理论深度，检验学习收获和思考感知。举办"校长论坛会"，围绕"学校管理、德育教育、家校合作、思政教育、体育教育、校园文化"等认识体会，积极寻求解难方法，着力强化行动落实。

为加快集团化提质拓展进程，各教育集团借助校长领导力提升工程，注重挖掘本单位资源，通过交流轮岗、专题研修、校长论坛、现场观摩、交流论坛等方式，掌握教育规律、输出教育观点、提炼教育主张。如共和教育集团创设了三甲"三实教育，甲品天线"、共和"和"文化、维新"真善"、盘道"体＋智"文化主题，形成共建、共治、共享的新格局。西堡、拦隆口、田家寨、李家山等教育集团建立了校长、中层领导定期交流制度，优化学校内设机构，积极理清权责边界，推进部门职能、权利、程序、责任等标准化、明晰化，促进学校组织和运行流畅，全面激发了学校办学活力。上新庄开展校长带教师、教研、教学的"三带"活动与青年教师的"三个一"活动，促进教师专业发展，激发教师人才活力。各教育集团通过梳理教育思想，实现区级向基层的拓展延伸，推动了乡村学校发展的内驱动力。

凝聚共识寻突破　瞄准目标谋发展

　　西宁市城西区教育局同湟源县教育局精准定位集团化办学的总体方向，进一步推进城乡教育的均衡化、一体化发展。依据湟源县实际，扩资源、补短板、强弱项、提质量，不断创新城乡教育集团化办学改革的体制机制，助力乡村振兴、努力办好人民满意的教育。一是顶层设计，为我县集团化办学架梁立柱。提出从加强组织领导、加大支持力度、建立评价机制、营造舆论氛围等四个方面对推进集团化办学进行有力保障；二是做好工作规划，对准目标精准发力。发挥市级优质教育资源作用最大化，在广泛征求我县教育扶持意见基础上，经县区教育局行政会、联席会研究，在拓宽集团办学覆盖面、创新集团工作上科学规划，有效探索实践，扎实于课堂，立足于教研，将教育教学问题做深、做透，谋发展之路，行可为之事；三是实现县区管理"四统一"，即办学理念统一。以先进教育理念共享为基础，构建多层次"学习——实践——研究"体系，渗透到课程建设、教学改革、教师发展、学校管理与环境文化中，实现集团内部共性与个性的有机结合；课程方案统一。严格落实国家课程计划，开足开齐课程，严格执行课程标准，提高教育资源的使用率、受益面，获得尽可能大的教育资源使用效益；工作安排统一。县区集团内部学年、学期工作安排和活动安排保持统一；教师培养目标统一。集团工作从原先的"基础联谊"向"项目引进"挺进，对"课堂研训一体"的立体教研模式进行深化，同时将"好课堂发现好老师"的教学项目引进我县，通过共同参与的形式提高我县教师的内生力生长为目标，用项目推动集团化办学的质的提升。借集团化办学的优势来助力学校高效课堂的建设，依托优秀骨干教师的带动和示范引领作用，指导各科目常态课，大力推进课堂教学改革步伐，使每位教师的常态课都努力向高效课堂挺进；四是教研挂职做引领。选派城西区教研室教研人员到我县教研室挂职科室副主任，积极协调集团化办学工作，并指导我县教研工作，使城西区先进的教育教学理念、方法、措施不断进行渗透，开阔了眼界，拓展了思路，中小学教研工作水平及管理效能得到迅速提升。城西区教育局教研室支教干部黄胜利在我县教研室挂职期间，通过对教育网络进行梳理、摸底、排查，发现我县无纸化办公环节较为薄弱，多媒体资料管理及考务管理还没有实现自动化，还处于人工管理阶段。于是投入了大量的工作精力，对 OA 系统进行调整培训，结合我县教育系统实际情况和需要开发了照片管理系统、考试教务管理系统和项目管理系统，节省了大量的人力物力，并有效提高了工作效率。

抓实抓细教研一体　助力乡村教育发展

城西区、湟源县教育局为进一步深化基础教育综合改革，深入贯彻落实市委、市政府关于《西宁市城乡义务教育集团化办学指导意见》，坚持问题导向推进改革，充分利用集团化办学的有利时机，借助全省一流的城西区优质教育资源，通过"优质引领、互融共建"模式，着力提升学校管理水平，提高教学质量，改善学校办学条件，促进教师专业成长，服务学生全面发展。

一、背景介绍

由于城乡经费投入、地域差别、生源质量、师资力量、教学决策等因素的影响，学校之间的差距越来越明显，相继出现薄弱学校。集团化办学可以依靠优质校（集团校）的管理理念、教师资源、设备资源等来改善集团校中薄弱学校的现状，也是解决基础教育优质教育资源与教育选择性需求不平衡的必然举措。它对于推进城乡基础教育均衡发展，满足人民群众对更多优质教育的需求具有重要意义。为深入贯彻落实市委、市政府教育改革要求，县区教育局将城乡教育集团化办学作为推进城乡教育一体化发展、脱贫攻坚、乡村振兴的重要举措，针对我县乡村教育基础相对薄弱、教师结构性缺编、育人方式方法单一、家庭教育缺失、优质教育资源不足等教育发展不平衡、不充分的问题，按照"城乡统筹、以城带乡、学段对应、以优带潜"的原则，借助城西区优质教育资源，县区教育局于 2016 年 9 月将湟源县作为先行先试的试点县，以均衡发展为目标，确定西宁市城西区 3 所学校为集团校理事长学校，城西区 6 所学校为副理事长学校，湟源县 7 个中心学校为集团成员校，成立教育集团。城西区与湟源县教育局形成教育行政部门集团，作为坚强后盾为学校教育集团保驾护航。致力做好集团化办学拓面工程，积极探索更加高效、更加科学、更高质量、更大范围的集团化办学改革，配合《湟源县教研联盟与集团化办学对接融合方案》要求，将我县城关各小学、一中、大华中心学校等游离于集团化办学范围之外的学校捆绑到县域集团分校，集团教研活动横向拓展到我县各学校，把我县各中小学教研工作全面融入集团教研工作之中，进一步从整体上推进了我县各学校教研工作。

二、主要做法

（一）教研引领，推动教研教改有效提升

加强教研师资队伍交流，推动集团化办学"双向"受益。根据我县学校教研力量相对薄弱的实际，城西区教育局教研员、学科骨干多次来我县进行教学督导，以示范课、随堂听课、问诊、评议等形式，开展了富有指导性的"补血和造血"式培训。即使是在疫情特殊时期，两地教育局创新教研模式，利用"互联网+"模式下的"钉钉"软件搭建教师培训平台，对教师进行学科网络直播培训。

（二）实施目标项目，立足课堂重提效

积极实施《助力乡村教师成长计划》，县区加大"寻找好课堂，发现好老师"特色项目实施步伐，进一步通过教学观摩督促教师提高课堂教学水平。

1.多途径抓实教研一体活动。借助集团化办学平台，县区教育局教研室按月分别联合举行小学语、数、英、美、音和科学学科教学课例下的"同课异构"主题教研沙龙活动，以好课堂发现好老师为目的，通过活动展现教师教学个性和教学风格。在系列教学活动中共享优秀资源，交流研讨中相互得到经验分享。

2.为教师搭建平台，以教学比赛促进教研。我县教师积极参与市教科院及县区组织的集团化办学相关教学比赛活动，让教师通过比赛提升教学能力，开阔眼界，总结教学经验，树立教育教学自信心。针对县区教研室对小学教师网络"钉钉"形式进行语数英体音美学科素养校本培训，以思维导图设计比赛形式展示培训收获。湟源教师展示一百多件思维导图作品，经评选 25 名教师获得奖项；在县区青年教师数学素养提升之——《数学课程标准》解读比赛中，湟源县 94 名小学数学教师参加了比赛，28 名教师获得奖项；在心理健康教育微课比赛中，县区共 10 个获奖作品中，湟源 3 名教师获得奖项；两名教师获得城西区教育集团化办学暨第六届信息技术与教育教学深度融合说课比赛二等奖；两名教师获得城西区小学数学青年教师教学素养比赛二等奖。活动中进一步促进了教师的专业成长，助推了县域内教师教学水平提升。

（三）订单送教，呈现专递课堂

为巩固提升教育集团办学质量，充分利用优质的教师资源，发挥名师及骨干教师队伍的引领和辐射作用，城西区小学学科优秀工作坊成员不定期为湟源教师开展"送教下乡"活动，传递先进教学理念，展示有效课例观摩，突出典型，以点带面，提高农村教师教育教学观念和课堂教学水平。

（四）团队帮扶，促进乡村教师素养提升

为了提升乡村教师在教育教学、科研实践中的专项能力和城区教师的综合素质，城西区教育局教研室先后多次组织语文、数学、英语、音乐、体育等学科赴湟源进行培训和交流，通过上课、培训、教研活动等形式，提高教师的课堂教学能力。同时，指导我县各教研联盟按照县教研室提倡的"导、思、议、展、评、检"六步高效课堂教学模式，开展了系列教学教研活动。借集团化办学的优势来助力学校高效课堂的建设，依托优秀骨干教师的带动和示范引领作用，指导本校各年级各科目常态课，通过教学视导、订单送教课、同课异构课，大力推进课堂教学改革步伐，使每位教师的常态课都努力向高效课堂挺进。

（五）支教教师示范引领作用得到充分发挥

我县教研室每年都组织城西区来源支教的教师开展"支教教师教研引领观摩"活动，发挥了支教教师在课堂教学中的引领、示范作用，为湟源教师学习、交流和研讨创造了机会，为他们的专业化成长搭建了平台，同时也为各校进一步提高课堂教学效率，提高教育教学质量打下了良好的基础，积累了宝贵的经验。我县利用东、西部教育扶贫协作中南京名师工作室成员开展公益送教活动，邀请城西区 40 名教师参与学习交流，使集团化办学变送教为共同学习，双方共赢的良好局面。

（六）质量互评，促进教学质量稳步提高

为客观分析教育教学现状，总结各学科教育教学经验，认真查找影响教育质量的症结和根源，明确县区质量提升的方向和目标，进一步提升教师教育教学能力，准确探寻集团化办学工作有效路径，两地教育局每年度实现期末同测同评，以全面检测县区教育集团小学生学习概况，形成县区间的联合共享机制，进行教学成绩交流和互鉴，达到集智共生，聚力共赢。

蒲公英行动深化集团化办学
订单式帮扶助推教育脱贫

城东区教育局、大通县教育局创设优质教师培优平台，互融带动乡村教师队伍建设，城东区教育局结合青山、良教学校教师成长发展实际，致力乡村教师队伍培优工作，一直在思考和实践如何凝心聚力提升师资队伍建设，如何打造一支"求实、善教、博爱、奉献"有品质的教师队伍，不断在探索中实践，实践中探索，形成了一套促进师资成长，优化帮带转化的方法，切实将"补短板、强弱项、提质量"的集团化办学改革任务落到实处。

一、背景介绍

为深入贯彻习近平总书记关于扶贫工作的重要论述和省、市委关于脱贫攻坚工作的决策部署精神，城东区教育局立足教育岗位实际，着眼于城乡教育均衡与公平发展的高站位，围绕"九统一"主要任务，坚持问题导向，认真履行教育行政部门主体责任，举全区之力推动教育集团各项工作稳步高效建设，在集团校常规帮扶的基础上，以教学教研为主抓手，以"蒲公英行动"为活动主题，充分利用全区的优质资源为教育集团乡村学校提供"订单式专业团队服务"，进一步探索"四互四共"集团办学运行模式有效途径与措施。2018年至今，成功开展帮扶活动20余项，全力推进城乡义务教育一体化建设，助推教育脱贫攻坚，取得了良好的建设成果。

二、主要做法

（一）实地考察，调研需求

集团化办学是西宁市教育局促进全市教育均衡发展的有力举措。为认真履行教育行政部门的主体责任，2018年4月，时任城东区教育局局长苏玉芳两次带队来到集团化办学联点学校——大通青山乡中心学校和良教乡中心小学进行帮扶需求调研，结合我区优势资源，经研究，决定以教学教研为主抓手，以"蒲公英行动"为主题，在集团校常规帮扶的基础上，充分利用全区的优质资源为两所学校实施更加专业的帮扶。

（二）呈现资源，接受订单

2018年5月，城东区召开集团校联议会，商讨制定《西宁市城东区教育局集团化办学订单式专业团队服务工作实施方案》。在会上，苏玉芳局长郑重承诺：在集团校常规帮扶的基础上，良教乡中心小学和青山乡中心学校就如区属十八所小学一样，同样可以享受最优质的"订单式教研服务"，教师队伍建设需要什么，我们就"专业团队打包上门服务什么"。城东区教研室主任王秀丽详细介绍了东区"12345+n"特色教研模式，着重就其中的"三大示范引领平台"的建设成果及经探索实践行之有效的四种高效培训模式、四种高效课堂模式做了具体阐述。王主任的介绍刚结束，青山乡中心学校西山分校的张校长便迫不及待地预定了"音乐学科带头人工作坊"的团队服务。他希望东区优秀的音乐老师来学校教会孩子们唱国歌，唱出对祖国的感恩之情；帮助训练一支专业的鼓号队，敲出山区学校的精气神。良教乡中心学校也迫不及待邀请吴正宪工作站青海分站的老师去学校指导教学……经深度探讨，语文、数学、英语、音乐、体育学科团队接到了帮扶任务。

（三）精准帮扶，携手成长

根据《西宁市城东区教育局集团化办学订单式专业团队服务工作实施方案》，语文、数学、英语、音乐、体育五大学科工作坊按计划对青山乡中心学校和良教乡中心学校对应学科进行了精准帮扶。

语文学科带头人工作坊以"给老师留得下的教学方法，给学生带的走的语文能力"为帮扶目标，带着"生活语文"理念，把东区语文教研最新的研修成果带到了集团化学校，和大通的老师们一起就"人教版三年级语文课堂语文要素的落实、语文课堂如何关注学生的真实表达评课议课、语言拓展实践活动的设计"的话题通过同课异构、座谈交流、上展示课等形式进行了深度的交流，提出"关注语文要素，落实语言训练，将语文知识转化为语言能力"的教学目标，为青山、良教两校的语文教师带来了新的思考。工作坊团队展示的学生语言拓展实践活动课——"童年遇见最美的诗"深受学生欢迎，孩子们在老师的引导下自信表达充分感受母语的美好，展现出乡村孩子学习语言的积极性和无限潜能。

吴正宪工作站青海分站是以城东区教研室为依托，全国名师吴正宪老师为首席专家，汇集全区优秀教育人才组成的一支数学专业团队，致力于引领东区数学教师专业发展。团队通过基于问题订单，通过创新培训模式，以"换位体验式"教研活动引导教师模拟学生回归课堂，通过实际体验理解，将"温暖数学"理念植入教师心中；基于网络平台，开展教研直播，工作站实现了 cctalk 随时服务，实现西宁、大通不同地方的老师语音、视频同步，乡村教师可随时与工作站老师互动交流、答疑解惑。在送教的过程中，工作站全体人员秉承每一次活动都要让大通的老师有所收获的目标，每一次活动用心设计，每一次送教都是真情实意。工作站踏实专注的精神和对教育教学的专业引领也得到了大通教师和校领导的认可。

英语学科带头人工作坊以"心手相牵跨山水，多维互动话成长"为主旨，先后开展了两次"蒲公英行动"小学英语教研主题专项活动。活动以当地教材版本为抓手，以"共商主题——分头研学——你讲我评——评后示范——再讲完善"为环节的卷入式教研活动，手把手教，在反复的实践与探讨后达成共识：一堂课的设计在基于学情的基础，应把握课程标准、深挖教材、巧设每一个教学环节，达到培养学生英语素养的目的。在课堂教学之外，还开展了教研员专题讲座、教师英文美文诵读赏析、学生英语趣配音等活动，多措并举、多维互动，实现了城乡教师的共同成长。

体育学科带头人工作坊为了进一步带动薄弱地区体育课堂教学和教研活动的组织开展，加强教学实践研究，优化教学过程，夯实教学基本功，团队以"抓常规、搞教研、促学习、共成长"为主题进行了体育教学常规队形队列训练、小轮换大循环的学生体育活动体验、同课异构教研等丰富多彩的师生活动，软式器材、啦啦操、武术、足球、篮球、快乐垫上技巧等这些项目让从未好好接触过体育课的孩子们"玩"得乐不思蜀，甚至感染了中心学校的其他学科老师们也一同来参与，充分体现了"玩中学，学中玩"的体育课堂魅力。良教中心学校的马老师发自肺腑地说道：这种接地气的教研活动对自己的教学教研能力帮助很大，教研团队的力量是无穷的啊！

音乐学科带头人工作坊的送教，让山区的孩子如此真切地感受到了音乐之美、艺术之美。工作坊的 17 位音乐老师带着心爱的乐器和美妙的歌声，从课堂到操场、从学习到表演，让山村的孩子享受到一场音乐的盛宴。萨克斯、二胡、竹笛、提琴、古筝，老师们一边用讲述的方式介绍乐器的材质和历史，一边用美妙的乐曲让孩子们感受他们的音色，以前只有城里孩子在音乐厅才能看到的"音乐大师课"就这样搬到了乡村校园。就如西宁市教育局集团化教学办公室的顾之芸老师所说："虽然孩子们的表演还显稚嫩青涩，但这次活动对孩子们的影响一定是一生的。"

三、经验与启示

（一）找准学校问题，实行订单服务

送教不是为了完成任务去走过场，而应该是真心实意地精准帮扶。倾听乡村学校声音、找准存在的问题，关注联点学校需求，根据学校的需求制定切实可行的送教计划，确定共同的建设目标。以共同愿景的达成是激发集团化学校教师参与教研活动积极性的最好手段，"订单式"教研帮扶才能让活动更有针对性，能解决乡村教师的真正困难。

（二）不同学校，地域不同，学情不同，教学风格与模式也大不相同

仅靠听一节课、听一场讲座，就提高教学水平，改变教学方式是很困难的，只有通过深入课堂活动，实际操作才能达到学习和提升的目的。"共同开展课题研究、共享教科研成果"应该成为集团化办学送教活动的根本原则，这样才能变输血为造血，让集团化办学实现可持续发展。

期末检测"大变脸" 促学促教双收益

教育评价事关教育发展方向，有什么样的评价指挥棒，就有什么样的办学导向。自2018年5月，西宁城东区教育局在区属18所小学、省属师大二附小、市属青藏铁路花园学校小学部、二十八中小学部、五一学校小学部，全面启动多元评价改革实验。

经过三年探索，从评价形式的改变、评价内容的扩展、评价机制的建立，走出了一条具有鲜明区域特色的评价改革实验路径。考试命题实现了以往一张试卷体现不出的学科能力测试，找到了学科核心素养落地的抓手和路径。考试评价充分发挥了评价的诊断、引导、调控、激励功能，倒逼教师课堂教学行为改变，体现了"促进学生学习、改进教师教学"的功能，教师更加关注"为学生的学而教"，课堂逐步转变成为培养孩子"一生有用、带得走的能力"的学堂。评测过程中，通过"师生互动、生生互动、亲子互动、家校互动"等多元方式，让不同层次的学生享受到学业能力提升的乐趣。邀请家长担任测试考官等方式，增进了家校之间的沟通交流，测评改革得到家长和社会的广泛认可与支持，为西宁市，乃至青海省启动教学质量评价与监测机制，完善评价体系做出了初步探索。

2020年10月，中共中央、国务院连续印发了《深化新时代教育评价改革总体方案》《关于全面加强和改进新时代学校体育工作的意见》和《关于全面加强和改进新时代学校美育工作的意见》等纲领性文件，这是国家落实立德树人的根本任务，促进"五育并举"的具体举措之一。2021年3月，城东区教育局在语、数、英学科成功改革经验基础上，全面实施和完善艺术、体育学科学业评价改革。通过艺术、体育评价方式的改革，促使学校更加重视艺术、体育教学，真正实现"开足开齐上好"课程的目的；促使教师在教材钻研、教学方法等方面有显著提升，更好地服务于教育教学；促使学生艺术修养提升、体质水平达标，营造全社会共同促进学校美育、体育发展的良好社会氛围。

"三个并入"促进教育师资团队化发展

城西区教育局自2016年率先开展与湟源县集团化办学以来，认真贯彻习近平总书记关于"乡村教师是办好乡村教育的关键"的重要论述，落实全市集团化办学各项工作部署要求，注重发挥自身优质教育资源的引领、辐射和帮带作用，坚持"三个并入"，进一步促进两地师资团队化发展，努力推进集团化办学，助力城乡义务教育的均衡化发展。

一是将两地校长培训并入全区校长队伍建设统筹安排。城西区教育局先后和湟源县教育局集团化办学30余名校长赴扬州、北京、青岛三地参加校长访名校专项培训。培训活动既有常规培训，如专题报告、考察观摩、跟岗研修；又有个人体验培训，如案例讨论、夜读京城、专题演讲；还有突出文化管理的文化参访等。通过融合、交流、体验等多种形式，提升了学员们的管理实践能力，又促进了我区集团化办学的科学推进。

二是将两地教师队伍专业素养提升并入"四大工程"（基本功达标工程、教师素养提升工程、教师培训工程和名师培养工程）持续强化。近三年来组织湟源县集团化办学近百名骨干教师代表赴西南师范大学、西南大学、华东师范大学等名校参加班主任管理能力培训班、专业技能培训，访名校集中培训及送教下乡项目督学研修培训等项目，提升了集团化办学教师专业素养。

2019年，城西区开展"好课堂发现好老师"活动，采用小学九个学科同步推进的方式，每一轮历时一年，通过初赛、复赛、决赛的形式，推出一批好老师。这些老师，利用唯学养德系统学习传统文化，通过好课堂增强职业能力，德才兼备，成为城西区强有力的骨干后备队伍。集团化办学工作人才培养以此为抓手,在集团内与湟源县教育局共同开展"寻找好课堂、发现好老师"之学科同课异构活动,促进了薄弱校教师专业成长,培养发现了一批好老师并逐步起到示范引领作用。

为了巩固提升教学质量,城西区教研室与集团化办学成员单位湟源县教研室进行了关于语文、数学学科一至六年级期末检测命题思路交流活动。每学期各学科教研员就命题的主要导向、检测重难点的把握以及命题的教学导向等方面做了深入的交流,达成了思想上的共识。同时两地共同开展质量分析会,就试卷存在的问题共商共研。

2020 年,城西区教育局邀请青海师范大学教授及上海交通大学老子书院主讲教师左克厚为湟源县第一中学师生举行了一场以"孔子的智慧"为主题的国学讲座,通过沿袭传统文化国学经典,引导教师阅读经典,增长教师智慧切实全面提升城西区和集团校教师综合素养。

三是将两地教研活动并入整合到西区教育活动中,促进两地师资团队化发展。全面探索开展"1+1""1+n"教师合作互助、同课异构有效途径和模式,先后邀请湟源县教师 500 余人次参与参加城西区推广课改经验、千人岗位大练兵、电子白板教学应用说课比赛,各学科教学竞赛等各类活动,帮助日月藏族乡中心学校成立小学语文名师工作室。

发挥城西区学科教研员辐射带动作用,教研室对口联点大华中心学校进行全学科教研帮扶,同时为大华中心学校联点城西区光华小学,帮助对接学校教师进一步强化教育理念、教育教学和管理能力,以研促教,提升乡村学校教研质量。

深化学前教育改革　探索集团化办园新模式

西宁市城中区为进一步深化学前教育改革，提高管理效益，促进优质资源裂变再生，充分借鉴集团化办学经验，按"一套班子、统一管理、资源共享、市场运行"的办园思路，积极探索幼儿园办园新模式，以城中区保育院作为集团总院，将城中区第一幼儿园、清水锦苑幼儿园、香格里拉幼儿园纳入统一管理，成立集团领导班子，制定集团管理体系和各项制度，明确集团各分园职责，逐步形成高质量学前教育共同体。

政治引领，强化党建联盟。全面加强党对集团化办园工作的领导，把握正确的政治方向和办园方向，加强集团各园党建、思政、意识形态工作，保证集团分园贯彻落实党的教育方针。资源共享，促进均衡发展。充分发挥城中区保育院辐射带动作用，扩大优质教育资源覆盖面和受益面，通过共建教师发展中心、课程建设中心、名园长名师工作室等方式，促进学前教育均衡发展，实现教育资源的共建、共享、共用。创新机制，打通管理壁垒。建立集团内教师培养、学生活动、课程开发、家庭教育指导等各方面联合运作机制，整体提升教师专业素质、保教质量、课程供给及家校合作等方面的水平。协同发展，激发办园活力。集中集团专业力量，打造集团各分园特色课程，凝练办园特色，逐步形成"一园一品，特色鲜明"的多元化办园格局，促进集团各分园内涵发展、品质提升。

城中区集团化办园新模式将在总结原有试点工作经验的基础上，扩大试点范围，逐步形成具有城中区特色，行之有效，可复制、可推广的集团化办学新模式。

城乡一体 均衡发展 共进共赢

根据国务院《关于统筹推进县域内城乡义务教育一体化改革发展的若干意见》（国发〔2016〕40号）以及青海省、西宁市的相关文件精神，为解决西宁市城北区学校教育教学质量不高、特色不鲜明、课程改革不深入、师资队伍结构不合理、教学研究水平不高、"城镇挤"和"乡村弱"等突出问题，逐步推进城北区义务教育优质均衡发展。结合北区教育实际制定了城北区城乡义务教育一体化改革发展方案。

一、背景介绍

2017年9月起城北区教育局开始筹划城北区城乡义务教育一体化改革发展工作，制定了《城北区城乡义务教育一体化办学实施方案》并成立了城北区城乡义务教育一体改革发展工作领导小组，2018年3月根据城北区区域划分、学校分布情况及学校差异，分为三个城乡义务教育一体化教育学区：小桥大街小学教育学区、朝阳学校教育学区、祁连路小学教育学区，一体化办学开始全面实施。2018年9月城乡义务教育一体化管理制度逐渐完善，特色愈加鲜明，合作交流更加深入，成为全区教育体制创新、管理优化、质量提升的强大引擎；到2020年，经过三个教育学区的共同努力，城乡学校布局更加合理，大班额基本消除，学校标准化建设取得显著进展，城乡师资配置基本均衡，乡村教师待遇稳步提高、岗位吸引力大幅增强，各学校教育质量明显提升。

二、工作成效

在三年的不断努力和成长中，城北区探索出了优质资源整合共享、优势互补、共同发展的城乡义务教育一体化办学新模式，努力落实"共建、共享、共赢"的目标，进一步实现学区内义务教育均衡发展。

（一）党建引领——强化意识，助力成长

根据《城北区城乡一体化改革发展党建工作实施方案》，进一步扎实推进"不忘初心、牢记使命"常态化，充分发挥党建引领作用。深刻领会习近平新时代中国特色社会主义思想精神实质，以上率下，坚持学用结合，确保学习取得实效，着力构建学习型党组织，以党建促教育教学发展。

通过各类活动，打破了长期以来校际工作封闭化、交流不畅等现状，为学区各支部探讨、交流党建工作提供一个新平台，充分发挥党支部的战斗堡垒作用和党员的先锋模范作用，进一步发挥了学区党组织的政治核心作用，增强了向心力和凝聚力。

（二）队伍建设——找准短板，精准发力

城北区各教育学区教师交流采取互派、互任和长短期相结合原则开展，依据整体安排，选派骨干教师开展校际轮岗，交流比例基本达到相关要求。同时，理事长学校和理事学校从各学科中选择优秀骨干教师、名师、学科带头人等与各校教师开展校际师徒结对工作，结对周期为一年，一年后重新调整，结对帮扶工作由各校教研室负责实施考核和评价。

（三）德育工作——立德树人，资源共享

城北区各教育学区以"创新、联动、包容、共享"的德育工作理念，通过文化交流、活动交流、学生交流、资源交流，创建城乡一体化发展为基础的未成年人思想道德建设的新模式。积极推动未成年人思想道德建设。以培养学生良好的行为习惯、创新精神和实践能力为目标，以丰富多彩的活动为载体，从创新的工作思路和扎实的德育工作入手，帮助成员校提高德育实效性。通过课内外、校内外的多种教育途径，利用各种德育资源，全面深入的实施德育教育，彰显了学区各校德育的魅力和特色。

（四）教学工作——目标清晰，促研提质

以"立德树人、提高质量"为根本，以学校教学常规为抓手，遵循教研为提高教学质量服务的原则，促进教师专业成长，努力追求教育科研形态的"多元化、常态化"。不断地提升教育科研水平，全面促进学区各校教学质量的提高和教师专业素质的提升。同时，为进一步推动课堂教学改革，加强教学实践研究，优化教学过程，夯实教学基本功，搭建青年教师一个锻炼和展示的舞台，从而更好地促进他们的专业成长，城北区各教育学区开展了各类主题教研活动，这些活动中有常规教研、主题教研、名师课堂、同课异构、专家讲座、教学视导，既有学区互访、互学活动，又有课堂教学观摩交流活动，还有师徒帮带、"精准帮扶"送课下校、统一分析等活动，学区内全体教师、各学科教师广泛参与，为提高学区教育教学质量，加快缩小城乡教育差距，激发城乡义务教育发展新活力奠定了一定基础，经过大家不懈努力，城北区各教育学区各理事学校综合成绩较上年度均有明显提升。

城乡一体化办学是一种新型学校组团发展的模式，全面提高教育质量是一体化办学的根本目标，一体化办学这一平台，激发的是办学活力，促进的是主动发展。在一体化办学中实现优势资源共享、教研联动，相互学习，相互支持，优势互补，互促共生，从而打开共同发展的新局面，努力实现大学区意义下的教育管理新突破，在更大范围、更高层次、更深程度上实现教育的公平优质，真正办好人民群众满意的教育，实现共享、同荣、齐发展！

团队帮带重实效　多元视导助发展

自集团化办学工作开展以来，西宁市第一中教育集团针对乡村学校教学常规管理、校园文化建设等方面缺乏引导，需要城区学校管理理念的输入等现状，以领导团队加督视导的形式助力乡村教育，经过两年多的实践，在管理帮带方面形成一些好的做法，并产生一定成效。

2017年9月，西宁市第一中教育集团根据乡村学校的实际情况积极探索干部住校帮扶模式，先后从西宁市第一中、北大街小学中派管理干部赴海子沟乡中心学校协助进行学校管理，参与乡村学校月查工作，同时调研乡村学校存在的问题，帮助规范管理，取得较好成效；2018年8月，集团抽调城区三名副校级干部组成的管理团队，赴湟中县海子沟乡海上学校，完成为期两年的集团化办学团队管理帮扶工作。团队成员齐心协力，克服困难，与所帮扶的海上学校师生一同并肩奋战。经过近两年的努力，海上学校在常规管理、教育教学质量、教科研建设和校园文化建设等方面均有不同程度的提升和进步，帮扶成效明显，得到当地师生和上级主管部门的好评。

为了促进教育集团教师专业化成长，进一步落实市教育局提升教育教学质量的相关要求，结合乡村学校月检查工作，集团持续开展了每月一次"三位一体"教育教学督视导活动。

"三位一体"教育教学督视导活动以课堂教学抓手，通过教学常规检查，找准存在的问题，引导集团教师重视课堂教学，探求提高学科水平的途径。通过学校教科研工作的督查，培养教师教科研意识和能力。通过班级管理及文化建设督查，提高德育教育的针对性和有效性。通过督促检查、考核反馈、跟踪改进等步骤环环相扣，首尾呼应，形成进阶式螺旋上升的管理模式。

督视导工作力促集团办学由"贴牌"向"贴心"转变，由"输血"向"造血"提升，每月开展的督视导工作，加强了乡村学校教育教学的质量监控，促进了集团教育教学质量的不断提高，推动了集团校教育教学工作的开展与创新。

"多元化评价"学生管理模式

助推二中集团学生德智体美劳全面发展

教育评价事关教育发展方向，有什么样的评价指挥棒，就有什么样的办学导向。西宁市第二中教育集团校坚决克服唯分数、唯升学的顽疾，提高集团校办学能力，加快推进教育改革，办好人民满意的教育，把推进教育评价作为深化教育教学综合改革、全面实施"五育"并举的关键环节，不断创新德智体美劳评价办法，完善制定综合素质评价手册，探索、建立符合当代学生发展的多元化学业评价体系，切实引导学生坚定理想信念、厚植爱国主义情怀、加强品德修养、增长知识见识、培养奋斗精神、增强综合素质。

聚焦完善生态德育评价，着力丰富育人实践内涵。二中教育集团始终将"让学生体验爱，让学生理解爱，让学生付出爱"作为育人的理念，以融合统整构建了集团校德育课程体系，将学科德育、社团活动和社会实践有机整合，贯穿在学生学习、生活、成长的全过程，以情感教育、行为规范教育、自主教育为途径，以年段德育课程、学科德育活动、社会实践活动为抓手，分版块编写小学部《学校养成教育手册》，梳理构建集团生态德育体系，并推出与之相对应的生态储蓄币，即求知币、微笑币、健体币、感谢币，从学习、心态、健康、礼貌四个维度构建新型层级化德育评价模式，教师在日常教育活动以生态币对教育活动中学生行为进行针对性即时奖励，随时发出，定期兑换，促进学生全面发展体现即时性、过程性和展示性，让学生的"品德储蓄"内化到自己的方方面面，促进学生个人品德自然的生长。同时，通过"学科与学科协同，学科与实践活动整合"方式，以"红领巾微党课"、"好儿童讲堂"、"小学四礼""唯学养德"等主题活动为载体，从每学期、每个月、每星期精心设计学校、年级的理想信念教育内容，并根据不同学期重要节日、纪念日制定相应的教育主题，开展系列主题式教育，实现理想信念教育课程化。"生态德育"取得了良好的育人效果，校园里自信自如、具备良好品质的学生多了，学生自主意识、集体意识日渐增强。

落实智育增值评价，不断提升学生学习力。二中集团校积极探索智育"从入口看出口、从起点看变化"的"增值评价"，聚焦学生从起始年级到毕业年级等学业质量各方面的增值变化，对学生进步和能力进行评价。一是开展"集团校作业优化行动"，通过实施课堂作业多角度、家庭作业分层展示、实践作业拓展等措施，对学生作业进行全方位开放评价，实现作业价值。同时，大力开展作业改革，将家务劳动、体育锻炼、亲子阅读等纳入学生作业范畴，实现作业多元化，继而对学习实绩进行增值评价；二是以课堂开放性评价深化课程改革。开展以"从教走向学"为核心的集团校课堂教学行动改革，建立儿童立场课堂范式，从关注教到关注学，从课堂评价的一维到评价的多元，从师生共同明确的学习目标、创造充分自主学习的机会和平台、设计激活学生思维的有效问题等五个维度处处指向学生学习，从而达成优化教学过程的目的；三是强化展示性评价。以"让学习变得有趣，将知识与生活产生联系"为落脚点，通过学生自主设计功能室、办公室、卫生标识，楼道平面图，激发学生学习兴趣。进一步丰富馆校课程，利用学校周边的场馆上课，带领孩子们走进科技馆、博物馆、走进电视台、消防大队、童梦乐园，开拓了学生学习资源与平台，从而使学生学习增值。比如，实施英语教学评价，以游戏闯关形式，让家长、高年级学生承担考官，以参与度展示学生口语、自信表达能力。作业的开放改革评价不仅提升了学生作业的多元化，还激发了学生做作业的兴趣，展示性评价让学生不同程度参与了"作业学习"，使作业不再是任务，成为学习的良好延续。根据统计，学校学科教学近年来均处于区域前列。

开启艺术实践展示性评价，全面提升学生艺术素养。二中集团校坚持把立德树人作为根本标准，加快完善小学学生评价标准。一是以器乐进课堂为基础，社团课程为提升，师生乐团创编形成层级梯次化培养模式，开展音乐、美术等展示性评价，以"我是最强音""我秀我画"等活动，建立"学校——班级——个人"三级展示评价体系，力促学生评价多元化、科学化；二是将中华优秀传统文化中的"智慧、气度、神韵"与学生审美、人文素养的培育相结合，组建48个学生社团，以兴趣引领学生全方位发展。开展"颂中华诗词，谱古小旋律"课间铃声创编展示、"民乐赏习我能行""戏曲欣赏我来说""国画赏鉴我在行""书法进校园"等活动，引导学生在参与和体验中学习中华文化艺术知识、技能与方法，学会发现、感知、欣赏、评价美，让学生在体验中培养高尚的情趣和人格。

建立体育"三结合"考察机制（日常参与、体质监测与专项技能测试），引导学生养成锻炼习惯和健康生活方式。二中集团校在确保"一课二操三普及"（体育课；广播操、眼保健操；跳绳运动）常规户外活动的基础上，采取集中与分散两种形式开展丰富多彩的大课间活动。"分散式"即由学校充分因地制宜，设置地面游戏、编写《体育活动指南》，每周3天由各个班级分别开展30分钟大课间活动，内容有足球、篮球、田径、跳踢、轮滑等传统体育项目以及跳房子、推铁环等民间特色体育游戏项目；"集中式"即每周有2天全校统一组织30分钟特色大课间操活动，具体有进出场队列、健身操、花式跳绳等内容。

创新实践劳动教育课程群，明确学生参加劳动的具体内容和要求，构建以劳动教育课程参与度、深入度、完成度、创新度为主的多维度评价标准，将参与劳动教育课程学习和实践情况纳入学生劳育综合评价。一是家务劳动课程。根据学生发展实际，编写《家务劳动教育指南》，按年级制订家务劳动清单，让家务劳动更有乐趣，激发学生参与的主动性；二是校园劳动课程。针对不同年段的孩子开展责任岗、责任田、责任区劳动教育。如学校开设"红领巾图书推荐整理岗位"，每个孩子都有一天时间为本班师生推荐图书、配置分类图书、打扫图书角等，在校园里有始有终地完成一项劳动任务；三是劳动实践课程。建立申中乡劳动教育实践基地，三校学生共同开展田间活动、感受春种秋收的乐趣，发放家庭劳动教育体验卡，开展种植主题劳动实践，让学生在生活中认识劳动的美；四是职业劳动体验课程；集团各年级学生通过不同行业的职业体验，让孩子从家政、厨技、农艺、创客等维度进行劳动体验，并进行"体验日，劳动美"活动。

目前，二中教育集团通过学生多元化评价探索尝试，学生学业水平、综合素质得到了显著提升。在近年来的学业质量监测与体育健康检测中，学生语文、美术等学科监测效果均高于平均水平，处于全国前列。学生体质达标率逐年上升，全校学生的近视率逐年下降，达到了体育、美育的基础普及。劳动教育成效初显，学生自理能力增强，劳动认知加深。教育集团努力构建覆盖城乡的学生教育评价改革体系，相信随着教育评价改革，会进一步促进集团校的发展。

顶层设计助推集团发展

西宁市沈那中学教育集团以"加快提高农村义务教育质量"为核心，围绕"乡村教育提质九项计划"，确定了"圆大通县朔北藏族乡中心学校城乡一体化办学之梦，实现城乡教育均衡发展"的目标。依据大通县朔北藏族乡的地域特征，以格桑花八个花瓣的形象设计了"八个提升"和"八个聚焦"集团工作框架，具体内容是：

八个提升：提升党建联盟党员联培水平；提升学校管理水平；提升教育教学质量、教师专业发展；提升德育共育内涵；提升乡村学生帮扶力度；提升集团校办学文化品位；提升教育信息化能力；提升督导评估能力。

八个聚焦：聚焦习近平新时代中国特色社会主义思想，强化党建联盟建设，党建带团建，构建学习型党组织；聚焦师资队伍建设，拓宽城乡管理干部、骨干教师长短期双向交流研修渠道；聚焦教学教研，搭建教学教研工作平台，全面提升农村学校教师教科研能力；聚焦德育共育，培育学生健全人格，加强师德师风建设，促进良好校风学风形成；聚焦集团管理，优化管理方式，严格管理过程，加强工作执行力；聚焦教育信息化建设，加强常态培训，用好录播平台；聚焦集团校办学文化建设，优化育人环境，营造良好的育人氛围，提升学校办学品位；聚焦督导评估，强化查与评。

根据"八个提升"和"八个聚焦"的工作框架，制定了《西宁市沈那中学教育集团"格桑花圆朔计划"》，并且按照学校各职能部门的具体分工，将"格桑花圆朔计划"的任务分解为象征四季的"励耕、雨润、吐蕊、硕果"四步计划。通过集团各校"一把手"负责、专人联络、按月推进的工作责任制，落实教育集团管理职能捆绑、要事集团商定、日常抓主抓重、成效按月通报的工作推进机制。

1. 教育集团教研室实施"格桑花励耕计划"。围绕"格桑花圆朔计划"的总目标，制定《校本课程实施方案》《教学教研管理实施方案》《教师队伍实施方案》《助力乡村教师成长计划》《优师工作室三年行动计划》等，实施城乡教师专业提升工程。以乡村教师培训和城乡教师互助帮带为抓手，以"五个构建"实施城乡教师教学技能提升工程，努力打造教研特色，"励志修术，提升教学技能，耕心修德，促进专业发展"。

2. 教育集团党团办、团委、总务处实施"格桑花雨润计划"。力争以春风化雨，润物无声的"雨润计划"培育集团的育人文化。通过制定《优秀班主任评选制度》《优秀支教跟岗教师评选制度》《交流跟岗教师管理考核办法》《干部交流轮岗制度》《校园文化建设方案》《财务管理制度》等进行集团的精神文化、制度文化、行为文化和硬件文化的建设，实现潜移默化的育人氛围。以先锋带头，实现共同成长；以管理输出，实现制度共享；以硬件建设促进软件培育。

3. 教育集团学生处实施"格桑花吐蕊计划"。制定《德育共育实施方案》，开展"格桑花吐蕊"月度主题教育实践活动，即"八一行动"，在活动中加强集团校学生"文化基础、自主发展、社会参与"三个方面的能力，促进"人文底蕴、科学精神、学会学习、健康生活、责任担当、实践创新"六大核心素养。在活动中构建德育评价体系，加强德育队伍的建设，营造全员育人氛围，有力促进集团各校良好校风学风形成。

4. 教育集团教务处、视导室实施"格桑花硕果计划"。"格桑花硕果计划"以质量提升为目的，通过骨干教师包干团队和优师工作室送教送研，提高乡村教师的教育教学水平；以同评同测和校本作业共享，促进乡村学生自主学习能力提升；以远程录播平台为载体，实现党建、教学、教研、德育优质资源共享。力求在教学计划制定、教学进度安排、学业水平测试等教学常规管理方面协调一致。制定《视导工作制度》，强化督视导工作力度，指导教育教学管理工作，保障"硕果"计划全面实施，最终实现城乡教育

均衡发展。

　　沈那中学教育集团以抓管理、提质量、促均衡为突破口，健全完善教育集团运行管理制度，进一步理顺集团决策、执行、监督、保障等各个环节，逐步建立"以制度体系为框架，以规则程序为纽带"的集团运行机制，逐步形成"一个集团、统一管理、融合发展"的办学模式，努力实现城乡教育一体化发展的梦想。

以"五个构建"打造教研管理模式

为缩小城乡教育差距，促进教育均衡发展，西宁市沈那中学教育集团以"励耕"为教师的团队精神，励志修术，提升教学技能，耕心修德，促进专业发展。集团以乡村教师培训和城乡教师互助帮带为抓手,以"五个构建"实施城乡教师教学技能提升工程，努力打造教研特色，即：确定学科研究专题，构建格桑花精品研训团队；依托优秀教育人才"领航课"构建"一科一主题"的研训模式；做实"思齐草根论坛"构建一个研训平台；做实"拜师育花"构建一支人才梯队；加强微型课题与问题研究，构建一种研训文化。为了保障"五个构建"，实施城乡教师教学技能提升工程，沈那集团采取三步教研管理模式。

一、按学科建立线上、线下学科教学、教研交流工作群，建立学科管理组织框架

由集团总校建立和管理城区学校备课组长线上工作交流群，城区学校备课组长负责建立和管理各自学科群的日常交流活动，纵向把握全学段学科知识体系，横向统筹成员校本学科教育资源，开展线上线下课程建设、教学改进等研究和实践，也可以横向开展学科间的融合研究与实践。既聚焦自身学校专业的研究与实践，又可以充分共享有限的优质师资。有效地推动集团成员校校际的教研交流，促进教师专业成长，逐渐形成集团协调一致的教育群落。

二、以问题为导向，建立项目研究机制

由专人负责联络城乡学校教研室，对集团教育教学工作过程中遇到的有关学科发展和教育教学的核心问题、疑难问题展开行动研究，更好地推动教育教学改革，促进专业经验智慧共享，为教师专业发展搭建更多平台。例如：

1.同伴互助。充分发挥集团总校教育教学经验丰富的骨干教师作用，采取一帮一，多帮一的形式结对子，提出具体责任要求。集团总校教研室进行督导落实，年终进行评比，对优秀帮扶教师进行表彰与奖励。

2.观摩学习。组织集团校教师积极开展听评课、同课异构等观摩活动及课堂教学竞赛活动，研究改进农村学校课堂教学方法。

3.教学论坛。针对教师成长、学生发展、课堂教学、作业设计、试题命制、中考策略等内容开展集体研讨，达成教研共识，打造精品教研项目，促进农村教师专业成长。

4.教师培训。针对新课程标准，以集团校教研组或备课组为单位进行业务学习，并采用走出去、请进来的方法，帮助教师树立新的教育理念，要求教师在教学中实践与探索。教研室对教师的业务学习和教学实践随时进行督查，发现典型，及时推广。

5.课题研究。以课题研究为抓手，提升教育集团教研水平。每学期定期组织骨干教师各校区巡回开展教研活动、课题研究、信息技术与学科教学高度融合等教学研究工作。

通过"一周一教研"、"一月一培训"、定期送教送研等形式对乡村学校教师在教育教学中遇到的问题进行答疑解惑。

三、建立集团学术成果发布机制和发展性督导机制

每学期开学初，在集团学术专业机构的整体统筹下，召开教学教研专题会议，总结上学期教学教研工作，分析上学期教学成绩，查找乡村学校在教育教学过程中遇到的疑难问题，集中研讨解决方案，协助各备课组破解在后续工作中的"瓶颈"问题，并由集团学术专业管理机构督导教学教研工作，保障教学教研活动扎实推进。

总之，沈那集团本着"共生共赢"整体目标，借助"五个构建"，齐建有效课堂，齐研教育、教学策略，齐享优质教学资源，让集团各校每个教师在互动中共同发展。

网格化立体式学校工作推进模式

青海昆仑中学教育集团自 2017 年 8 月组建以来，始终秉承"并肩向阳而生，携手逐梦前行"集团办学理念，围绕集团化办学"乡村教育提质"工作核心，在逐步磨合到融合、从各美到共美的不断摸索中砥砺前行，有效提升了乡村学校办学水平。尤其是教育集团创新举措，下派中层干部挂职乡村学校副校长后，学生的养成教育、日常行为规范、班级文化建设等德育工作得到了有效提升。2020 年 9 月，根据西宁市教育局深化"团队式"管理帮扶试点工作的部署要求，集团城区学校下派了由 1 名副校长、2 名中层干部和 2 名骨干教师组成的管理团队对乡村学校开展全方位的帮带引领，学校步入了集团化办学的新发展阶段。

在集团总校的统筹规划和城区学校的倾囊相助下，管理团队立足学校现阶段发展实际，在前三年集团化办学持续积淀的基础上，针对乡村学校文化定位不够准确、发展愿景不够清晰、内部管理相对粗放、师资力量仍然薄弱、家长助力亟待增强等问题，以"培育造血功能，实现自我发展"为目标，以点的突破促进面的发展为思路，坚持稳中求进工作总基调，在长时间看似"低效费时"的深入调研及狠抓常规的前提下，重新规划学校发展愿景，制定阶段发展计划，重点在制度建设与精神引领、文化梳理与特色打造、创造条件与搭建平台、打通堵点与补齐短板、家庭助力与协同育人、资源共享与信息化建设等方面下功夫，并将管理互融、师资互派、教学互通、学生互动，党建共抓、资源共享、文化共育、质量共评等"四互四共"集团运行模式与乡村学校"良善"文化的梳理践行等相结合，通过推行"和善"管理，营造善的氛围；构建"至善"课程，拓展善的资源；打造"乐善"课堂，促进善的提升；落实"尚善"德育，弘扬善的精神；塑造"美善"教师，传播善的能量；培育"向善"学子，展现善的风采；引领"友善"家长，传递善的家风；创设"德善"家园，凝聚善的力量，打造网格化立体式的学校工作推进模式，全力提升集团乡村校管理效能，培养"永久牌"本土化的教师队伍和"永不走"的干部队伍，恢复和增强乡村学校主动作为、自我发展的"造血"功能，乡村学校在规范管理、教师发展、学生成长、家庭助力、办学提质等方面得到有效提升与发展，构建管理和善、教师善教、学生乐学、家长友善的民族地区老百姓满意的家门口的乡村学校的愿景逐步实现。

2020 年，青海昆仑中学荣获大通县目标考核"优秀单位"称号，学校工作得到全乡师生家长和省、市、县相关领导的充分肯定，青海电视台、《西宁晚报》、大通融媒等各级各类媒体进行了相关报道，工作成果得到有效宣传。

"专递课堂"提升乡村教学质量

西宁市第七中学教育集团自成立以来为提高乡村学校教育质量，通过远程录播教室实现城乡课堂同步，将七中优质的教师资源以录播课堂的形式推送到乡村学校。

自录播课开设以来，西宁七中教育集团经过了初期阶段的摸索，在积累了经验的同时也发现了问题，如城乡教学进度不统一、城乡学生知识结构基础不同、主副讲教师沟通不足分工不明确等，基于这些问题出现课堂实效性不强、课堂反馈不佳等情况，因此为改善远程录播课效果，集团校自2020年9月起依据《西宁市第七中学教育集团录播课改革试行方案》为和平乡、东峡乡中心学校提供专递课堂，由七中的优秀教师通过远程录播教室打破地域的限制直接为乡村学校学生授课。

每学期末由乡村学校根据下学期各学科课程中重难点课程、活动课程、特色课程等提出学期内的授课需求。七中根据乡村学校的授课需求进行排课，并由教务处进行公示并组织优质师资资源制定课程规划。课前城乡教师提前进行集体备课，了解乡村学生学情、确认课堂授课环节、确认课堂主副讲课堂职责并填写《录播课备课记录》；课中利用录播教室由七中教师为乡村学校学生授课，按前期主、副讲分工职责完成教学任务并全程录像；课后由乡村学生代表及教师填写《录播课效果反馈表》，由主授课教师根据课堂情况、师生反馈填写《录播课授课反思表》，并在学期末召开专递课堂座谈会，对本学期专递课堂开展情况及效果进行反馈，并对后期专递课堂进行规划，真正做到有计划、有行动、有反馈、有改善，让乡村学生也能接触到优质的教育资源，能从根本上提高乡村教学质量，同时实现"织密集团教研网络"的发展目标。

"学测评督"促教学管理一体化

西宁市第八中学教育集团为落实教学管理工作方面的协作，夯实七年级学生数学、英语学科的基础，提高计算能力和英语拼读能力，发挥教学质量监控考试与考查的导向功能，每学年有目的、有计划地开展教师短期教育教学跟岗研修、期中联考及教育教学视导、数学有理数、英语音标过关考试活动。

一、每学期土门关初级中学选派中层领导、科任教师，分两批次我校进行短期跟岗研修，研修的内容包括：听评示范课、观摩日常教学常规、班级管理以及学校教务、德育管理工作，两校间相互协作，使得活动有目的、有计划、有步骤、有效地顺利开展，活动总结交流会上，跟岗教师分享了几天以来的感受与收获，并向我校提出了一些宝贵的建议，相信在两校的精诚合作下，学校工作管理、教师教育教学水平会有显著提升。

二、每学年开展两次两校期中联考和教学视导活动，试卷由两校教师轮流统一命制，最终由集团总校教研组长把关，统一组织考试，做到同时间、同科目、同场次考试。阅卷形式为两校各任课教师网上在线阅卷，阅卷教师严格按照各科试卷的评分标准，遵照"给分有理、扣分有据"的原则，认真评改试卷，通过联考活动，搭平台、找差距、整机制、提质量、增效率。同时也给教师们提供相互交流学习的平台和机会，最终达到共进步、促发展的目的。

学校和教师应对考试结果进行认真分析，了解学生知识掌握和能力发展情况，反思矫正日常教育教学的得失，不断改进教育教学方法，提高教育教学质量。考试分析分为学科分析、年级分析、学生分数段分析。各教研组需进行试卷分析、学科分析，并将结果上报教务处；各年级部需进行年级质量分析，并按质量分析中的标准将表彰与警示的结果上报教务处，各班级需要召开班科联席会，并将相关资料上报年级组备档。

教学视导是集团总校对乡村学校的日常教学、期中考场巡视以及教师教案、教师工作手册、学生作业批改等工作的视导检查。视导过程中，了解目前教育教学工作存在的问题，并对一些共性的问题沟通交流，寻求解决办法。

三、每年11月两校分三次组织了七年级有理数过关考试，通过统一命题、统一组织考试，评选出优秀奖、进步奖，通过考试表现出城乡学校教学质量的差距和数学教学中存在的不足，并对两校数学教师今后的教学提出以下建议：

1. 加强有理数基础知识的记忆及理解。

2. 平时多练习计算题，对于学生在计算中出现的问题老师要及时针对错题做出纠正，并做出强调。

3. 建议布置课堂作业，老师尽量做到面批面改，一盯到底。

4. 有理数混合运算的运算顺序一定给学生强调先将乘方运算完，再计算乘除和加减；在加减的混合运算中一定是统一成加法的形式，进一步通过省略加号、括号，得出简单的书写方式，并在此形式下进行加法运算。

5. 让学生熟记1到20的平方，1到10的立方，便于应用。

四、每年11月英标过关测试的结果显示20%学生能够快速流利地认读音标；30%学生能够较流利地认读音标；30%学生能够认读音标；20%学生不能准确地认读音标。测试结果表明七年级学生通过两个月对音标的集中学习，80%的学生已经初步形成了独立拼读的能力，但是也有部分学生不能准确认读音标。对于这部分学生，教师应该更加关注，在以后的音标教学中不断改进教学方法，使音标教学落到实处。12月中旬进行第二轮音标过关测试，争取让每个学生具有独立认读音标的能力，为以后英语学习夯实了基础。

通过开展数学有理数、英语音标过关考试活动，力争让每个学生具备独立的数学基础运算能力和独立的认读音标能力，让所有学生能够从中获益，为以后数学、英语学习打下坚实的基础，助力乡村学校和城市学校学生在数学、英语学习上都站在同一起跑线。西宁市第八中学教育集团为落实集团校在教学管理工作方面的协作，以提高教师素养为目的、以提升教学质量为核心、以评比促提高、以督学促发展，发挥教师教学技能评比、教学质量监控与考查的导向功能，助力集团化办学工作蓬勃发展。

以"萤火阅读"行动推进乡村书香校园创建

为深入推进全民读书行动，帮助乡村学校创建"书香校园"，引导乡村学校的孩子们学会阅读，从阅读中获得新知，养成爱读书、读好书、善读书的良好习惯，西宁市第十二中学教育集团积极开展"萤火阅读"活动，通过阅读、思考、表达三者之间良性循环，努力创建乡村"书香校园"。

一是以"萤火阅读"促进教师成长。开展专递培训。安排专题讲座、示范课、研讨课，转变教师对有效指导学生阅读的认识；开展教师阅读活动。组织教师开展"共读一本书"、阅读分享会、评选"书香教师"等系列活动，引导教师养成读书的习惯，提升自身素养。

二是以"萤火阅读"培养学生阅读习惯。以试点班级带动全校阅读。在日月藏族乡中心学校一个班进行为期一学期的读书活动试点，并和城区对应班级开展手拉手共读书的活动，推动孩子阅读兴趣的培养；开设读书课程。根据教材，制定了一至六年级的共读书目，并为每个学生提供书籍。午自习时间统一定成"午读课"，营造了良好的读书氛围，有效培养孩子们的自我阅读能力；丰富的读书活动。开展讲故事比赛、朗读比赛、摘抄记录本比赛、制作读书小报比赛、制作书签比赛、读书节徽标设计比赛等系列活动，激发孩子的阅读热情；强化读书评价。采取"读书存折"方式，既是对阅读量的积累，也是一种奖励机制。同时开展"书香少年"评选，鼓励更多的孩子爱上读书；"手拉手"共阅读。根据学校特点，以大带小，高年级的同学每天为低年级的小同学们讲一本绘本故事，和低年级的小同学们一起阅读。

三是以"萤火阅读"推动亲子阅读。评选"书香家庭"，邀请家长到学校分享他们的阅读故事，进行好书推荐，鼓励家长和孩子一起读书，促进孩子与家长共同成长。

育苗工程助力青年教师提升职业专业

针对青年教师教育教学经验不足的困境和学校教师专业发展的需求，西宁市第十二中学教育集团立足实际，对近三年入校的教师进行重点关注和培养，启动了全员育苗工程。在培养过程中，做到"四个坚持"，即体系化、机制化、精细化、常态化。制订《西宁市第十二中学"全员育苗"工作方案》，抓好"四项工程"，即职业素养培育工程、教育教学素养培训工程、"青蓝结对"帮扶工程、书香浸润提升工程。实现"四个目标"，即让青年教师在短时间内熟悉学校与岗位、帮助他们及早建立良好的职业操守、运用科学有效的教育教学方法和技能，成为德行高尚做事勤勉的教育人。

一、实施"职业素养培育工程"，奠定青年教师成长的思想基础

一用"责任"的理念，培养青年教师高尚的职业道德。在学校各部门通力合作中，完成青年教师入职后师德师风培训、学校工作纪律培训、新岗教师考核培训等专项培训，端正工作态度，清楚师德红线、筑牢纪律底线。同时树立爱职业、爱学校、爱学生、讲奉献的人生价值观念，明确自己肩负的历史重任、为学生的成长和学校的发展作出贡献。二用深厚的校园文化，塑造青年教师的人格品质，激发他们智慧育人的动力。由校级领导的引领，有身边名师的示范，有外出学习观摩。

二、实施"教学素养培训工程"，是青年教师培养工作的重点

一是聚焦课堂教学，在教学实践中提高水平。在新课程背景下，转变教学方式、提高课堂教学效率是提高课堂教学质量必须关注的问题。青年教师需完成每周一次的教育教学反思，针对他们每次的教学反思由校级领导、中层干部、教研组长、备课组长、年级长、师傅等人就出现的困惑和

问题给予解答和点评；青年教师每月完成一次学科组内诊断课，课前师傅观课磨课、课后个人反思、组内议课评课；同时组织他们完成中考试题闭卷测试等任务，用常态来压实成长任务，落实培养质量。二是延伸学习途径，在培训学习中增强理论修养。通过邀请青海省名师讲座、教研员培训、校本培训、校内教学常规和教研能力培训、学校信息技术能力提升等培训和活动，提升青年教师教学教研理论水平，达到知行合一的目的。三是承担班主任工作，在教育管理中培养能力。青年教师成长过程中，教育管理能力和教学水平同等重要，一个优秀的班主任往往也是一个优秀的教学能手。

三、实施"青蓝结对帮扶工程"

改变以往"拉郎配"式的组合关系，而是师徒进行双向选择，由教研室遵循古礼，组织古法拜师仪式。明确师徒责任与目标，在备授课、听评课、命题与质量、教法与评价、作业布置与批改、学优生培养与学困生转化等多方面进行帮扶和引领。

四、实施"书香浸润提升工程"

每月读一本书开展读书分享交流活动，个人自读案头书开展读书笔记展评活动，旨在让教书人成为读书人，让读书人浸润课堂、浸润学生的心智。

经验共享德育共育　共创美丽乡村学校

西宁市第十三中学教育集团努力搭建各种德育平台，助推德育工作，促进城乡学生发展。

一、德育共育

班主任工作方面，班主任每月第一周进行工作例会，对本月工作进行安排布置，确保各项工作顺利开展。为加强班主任班级管理和师德师风，集团开展"班主任经验分享"、"党员班主任经验交流"、"校园文化交流会"、"班主任论坛"等活动，对班主任工作能力的提升，起到了实实在在的效果。

完善德育多元评价工作。在逊让乡中心学校原有的基础上，集团创设"七彩之星"评定工作，从学生的礼仪、纪律、劳卫、学习、体质、品德、心理等七个方面、多角度设定"七星"，并有对应的评星标准，培养"谦逊、礼让、勤学、守纪、体健、爱劳、心宽"的"七彩"逊让学子，成为全面发展的人。

集团重视劳动实践教育，利用逊让地域文化优势，以农耕文化为出发点，贯穿春耕、夏耘、秋收、冬藏四个农业耕作环节，开展集团学生劳动教育系列活动。通过活动，让学生了解农业知识，亲近大自然，感受劳动带来的快乐，培养集团学校学生热爱劳动的良好品质。

二、教学管理

在课程建设方面，教育集团高度重视规范城乡学校课堂体系。严格落实课程计划，开齐开足各门课程。集团各校年初按课程计划设置各年级课程，课时不增不减，无论是国家课程还是地方课程严格落实，同时注重校本课程、特色课程开发。目前，已投入使用的校本教材有语文、数学、英语三门科目的前置性作业；正在开发利用逊让乡中心学校的本土优势，挖掘土乡文化的校本教材有《土乡之韵》。

在教学常规管理方面，集团努力建立学生学业考核与评价制度。逊让乡中心学校初中部和小学部分别与西宁十三中、祁连路小学进行统一测试，规范监考制度和阅卷制度。要求教师做好考试成绩的登记、统计、质量分析及评讲工作，统一召开考试质量分析会议。

三、教研管理

教育集团按学科设立了 6 个教研组，即语文教研组、数学教研组、英语教研组、文综教研组、理综教研组和综合组，各教研组任务分工明确。教研组每月第一周进行主题教研活动，其余三周进行备课组活动。教研活动、备课组活动都要做到有主题、有主持人、有中心发言人、有记录，从而使教研活动切合教学实际，将教研落实到课堂教学中。为促进各校网络教研推进，各教研组均已建立集团教研组 QQ 群，以便三校教师及时交流，有效沟通。

西宁市第十三中学的"师友同行自信学习"、祁连路小学的"本色教育"、大通县逊让乡中心学校的"六步教学法"都已经各具特色。"师友同行自信学习"的课堂模式与六步教学法、祁连路小学的"本色"教育在某种程度上存在着共性，都体现了学生主体地位、注重学生自主学习、以小组活动为载体等。因此，集团确立了《生本教学理念下小组合作学习的有效性探究》为总课题的课题研究工作。集团各校在总课题的框架下，各自根据学校实际情况承担子课题的研究工作。

在质量监控方面，教育集团重塑树立教育质量观、教学质量观，组织教师学习常规管理办法，形成了全面发展的质量观、面向全体学生的教学观。教学成绩的多个方面，包括平均分、及格人数、及格率、优生人数、优生率、巩固率等全方位的考核体系，形成了比较完善的考核方案，增强了教师的紧迫感，提高了教师的积极性。重视教学常规管理，建立井然规范的教学秩序，向过程要质量。

"扁平化+"管理模式 提高集团校互动效率

西宁市虎台中学教育集团为了实现优质教育资源共享，进一步深化课堂改革进程，缩短城乡教育的差距，建立行之有效的管理方法，逐步实现学校内部管理的制度化、科学化，充分调动两地教师的积极性、主动性、创造性，提高学校管理效能，推动学校健康可持续发展，解决集团总校和乡村校之间管理"层次重叠、冗员多、组织机构运转效率低下"等弊端，创造性采用"扁平化+"管理模式提高互动效率：

一是集团总校以教研为动力，利用扁平化管理方式，努力提升教师专业发展水平。以教研组为单位直接对接乡村校相应的教研组，充分发挥学校学科工作室和骨干教师的作用，通过 QQ 群、钉钉在线、微信群等平台开展教学教研活动、商讨活动计划，做到联点共研，行政人员和工作室成员、骨干教师一起深入教研组，共同听课、评课，同时跟进备课、作业展评，校本教研等一系列活动。

二是全面细化工作，责任落实到个人，城乡各校相应处室进行检查登记，扁平化管理让两地教师沟通更方便更快速，提高了教研效率。在扁平化管理的基础上城乡各校校长、教导处、德育处、大队部、校团办、校党办等"一对一"进行沟通共同制定计划开展活动。

扁平化管理和传统层级管理相结合，既有从领导层出发的发展性的规划和活动，又有老师们研讨的常规细节问题，长远发展性计划和短期时效性计划相结合，共同促进教育教学水平，缩小城乡教学差距。

共建共融　均衡发展

西宁市青藏铁路花园学校教育集团秉承"共建共融　均衡发展"理念，坚持"和而不同、求大同存小异"的原则，通过推行"四定三个一"管理方法，构建集团制度管理体系等措施，有效推动集团各项工作落实落细。

一是完善管理机制，推动工作落实落细。按照"精在事前，细在过程，重在结果"的精细化管理思路，结合"15710"工作方法，在集团各校推行"定工作、定责任人、定完成时限、定质量效果，各处室一周一汇报、分管校长一月一督查、校长一季度一督查"的"四定三个一"管理方法，建立《西宁市青藏铁路花园学校教育集团有效性管理工作手册》，对集团各校行政处室工作实行台账化管理，强化各项工作的事前细致谋划、事中抓实落细、事后总结改进，不断提高集团各校管理透明度，提升工作质量和服务效能，确保各项工作落实落细，有效解决了集团学校个别中层干部和行政人员存在的只安排、不落实的问题和执行不力、效能低下的"中梗阻"现象，使集团各校管理更加规范、更加合理、更加人文、更加高效。

二是完善制度措施，推进集团各校精细化管理。结合两地三校工作实际，从党务和行政管理、岗位责任、岗位安全责任、教职工管理、学生管理、后勤服务保障、财务管理等七个方面，细化工作措施，优化工作程序，完善工作机制，确定发展目标，制定完善符合两地三校实际的、统一的管理制度，构建集团制度管理体系，形成了《西宁市青藏铁路花园学校教育集团精细化管理手册》，确保事事有规、事事依规，稳步推进集团各校管理工作逐步迈向科学化、制度化、系统化、民主化、精细化。

探寻集团发展的"最小公倍数"

西宁市第二十一中学教育集团深化管理改革，致力于打造教学品牌。就"如何深化集团办学"的议题，经过充分调研、系统思考和多方论证，从"三全"教研、备课组考核、同测同评三方面全域推进集团化办学改革。打破学校壁垒，融通管理边界，吸收各校优秀管理经验，扩大优质资源的覆盖面，促进资源融合，实现集团整体发展，形成探寻集团发展的"最小公倍数"。

一、以"三全教研"为管理形式

"三全"团队教研模式就是将同学科教师"捆绑"，成立大学科组，集体开展教研活动，实现"全员、全学科、全覆盖"。活动内容统一，要求一致，活动地点实行轮流巡回。在相互交流中促进教学能力提升，教科研水平发展，充分发挥两校骨干教师的示范辐射和指导作用，促进教师交流，实现优质教育资源共享。

二、以"备课组捆绑考核"为管理手段

集团校每月组织各学科教师进行说课考核。说课考核围绕着课标依据、教材分析、学情分析、教学目标、教学重难点、教学方法、教学过程、板书设计八个方面。把教师的讲课和说课纳入到集团校备课组的考核中。通过对集团内各学科备课组的考评，提升各集团学校教研水平，提高课堂教学效率和教学质量，促进教师教育教学能力的整体进步。

三、以"同测同评"检验管理效果

集团深化教学管理，形成了"同步备课，同步教学，同步测试，同步评价"联动共享式的教学管理新形式。

1.同步备课，明确教学目标。同学科的教师按照本周的教学计划进行

集体备课。围绕着教学目标的实现，就如何突破难点，选择教学方式、制作教具、设计学生活动等方面共同讨论。

2.同步教学，提高课堂效率。在同步备课的基础上，两校的教学进度一致。线上线下相结合，实现异地同步互动，促进课堂能力目标的落实，培养学生的核心素养，打造高效课堂。

3.同步测试，检验教学成果。每月的月末，二十一中教学集团都会组织月考，来检验这一个月的教学成果，目的是查缺补漏，提高教学质量。

4.同步评价，指明行动方向。考试后，由各年级组教研组长对于本次的阶段性检测进行质量分析。根据多彩系统中的"大数据"，对优秀率、良好率、及格率及平均分做了横向与纵向比较分析，科学分析教学目标的完成情况。

教育集团内实行同步共进的教学管理模式，教学计划、教学评估、教学检查、教研活动、质量评价等方面统一标准、统一要求、统一节奏，逐步实现教学"备、讲、评、测"四统一，乡村教师的教学理念、教学方式、教学效果得到改变与提高，乡村学校的教学质量实现稳步提升。

教学教研共融

规范要求 研教一体

联合教研谋思路 携手并肩谱新篇

西宁市第一中学教育集团秉承"兼容并包，均衡发展"的理念，旨在实现集团成员校通过管理互融、师资交流、教学互补、学生互动、资源共享、质量共评，推进集团校互联互通、共建共享。以推进城乡义务教育均衡为目标，拓展教学教研渠道，发挥优质教育资源的引领辐射作用，推动集团教学教研工作的开展与创新，缩小城乡之间差距，促进农村学校办学水平和教育教学质量整体提升，全面推进城乡教育均衡发展，促进教育公平。

一、背景介绍

为了推动集团各校教学教研工作的开展与创新，西宁一中教育集团以提升教师专业化为目标，以课堂教学教研为主阵地，积极拓展教学教研渠道，发挥优质教育资源的引领辐射作用，推动集团教学教研工作的开展与创新。积极搭建教师互动交流学习平台，发挥骨干教师的模范带头作用，加强集团人才队伍建设，促进农村学校办学水平和教育教学质量整体提升。

二、主要做法

（一）名师工作室促城乡教师共成长

北大街小学七位名师围绕工作室规划，结合集团校相继开展活动。柴雨孜老师工作室以"探究传统文化与诗词歌赋结合的教学策略"为主题，为大家毫无保留地分享在教学实践中对本主题的行动研究及最优化的教学策略。赵俪霞老师工作室开展习作研讨课活动，并全程与西宁市一中集团校海子沟中心校教师进行网络教研，通过网络教研活动，两地教师对习作单元教学有了明确认识，对习作单元教学方法有了深入思考。

（二）订单式送教助力精准帮扶

为了促进帮扶的精准和务实高效，更好地服务和指导乡村学校教学教研和校园文化艺术工作，促进农村学校教育教学水平的提升，根据集团工作计划的安排，在订单式送教前，城区学校与农村学校进行沟通，最后由对方学校"点单"确定了送教帮扶的具体内容。三年来，中学和小学精心选派三十余人次，分别给三所学校的中小学部送去各类专业课。承担送教的教师，教学基本功扎实，执教理念新，执教能力强，为观课教师搭建了高质量的研讨平台。订单送教本着相互学习，共同提高的原则，在集团各校积极支持、配合下，圆满完成了预定的各项任务，收到了良好的活动效果。

（三）小小 QQ 群做出教研大文章

基于教育集团实际，自集团组建以来，中学和小学部就开展"三定五有"网络教研活动。通过定时间、定人员、定学科的"三定"原则开展学科网络教研；每次活动都有主题，有主持，有准备，有收获，有提升。QQ 群成员自觉、自发、自愿承担起 QQ 交流群的任务，在大家的不断努力下，QQ 群形成了课例观赏、朗读指导、习作交流、名师讲坛、名著赏读、才艺展示、在线答疑等多个常态化专题。围绕研讨主题，大家把平时的教学困惑、教学观点、教学经验进行分享，使每一个参与教研的人员都从中获益。

三、取得成效

（一）英才引领系列活动，促进集团教师专业提升

依托教育集团名师工作室、优师工作坊，以"名师专业引领，助推教师成长"为途径，在常规工作中发挥优秀教育人才的示范、辐射和引领作用，不断探寻促进农村学校办学水平和教育教学质量整体提升的方法，通过课堂诊断、教研引领、教学竞赛、优秀教育人才展示课、学科培训等方式，有针对性地对集团校教师进行教育教学理念转变、教学改革行动研究、信息技术与学科融合等方面的培养，培养一批师德高尚、理念先进、视野广阔、业务精湛、学科教学能力强的教师，为推进一中教育集团的可持续发展提供人才保障。

（二）按需送教，精准帮扶，助力均衡发展

为了深入推进西宁一中教育集团农村学校学科建设，让更多的农村孩子能够获得更多的优质教育资源，西宁一中和北大街小学每月依照农村学校需求派出学科骨干教师进行"菜单式"精准送教。"订单送教"活动更多的是从理念和方法上对三所学校教师的课堂教学给予指导，同时也为教师处理教材、处理教与学的关系，培养学生思维能力等方面提供了范例。"菜单式"精准送教既是教师间相互交流、相互研讨、相互学习的平台，同时也为实现优势教育资源共享，促进教育均衡，全面提高教育教学质量，提升教师专业化水平开辟了新途径。精准的"订单式"送教送培活动，为城乡学校的发展起到积极的推动作用。

（三）"互联网＋教学教研"，彰显信息技术助力教学的功能

教育集团依托录播教室和网络平台，采用"互联网＋教学教研"方式，积极开展网络主题教研、网络培训和远程课堂。利用 QQ 平台，集团的学科教师围绕学科教学中的难点、焦点，针对集团教育教学过程中出现的问题开展网络教研。老师们在网络上探讨教学方法，切磋教学技艺，并且针对自己在教学中的困惑及感悟进行交流讨论，从中得到行之有效的解决方法。网络教研为五所学校的教师们搭建了开放、平等、交互、成长的研讨平台，实现资源的交流与共享，促进教师的专业成长。每月一次的活动，乡村教师有什么需求，我们就做相应的专题。因为活动"接地气"，QQ 群每次活动全体参与，交流热烈，广受教师好评。

四、实践反思

通过以上教研模式的推进，充分发挥集团内各校优质教学资源的示范、引领和辐射作用，加强了各学校间的合作交流，实现优势互补，促进教学质量的提高和教师专业素养的提升，真正实现"学生真学习，教师真发展，教学真质量！"

创新研训模式　助力集团发展

一、背景介绍

西宁一中教育集团深入推进农村学校学科建设，为了让更多农村孩子能够获得更多的优质教育资源，西宁一中和北大街小学每月依照农村学校的需求派出相关学科骨干教师进行"菜单式"精准送教。

二、主要做法

菜单式送教下乡的基本流程："菜单"设计→制定方案→组织实施→教研交流→体会反思→总结提升。

在"菜单"设计时遵循需求性原则。"菜单"根据农村学校的现实需求或急需解决的学科问题进行设计，如青年教师诊断课、同课异构、中考复习专题讲座、毕业班学生心理健康教育、如何用好统编教材、如何开展课题研究等。这些都是农村学校急需解决的问题，通过这些问题的解决，促进农村学校全面推进新课程改革向纵深发展。在"菜单"设计时还遵循发展性原则。因为农村学校的发展必须保持可持续发展的态势，这样学校才有强大的生命力，以适应教育教学改革与发展的需要。例如教学方式与学习方式的转变、教材使用的灵活性与开放性、课堂教学激励性评价的运用、校本课程资源的开发与利用等等，这些"菜单"的设计可促进农村学校的长远发展。

"菜单式"精准送教工作开展前先精心制定活动方案，内容包括指导思想、活动目的及意义、活动地点、时间、参加人员、活动内容、活动方式、活动要求、活动流程等。组织实施的过程是：首先由农村学校根据学科急需解决的问题和现实需求"下订单"。集团总校根据农村学校的申请要求及时反馈，制定送教送培的方案。接着组织送教的准备工作，包括城区教师的磨课、研课等工作，然后进行送教、送培。送教下乡时，农村学校的教师先进行常态课教学，以"暴露"课堂教学存在的问题，送教团队课堂诊断。然后送课教师上课展示，以起示范、引领作用。最后开展大教研活动，同学科教师评课、议课，送课教师和农村教师对话与交流，结合自身教学实践，介绍经验、谈做法，达到经验共享。学科骨干教师对双方教学中的问题进行"把脉、诊断"，帮助解决课堂教学存在的问题。最后农村学校教师和送课教师写出教学反思。反思的撰写内容主要围绕活动中的收获，包括有哪些不足需要改进，课堂教学改革措施哪些可以借鉴等。

三、取得成效

菜单式送教下乡促使农村学校反思、改进和提升，农村学校的教师对教育教学理论和方法有了直观的感受，教育教学理念发生'质"的变化，促进了农村学校教师的专业化发展。

四、实践反思

"菜单式"送教下乡研训模式是对以往传统的送教下乡模式的创新，其最突出的创新点在于：从农村学校的实际出发，根据学科教学改革的需求设计"订单"，从而确定活动主题，这种送教方式具有很强的针对性和实效性。实践已证明，"菜单式"送教下乡方式，是一种非常有效的研训模式，这种研训模式的探索与尝试，为今后进一步创新学科送教研训活动提供了可借鉴、可操作的范式。

西宁市第二中学教育集团教学教研探索案例

一、背景介绍

西宁市第二中学教育集团通过"四互四共"（即管理互融、师资互派、教学互通、学生互动，党建共抓、资源共享、文化共育、质量共评）的模式，积极探索学校管理、办学提质、教师发展、学生成长等方面均衡发展的路径，结合教师做到"六个提高"：一是教育教学理念提高；二是专业知识水平提高；三是课堂教学技能提高；四是运用现代教育技术水平提高；五是教育创新能力提高；六是教育管理水平提高。

二、主要做法

（一）集团通过学科"模块化"的"两个二合一"送教下乡，即将各学科"模块化"，由总校教师每人负责一个模块，进行专项指导帮扶。比如初三数学，集团总校有7位老师任课，每学期初通过集团理事会、备课组长对申中乡中心学校的调研，将初中数学所学知识点分为七个模块，再将七个模块分配给总校七位老师，每位老师根据自己负责的模块，做好送教、远程展示课、课例研讨等计划，形成精准帮扶。同样在每次送教下乡活动中根据申中乡中心学校班级容量较小之特点，二中教育集团实施"两个二合一"送教，即申中乡中心学校初三两个班级送教听课时合为一个班，两节课合为一节课。集团模块化的"两个二合一"送教，充分将集团校各校老师合为一体，使各学科每位教师无论是送教下乡、还是远程教研、线上展示课，都负责好自己分到的模块，使送教、远程录播展示课、汇报课明确化、系统化，使集团教学质量不断提升。

（二）开展"n+1青蓝工程"教师手拉手结对活动。加强教师之间的专业切磋、互助合作，使双方教师在同伴互助中更好地成长。

由于集团开展"模块化"的两个"二合一模块送教下乡"活动，在城乡老师结对帮扶方面，集团采用"n+1"的青蓝结对模式，即各年级将学期所授内容模块化，将每个模块具体分配给同年级二中、古小每位对应教师，同时也是农村学校对应学科教师的蓝方教师，肩负着师带徒的重责，使"n+1"的结对效率最大化。

以"五个构建"打造集团教研特色

一、背景介绍

为缩小城乡差距、促进教育均衡发展，沈那教育集团以"励耕"为教师的团队精神，励志修术，提升教学技能，耕心修德，促进专业发展。

二、主要做法

集团以乡村教师培训和城乡教师互助帮带为抓手，以"五个构建"实施城乡教师教学技能提升工程，努力打造教研特色，即：确定学科研究专题，构建格桑花精品研训团队；依托优秀教育人才"领航课"构建"一科一主题"的研训模式；做实"思齐草根论坛"构建一个研训平台；做实"拜师育花"构建一支人才梯队；加强微型课题与问题研究，构建一种研训文化。为了保障"五个构建"，实施城乡教师教学技能提升工程，教育集团采取了三步教研管理模式。

（一）按学科建立线上线下学科教学教研交流工作群，建立学科管理组织框架

由集团总校建立和管理城区学校备课组长线上工作交流群，城区学校备课组长负责建立和管理各自学科群的日常交流活动，纵向整体把握全学段学科知识体系，横向统筹成员校本学科同学段教育资源，开展线上线下教材研究、教学改进等教研活动，既聚焦自身学校教学的研究与实践，又可以充分共享有限的优质师资，有效地推动集团成员校间的教研交流，促进教师专业成长，逐渐形成集团协调一致的教育群落。

（二）以问题为导向，建立项目研究机制

由专人负责联络城乡学校教研室，对集团教育教学工作过程中遇到的

有关学科发展和教育教学的核心问题、疑难问题展开行动研究，更好地推动教育教学改革，促进专业经验智慧共享，为教师专业发展搭建更多平台。例如：

1. 同伴互助

充分发挥集团总校教育教学经验丰富的骨干教师作用，采取一帮一，多帮一的形式结对子，提出具体责任要求。集团总校教研室进行督导落实，年终进行评比，对优秀帮扶教师进行表彰与奖励。

2. 观摩学习

组织集团校教师积极开展听评课、同课异构等观摩活动及课堂教学竞赛活动，研究改进农村学校课堂教学方法。

3. 教学论坛

针对教师成长、学生发展、课堂教学、作业设计、试题命制、中考策略等内容开展集体研讨，达成教研共识，打造精品教研项目，促进农村教师专业成长。

4. 教师培训

针对新课程标准，以集团校教研组或备课组为单位进行业务学习，并采用走出去、请进来的方法，帮助教师树立新的教育理念。教研室对教师的业务学习和教学实践随时进行督查，发现典型，及时推广。

5. 课题研究

以课题研究为抓手，提升教育集团教研水平。每学期定期组织骨干教师各校区巡回开展教研活动、课题研究、信息技术与学科教学高度融合等教学研究工作。

通过"一周一教研"、"一月一培训"、定期送教送研等形式对乡村学校教师在教育教学中遇到的问题进行答疑解惑。这些精准的研修活动，大大提高了帮扶效率。

（三）发挥集团发展性督导机制。

每学期开学初，由总校教研室与乡村学校协调统筹，集团督导室全程参与，召开教学教研专题会议，总结上学期教学教研工作，分析上学期教学成绩，查找乡村学校在教育教学过程中遇到的疑难问题，集中研讨解决方案，协助各备课组破解在后续工作中的"瓶颈"问题。督导室继续跟进，保障乡村学校教学教研活动扎实推进。

总之，沈那集团本着"共生共赢"整体目标，借助"五个构建"，齐建有效课堂，齐研教育、教学策略，齐享优质教学资源，让集团各校每个教师在互动中共同发展。

潜心教学　沉心科研

一、背景介绍

"一切教育教学的研究始于问题，问题即课题，教学即研究，进步与成果即成长"。教师是学校的核心竞争力，唯有发展好教师，才能发展好学生和好学校。自沈那集团成立以来，高度重视教师队伍建设，重视教育教学改革研究，通过实践，集团摸索出了"教学实践——发现问题——讨论并提出解决问题的方案——实践验证——提炼提升"的以问题为导向的校本教研过程，借助"领航课""草根论坛""校本培训"等平台使教师的教育理念和专业水平得到不断提升。

二、主要做法

（一）发挥骨干教师的示范引领作用上好"领航课"

"复习课"是青年教师不会上，老教师不屑上，中年教师不敢上的一类课型，大多数教师复习课设计简单、教学效率低下。集团教研部门发现这个问题后召集骨干教师寻求对策，"领航课"应运而生。各科骨干教师通过分析各学科特点，自选复习课教学问题的切入点，通过个人备、集体研、公开授、公开评的环节实现学科教师的集体进步。通过实践，集团三校教师的复习课型研究蔚然成风，各科已初步形成课型授课模式。之后的"习题课""试卷讲评课"都以这种方式实现了集团共研，提升了教师的教学水平。

（二）见贤思齐，草根论坛共话教育教学对策

萧伯纳曾经说过，你有一个苹果，我有一个苹果，我们交换各自还是只有一个苹果；你有一种思想，我有一种思想，我们交换每人就有两种思想。沈那集团借助这个思想，利用"思齐草根论坛"搭建了教师进行教育教学

方法交流的平台，对集团教育教学工作过程中遇到的有关学科发展和教育教学的核心问题、疑难问题展开行动研究，例如"信息技术与课堂教学深度融合"为主题的教学研讨、"学困生的转化"教育策略交流、针对青年教师的"班级管理"经验交流等主题研讨活动，涉及不同层次、不同学科的教师，在交流中学习经验，在交流中碰撞出思想的火花，更好地推动集团教育教学改革，促进专业经验智慧共享。

（三）做实校本培训，缩小城乡教育差距

针对乡村教师教学技术水平不高、教学行为不规范等现实问题，城区学校委派城区优秀教师送培下乡，面对面培训指导乡村教师。培训内容包括"教育技术能力""微课设计及录制""几何画板的高效利用""教学设计、学案、教案的科学撰写""如何科学听评课"、"如何科学命制试卷"等。另外，在对集团教研活动的观察中发现了教研组长和教师评课随意性较大的问题，总校通过远程互动＋现场直播的方式为集团全体青年教师和教研组长、备课组长做了《科学研究视野下的听评课》培训。

集团成立三年多来，我们与外界的教育先进团队频频接触，带领集团校优秀青年教师观摩各部门组织的教学比赛，联盟校课堂教学展示活动，赴南京对口学校跟岗研修，与成都七中、嘉祥外国语学校定制"备课组网络教研的方法及策略""如何开展跨地域的联合教研"等课程，带领集团备课组长、优秀教师、校长赴外培训学习，取得良好的效果。

三、实践反思

通过名师示范与自我提升相结合，开展送教下乡、校本培训等系列活动。这些以问题为导向的校本教研过程，进一步加强了集团校际之间的交流与合作，发挥集团教研的整体优势，创新了教研机制，转变教研形式，提高了教研工作的针对性和实效性，保证了集团教研活动科学、扎实、有效，对推进新课程改革及教育均衡发展起到了很好的促进作用。

强化常规管理　促进教育质量提升

集团化办学实施以来，西宁市第七中教育集团以"教育质量提升"为主要抓手，强化学校常规管理，以打造高效课堂为契机，以办人民满意的教育为目标，集团教育质量取得了长足的进步。

一、狠抓常规管理，打造高效课堂

1.向备课要质量。集团各校统一要求所有学科教师明确认识到备好课是上好课的前提，要求乡村教师要重视备课工作，认真设计撰写教案。教案是教师统筹规划教学活动的设计方案，其内容应包括教学内容（或课题）、教学目的要求、教学重难点、教具学具准备、课时分配、授课时间、教学过程、板书设计、作业设计等。认真写好教学后记。教学后记重点写教学过程的得与失，教后的体会与认识，以及对教学效果的自我评价和原因分析，把改进措施以及对某些问题的看法与体会写于教案后，以积累经验、提高教学水平。通过 QQ 交流、远程教研等手段打破时空的界限，随时发起教研，打通备课的重要关节和死角，把功夫花在课前。

2.立足课堂，追求高效。课堂教学是提高教学质量的中心环节，是实施素质教育的主阵地。以人为本，提高认识，更新教学理念，学校教育以促进学生的发展为终极目标。基于此，集团以更新教学理念入手，摈弃了传统填鸭式的教学模式和单一的评价机制，以科学的管理机制激励人，以先进的教学理念武装人，各校促进了教与学的良性发展，也取得了明显的效果。

3.课后认真辅导。辅导是教学的补充和重要环节，是因材施教、提高教学质量的途径之一，教师要重视学生学习过程和学习方法的辅导工作。

平时对学生提出的疑问要及时耐心地给予指导和帮助。利用下午放学时间，重点辅导后进生的学习，使后进生的成绩有明显进步。

4. 精心布置并认真批改作业。重视作业的讲评，对学生作业中出现的主要问题，要及时讲评和纠正。对好的作业要予以表扬，同时督促学生订正错误，对无力订正的学生应进行面批。

二、重过程管理，向过程要质量

为强化教学过程管理，确保集团教学质量奋斗目标的全面完成，集团制定并严格执行以下教学过程管理制度：

1. 坚持听课。挂职干部、聘任专家、支教教师、督导调研人员随时随堂听课，发现教学问题，促进教改。建立方便交流的平台，相互学习，提高教学效果。

2. 坚持教学巡导。学校行政领导人员定期或不定期对所有年级教学工作进行巡视和督导，确保教学工作正常运行。

3. 坚持月检查。每月对教师的备课、上课、作业批改、听课、政治学习、业务学习等情况进行一次全面检查。每次检查要做到相互交流，点评到位，相互提高。学校积极组织教师参加高效课堂创建活动，观摩课、研讨课、常态课及备课、上课、听课、评课等"四课"活动，提高课堂教学效率，为本校教育质量的不断提高奠定了坚实的基础。

4. 坚持教学质量监控。各理事校认真做好各年级模拟考试安排并及时召开各年级教学质量分析会，同评同测，找准问题的点，针对问题逐一添措施，不断改进教学方法，千方百计提高教学质量。

扬帆远航须有舵，乘风破浪正待风。教育集团城区学校正以"教育质量提升"为主要抓手，不断向农村学校输送先进的教学理念，积极创建高效课堂，为城乡教育事业的又快又好发展努力奋斗。

教育集团教师帮带的有效路径和成效

西宁市第七中学教育集团，包括西宁七中教师 182 人、学生 2523 人；西宁市城西区胜利路小学教师 93 人、学生 1426 人；西宁市城西区五四小学教师 100 人、学生 1649 人和湟源县和平乡中心学校教师 34 人、学生 270 人，湟源县东峡乡中心学校教师 35 人、学生 302 人。

一、乡村校教师队伍现状

良好的教师队伍是一所学校永远立于不败之地的根本。城市优质学校和乡村薄弱学校教师队伍存在很大差异，其本质原因：一是区域文化的差异，包括民风民俗、教育期待、家庭素质等；二是教师长期形成的劳作方式的差异，包括劳动强度、劳动质量、劳动竞争、劳动态度等；三是教师结构的严重失衡，包括年龄结构、知识结构、学科结构等；四是教学教研活动的严重缺位，包括同学科教师少导致的缺位、教师多科代课导致的缺位、教师发展平台不足导致的缺位。这些问题都是制约乡村学校发展的重要因素。

二、发挥优质师资的帮带作用

集团校按照教育局"学科对应、余缺互补"的原则在集团内施行城乡教师帮带指导工作。每学年集团城区学校都根据乡村学校实际情况部署教师帮带工作，城区学校选派优秀骨干教师赴乡村学校进行长期支教，组织优秀党员教师开展订单式送教，依托学科教研组开展学科集体教研工作，在丰富的举措下对乡村学校进行全学段、全学科的培训提升。乡村校的学科建设、课堂教学、学生管理在优质资源的帮带下稳步提升。

为了扎实做好帮带工作，经过两年多的探索，七中教育集团摸索出了一套行之有效的办法。集团分层调动城市优质校的教师资源，将教师分为五类。一是长期交流支教类，每所城市优质校每年都选派两名最优秀的学科教师驻乡任教；二是结对帮扶类，根据乡村学校的需求，主要学科人人结对，签订帮扶协议，线上线下互动互助；三是互任互挂类，城市优质校中层挂职乡村校副校长，乡村校各级干部到城市优质校同岗挂职；四是专家指导类，城市优质校组织优秀教师组成专家团队，按计划对乡村校进行诊断、把脉、监测；五是远程课堂类，在社会力量支持下，七中教育集团在全市率先实现了城乡同步课堂，专线专网畅通无阻，平均每学期完成远程课堂40余节。

三、提升学科教研的帮带作用

乡村学校受规模限制，年级单班、双班普遍存在，主要学科只有1~2名教师，教与研活动无法实现。为实现教学和教研的相互支撑，集团各校边实践边探索，教学和教研方略日渐成熟。一是选骨干、促教研，分层帮扶互促进。集团城市优质校选取本校骨干教师，分为交流研修、结对帮扶、干部互挂、专家指导、远程课堂五种形式，形成了交替渗透的教学教研"网络"，日常管理协调融合，考核分类评估；二是调思路、补短板，同测同评找差距。城市优质学校和乡村学校在教学质量上存在较大差距。为掌握第一手数据用来监测教学质量，分析差距原因，集团分小学段和初中段选取语、数、外三门学科在期中和期末进行同测同评；三是建专网、同课堂，远程教学效率高。集团成员校间单靠互派数量有限的教师，很难保证教学质量的提升。为此，学校把远程同步教学教研放在优先发展方向。四是共聚力、齐研发，课题引领新动力。教学教研离不开课题的引领，集团化办学由于是五级联动（市、区、县、乡、校），行政壁垒不可避免。我们探索出了从行政推动转向课题推进的变革。冗余、协调、低效是行政推动的弊端，科学、严谨、数据、路径、印证、成果是课题研究的优势。西宁七中教育集团《城乡一体化发展背景下农村学校全面成长的实践研究》被确立为青海省"十三五"教育规划重点课题，其下有9个子课题作为支撑，共有集团校75名教师参加。

同测同检共评价

一、背景介绍

自 2016 年 9 月集团化办学启动至今，西宁市七中教育集团各校以互利合作为前提，积极做好集团文化认同和整合工作，实现了优势互补、扬长避短、合作共赢。

二、主要做法

为了促进城乡教育均衡发展，西宁市第七中学经常前往湟源县和平乡中心学校进行专项视导，从学校管理、课堂教学、校本教研、教学常规落实等方面入手，多角度、多层次调研和平乡中心学校的各学科校情、教情和学情、教学教研的状况及存在问题，为进一步帮扶打好基础。学校根据集团总校的安排，每年的五月和十一月份进行六年级阶段教学质量同测同评活动。

（一）制定检测方案，共同开展教学活动

在同测同评前期，西宁市第七中学为乡村学校提供一至六年级的语数期中试卷样卷。通过同步测试、试题研究、问题诊断、质量分析等系列活动，充分沟通，切实在学情分析、集体备课、教研活动等方面进行改进，形成教学质量提高可行性实施方案，达到共同提高教学质量的目的。

通过跟进式、订单式等一系列校本教研活动，使老师们意识到作为一名教师要及时地更新自身的教育教学观念，完善专业知识结构，努力转变和改进教学行为，以促进自身的专业成长和发展。

（二）扎实的研讨活动，促进教学质量提升

1. 抓四小工程，"问题"入手做研究

引导老师从教育教学实际中观察小现象，发现小问题，寻找小策略，形成小案例，开展小课题研究，让小课题研究贴近教师、走进课堂，能解决工作中的实际问题，切实提高课题研究的实效性。针对教学中的难点热点问题，学校都会有一个贴近教学实际的专题研讨活动。

2. 多样形式，"有效"教研显成效

充分发挥学校学科骨干教师的作用，注重对新任教师的指导与帮扶，实施阳光牵手，新教师的诊断课、矫正课、汇报课、骨干教师的示范课，四课联动促进成长。学校成立青年教师培养中心，发挥骨干教师用，缩短青年教师成长周期。其二名师指导。确立内涵发展的目标，落实好强基工程，让青年教师成熟化，中年教师风格化，老年教师审美化。通过目标管理、榜样激励、专业阅读、专题研修等路径，加速教师专业成长。结合实际情况，建立了教师"三级培养"机制，逐步形成了"达标型——骨干型——名师型"的发展阶梯。

3. 搭建师资交流平台，提高集团资源发展力

加强校际间的交流与学习，提升教师专业素养，努力打造一支高素质队伍。实施了名师引领、骨干带动策略。本学年度安排西宁市第七中学的骨干教师欧军、严霞青等老师先后交流至湟源县和平乡茶汉素小学，以发挥引领作用，带动乡村学校教师专业提升。对湟源和平乡中心学校交流至我校教师雷嫒、陈学梅老师安排专门按照需求安排骨干教师担任其师傅，从教学和班级管理方面对其进行培养。

4. 搭建教学教研平台，提高集团办学推动力

实施城乡教研带动计划，落实集体备课、课题研究、同课异构、校本教研等常规教研专项指导，帮助乡村教师准确把握教材，改进教学方法，提高课堂效率。开展小学语文统编教材研讨活动，以研带教，提升语文学科教师的专业素养，同时促进学科队伍建设。根据与和平乡中心学校签订

的帮扶协议，继续开展"1+1""1+n"教师合作互助模式，形成成长共同体，学科骨干教师与新进教师结对。教学常规管理、教科研、课堂教学等方面的"手拉手"帮扶活动，探索建立学科工作机制下的集团内名师带教和学科引领机制。

　　充分集合学校优质教育资源，发挥学校骨干教师在教研活动中的引领和带动作用，搭建共同参与、联动合作的平台，扩大交流视野，促进乡镇学校与城区学校相互沟通、协调，互相学习、共同进步，实现教育共同发展的良好局面。

资源共享找差距　拓宽思路抓质量

西宁市第八中学教育集团为落实集团校对教学管理工作的协同和促进作用，推进城乡义务教育一体化发展，实现城乡义务教育均衡发展，以提高教师素养为目的，以提升教学质量为核心，以评比促提高，以督学促发展，发挥教师教学技能评比、教学质量监控与考查的导向功能，每学年有目的、有计划地在中学部开展期中联考、数学有理化、英语音标过关城乡学校同测同评活动。

一、背景介绍

自集团校成立以来，城乡学校教育教学发展不均衡是面临的首要难题，为落实集团校在教学管理工作方面的改进措施，发挥教学质量监控考试与考查的导向功能，夯实七年级学生数学、英语学科的基础，提高计算能力和英语拼读能力，从集团校成立以来每学年组织两次期中联考，七年级新生每学年组织2-3次数学有理数过关考试和英语音标过关测试。通过城乡学校同测同评平台提高教师素养、提升教学质量，推进城乡义务教育一体化发展。

二、主要做法

（一）用同测同评平台，找教学差距

为了建立西宁第八中学教育集团初中部成绩基础数据库，了解城乡学校每学期学生的学习情况和教师的教学效果，西宁市第八中学和土门关初级中学每学期都举行期中联考活动，期中联考结束后两校会利用远程录播系统召开集团校中学期中成绩分析会，及时发现教师教学和学生学习中存在的差距。

（二）用同测同评平台，找教学不足

每年 11 月两校分三次组织七年级有理化过关考试，通过统一命题、统一组织考试，力争让每个学生具备独立的运算能力，为以后数学学习打下坚实的基础，通过测评反映出乡村学校教学质量的差距和数学教学中存在的不足。

（三）用同测同评平台，促教学相长

每年 9 月张冬梅老师都要进行一次以"音标教学"为主题的英语学科送教下乡活动，对七年级新生进行音标发音培训，11 月、12 月进行两次英语音标过关考试活动，力争让每个学生具备独立的认读音标能力，为以后的英语学习打下坚实的基础，助力乡村学校英语学科教学水平的提升。

三、取得成效

（一）用平台，发挥教学质量监控的导向功能

联考活动严格按照《西宁市第八中学教育集团中学期中考试方案》执行，期中考试工作规范有序，考纪严格，考风端正，取得了良好的效果。集团校通过联考活动，搭平台，找差距，整机制，提质量，增效率。有助于集团领导、老师和学生们及时发现教学和学习过程中存在的问题和不足，通过寻找解决问题的有效途径，查漏补缺，为下一阶段的教学工作指引正确的方向，同时也给教师们提供相互交流学习的平台和机会。集团校领导及教师们通过集团校中学联考活动不断总结教学中的得失，相互学习，取长补短，终将实现集团化办学的初衷，使乡村学生享受城市优质教育。

（二）用平台，发挥以评比促提高的激励功能

根据两次数学有理化过关测评结果评选出优秀奖、进步奖，以评比促教师教学能力的提高，以评比激发学生学习数学的兴趣。与此同时我们也发现了城乡学校教学质量的差距，总结出数学教学中存在的不足，并对数学教师今后的教学提出以下建议：

1. 加强有理数基础知识的记忆及理解。

2. 平时多练习计算题，对于学生在计算中出现的问题老师要及时针对

错题做出纠正，并做出强调。

3. 建议布置课堂作业，老师尽量做到面批面改，一盯到底。

4. 有理数混合运算的运算顺序一定给学生强调先将乘方运算完，再计算乘除和加减；在加减的混合运算中一定是统一成加法的形式，进一步通过省略加号，括号，得出简单的书写方式，并在此形式下进行加法运算。

5. 让学生熟记 1 到 20 的平方，1 到 10 的立方，便于应用。

（三）用平台，发挥提升教学质量的联动机制

两次音标过关测试的结果显示 20% 学生能够快速流利地认读音标；30% 学生能够较流利地认读音标；30% 学生能够认读音标；20% 学生不能准确地认读音标。测试结果表明七年级学生通过两个月对音标的集中学习，80% 的学生已经初步形成了独立拼读的能力，但是也有部分学生不能准确认读音标。对于这部分学生，教师应该更加关注，在以后的音标教学中不断改进教学方法，使音标教学落到实处。12 月中旬再进行第二轮音标过关测试，争取让每个学生具有独立认读音标的能力，为以后英语学习夯实基础。

四、实践反思

通过开展城乡学校同测同评活动，每个学生提高了应对各种考试的能力、分析问题和解决问题的能力，加快了实现城乡义务教育一体化发展和城乡义务教育均衡发展。

"两送一带动"构建集团化办学教师发展共同体

为贯彻习近平总书记系列重要讲话精神，按照国务院、省政府关于统筹推进城乡义务教育一体化改革发展意见，全面落实"四个扎扎实实"要求，扎实推进"四个转变"，发挥城区学校的引领作用，提高农村学校办学管理水平、教育教学能力、师德师风修养、教育教学质量、学生综合素质，扩大城乡教育均衡度和优质教育资源的辐射面，缩小城乡、校际的综合差异。根据市委、市政府《西宁市城乡义务教育集团化办学指导意见》精神，西宁市第八中学集团全面落实了"两送一带动"的帮扶举措，推进西宁市城乡教育一体化、均衡化发展。

一、背景介绍

2017年8月西宁市南大街小学与西宁市第八中学、湟中县土门关初级中学、土门关小学、加汝尔小学组建了西宁市第八中学教育集团。集团积极推行"四互四共"模式（即管理互融、师资互派、教学互通、学生互动、资源共享、文化共育、党建共抓、质量共评），通过南大街小学到土门关小学和加汝尔小学实地参观学习后，确定需要帮助解决的内容涉及教研活动、多媒体技术支持、少先队活动设计、鼓号队训练等15项内容。西宁市第八中教育集团城区小学部立即根据需求制定了切实可行的帮扶计划，确定通过送教和送培的方式，来带动对方学校特色办学的发展，通过提高学校优质教育的影响面，来促进更多的孩子可以享有高质量的受教机会。

二、主要做法

为促进城乡教育均衡发展，充分发挥优质教育资源的辐射和带动作用，有效促进集团校教师之间的交流，达到城乡教师优势互补、共同成长的目的，西宁市南大街小学联合湟中县土门关小学和加汝尔小学的老师开展了形式多样、精彩纷呈的课例展示及教学研讨活动。活动涉及各个学科，不仅送教下乡，实地教研，还利用移动录播系统远程直播，打破时间与空间的限制，实现了课堂共享、教研同步。送教活动充分发挥了骨干教师、学科带头人的专业引领作用，送去的是新的教学理念、教学模式、教学方法和有效的教学技巧，激发了教师参与教研的积极性，促进了教师之间的沟通，实现了城乡教育互惠共赢。

（一）积极输送优质师资，充实育人队伍

按需选派。南大街小学根据土门关中心校的需求，在选派支教人员上，学校遵循两个原则，一是选派带过一至六年级大循环的业务骨干教师，在教学上能起到引领示范作用；二是选派一专多能的复合型人才，能起到更多的带动帮助作用。

按需送教。针对土门关小学和加汝尔小学老师们课堂教学中的困惑，从乡村教师教学中的薄弱方面，比如语文学科中如何有效开展阅读课堂教学、古诗教学等，数学学科中如何进行算理教学、解决问题教学等进行送教。南大街小学"孙继香语文名师工作室"和"董秦霞数学名师工作室"牵头，多次赴两所小学送教送研；针对英语学科的教学是农村学校的薄弱方面，多年来南大街小学英语组从骨干教师示范课入手，通过"打开绘本看世界"为主题的小学英语阅读论坛活动打开乡村教师的视野。这些研修活动为老师们构建课堂和优化课堂教学起到了真正的引领作用，有效促进了集团校教师之间的交流，达到了城乡教师优势互补、共同成长的目的。

由于两所小学没有专职艺术课教师，导致艺术课教学成为制约其教育质量提升的短板，也削弱了艺体对学生良好品德的潜移默化和锤炼作用，故而南大街小学综合组每年在12月份举行艺体学科教学送教下乡展示活动；帮助非专业兼职教师尽快树立艺体课教育教学理念，为丰富课堂教学形式和提升教学质量奠定了基础。

（二）积极培送精品课程，提升教学质量

为了通过提高乡村教师的业务素质和教育创新能力，来提升乡村学校的教育教学质量，西宁市南大街小学为土门关小学和加汝尔小学提供教育教学、信息技术、教育科研等形式多样、扎实有效的培训。以教育理论的探讨、现代教育技术的应用和教学实践中的问题为切入点，积极开展培训，全面提高集团校教师队伍的综合素质，实现集团校资源共享、协同发展。

在土门关小学和加汝尔小学教师运用新媒体新技术辅助教学、构建新型课堂教学环境有困难时，南大街小学通过三年的梯度培训，使老师们熟悉掌握"白板运用""音乐编辑与制作""PPT制作"等技能，增强了课堂的互动效果，提高了教学的生动性，激发了学生学习的积极性，形成了教师"自我提升、自我发展"的良好氛围。2019年3月以来借助城中区培训中心订单式培训送培活动以及城中区教研室各类培训活动，乡村教师们有机会参加到城区学校的培训中来，专业素养得到进一步的提升。

（三）积极找准薄弱环节，带动特色发展

最初在确定"两送一带动"帮扶举措时，是打算把南大街小学"三礼"特色德育课程作为带动土门关中心校特色发展的一大举措。但是在多年的实践中发现我们可以在很多方面带动乡村学校的特色发展，为增强帮扶实效，帮扶计划也进行了及时的调整。

一是融合课程提质量。专项测试发现了两地的教材不同，我们没有被困难吓倒，积极在困境中想办法。先对三所学校教学现状和学生学习情况进行了摸底，然后通过学期中专项测试发现的问题，针对性地开展帮扶工作。三年中进行了有针对性地开展了拼音验收、阅读理解、数学计算、字母过关、英语听力等专项测试。中期专项测试，三校统一命题、同时测试、集中阅卷，不仅为集团校提供了城乡差距的真实有效数据，而且从中发现了乡村学校教学中存在的典型问题和薄弱环节。通过在同评同测中发现问题、解决问题，为集团后期开展有针对性地教育教学帮扶工作提供了依据，不断缩小了城乡教育差距。

二是找准弱势提成绩。从专项测试中发现土门关小学和加汝尔小学学生书写不规范、没有养成良好的书写习惯，我们通过依托课题来转变观念。南大街小学支教教师张桂萍老师主动带领加汝尔小学11位教师开展了"农村小学数学作业规范化指导"小课题研究，从而扎实、有效、稳步推进了规范书写工作，该课题成功立项为湟中县县级课题。南大街小学支教教师白璟琦老师带领土门关小学的老师们开展了湟中县课题《在农村小学开展绘本阅读的尝试》及八中集团课题《延承乡土美食文化创建校本特色课程》。南大街刘玉兰老师带领湟中土门关中心校的老师们开展了《字理识字法在小学识字教学中的运用研究》课题研究，并立项为城中区区级重点课题。

三是培育人才提素能。在跟岗研修老师的培养方面，南大街小学还是按着土门关中心校的需求，将两位跟岗研修老师放到教导处和德育处进行锻炼，按需培养铸强队伍，培养一专多能的复合型人才，起到更多的带动帮助作用。

三、取得成效

一是整合资源，加快青年教师专业发展。在集团化办学过程中，营造了骨干教师带动青年教师的良好氛围和机制。骨干教师不仅是向青年教师介绍教学经验，而且以改善青年教师的行为作为最终目标。青年教师通过承担教学任务和课题，在实践中不断历练和成长，尽快成为"骨干教师"；二是做好师资培训的顶层设计。每年调配支教教师和跟岗研修老师，优化师资要素配置，使得集团化办学效益最大化。给每一位教师的专业发展提供路径和平台，根据教师基本素质、业务能力、教学成果，对教师提出发展建议和培训指导，促使教师共同进步；三是树立"集团人"意识。通过三年的集团化办学，集团校关注教师的归属感和认同度，使教师愿意流动，适应流动，激发教师专业发展的潜力和动力，实现教师专业发展。

四、实践反思

一是进一步搭建不拘一格的交流展示平台。在实施集团化办学过程中，无论是培训、教研，还是合作与交流，活动形式比较单一。集团化办学的过程是集团内成员学校师生彼此交流、思想碰撞的过程，是学校文化相互交融衍生的过程，是各类资源互补共生的过程。因此，集团化办学应创新形式各样的活动载体，促进彼此的认同、接纳、合作、提升。

二是在实践中探索集团化办学的有效模式。集团化办学已经进行了四年的实践，在总体步骤上还处于探索和积累完善阶段，实践中有困难，也给我们带来了一些挑战。因此，还应继续做好乡村小学的需求调查研讨，根据实际情况制订精细完善的实施方案，有效组织实施，起到积极的促进和带动作用。

城乡携手共建集团　协同发展共享资源

西宁市第十一中学教育集团深入贯彻市教育局城乡教育集团化办学部署，紧紧围绕集团化办学改革工作"四互四共"工作要求，突出集团总校牵头抓总的组织优势，通过建立健全保障机制、搭设资源共享平台、主题活动引领示范、重点工程传经送宝等方式，激励集团成员单位湟中县大才学校、前沟学校积极参与，初步形成了在教学理念、教育科研、授课技巧和信息技术等方面的同频共振和资源共享良好局面，为推进教育公平发展和质量提升积累了宝贵经验。

一、背景介绍

"十三五"以来，在西宁市委、市政府的高度重视和部署推动下，城乡义务教育一体化发展持续深化，出台《西宁市城乡义务教育集团化办学指导意见》，打破城乡管理多重界限，按照"以城带乡、以优带潜"的形式，将城区 27 所优质中小学与三县 15 所薄弱乡村校组建为 12 个教育集团，启动了城乡义务教育集团化办学改革。在这一深刻背景下，根据市教育局具体安排，市第十一中学联合湟中县大才学校、前沟学校成了西宁市第十一中学教育集团。我集团根据《西宁市城乡义务教育集团化办学指导意见》，按照"管理互融、师资互派、教学互通、学生互动，党建共抓、资源共享、文化共育、质量共评"的"四互四共"集团运行模式，改进乡村学校管理、加强师资力量、整合德育资源、培育校园文化，有效促进了城乡教育均衡化、一体化发展。通过上述路径，我集团优质教育资源共育共享得以深化，集团分校教学质量得到改善，初步形成了一套可复制、可推广的工作经验。

二、主要做法

（一）加强组织领导，建立健全优质资源共享机制

西宁市第十一中学教育集团高度重视优质教学资源共享，集团理事会明确了"学科对应、渠道多样、共享反馈"的资源共享指导思想。在具体做法上，一是着力构建体系，在各校长具体推动下，形成了以专项工作领导小组为核心，以集团办为主干，上行汇报衔接、平行联动各室、下行联络各校的沟通体系；二是建立健全制度，集团办公室制定印发了《西宁市第十一中学教育集团优质资源共享方案（试行）》，明确了教育资源共享的范围、内容、方式、频次和学科联络人等具体事项；三是探索激励方式，以青蓝工程为载体，围绕教学经验共享目标，根据蓝方传道授业水平和青方求教进步情况，对在教育教研比赛、"一师一优课"活动和教学成绩较好或进步明显的，考虑在职称评定中予以奖励加分。

（二）探索方法路径，努力搭设优质资源共享平台

一是采取"送下去"的方式。十一中从2018年开始，每年平均派往集团校大才学校、前沟学校两名教师，所派教师皆为学校骨干力量，在派驻学校后，进入关键岗位工作，承担毕业班教学。启动乡村学校名师引领计划，签约十一中内众多教学骨干、教学能手，组织各学科骨干教师组团送教等新动作，旨在配合全省互联网义务教育民生实事工程实施，助推办有品质的"活"教育，打造西宁十一中教育集团教育新高地，促进城乡教育均衡发展，让更多城乡孩子共享优质教育资源；二是采取"请过来"的方式。大才学校每年也派往十一中两名跟岗学习教师，派到总校学习的教师在总校承担主要教学工作，参加学校教科研活动；三是采取"网络连"的方式。城乡学校通过互联网实现信息互通共享，其中信息化设施设备建设是基础。为此，十一中对湟中大才学校、前沟学校投入资金，建设了乡村学校的录播教室，配备了触摸式一体机。同时开通网络空间，提供网络交互、数据交换环境，切实协助学校解决技术层面碰到的难点；各方还定期分析研究并有效破解工程实施过程中遭遇

的实际问题，催生"同步课堂"日渐成为城乡学校互动常态化。远程录播互动作为一种先进的信息技术辅助教学的信息系统，给城乡校际之间优质教育教学资源共享提供了契机，2019 年录播课使用量在 60 节左右，2020 年录播课的使用量达到 120 节，参与师生 2000 多人次，初步实现了优质资源的共享目标。

（三）丰富主题活动，有效落实优质资源共享举措

两校师生还开展形式多样的专题教研活动，让师生零距离、面对面交流，为线上同步教学奠定情感的基础，实现深度融合、共同发展。学校不仅以城乡同步课堂、远程专递课堂、教师网络研修、名师网络课堂等形式开展校际帮扶，同时立足乡村学校实际和需求，探索"中考知识能力分析会""城乡教师一日学""教师主题教研交流会""新岗教师交流会""课题专项研讨会"等教学教研新路径，创新推动优质教育资源共建共享，有效提升乡村学校办学质量、师资队伍、学校特色等。两校教师间互动网络研修同步跟进，精心确定研修主题，借助同步研修平台，就课堂教学中的疑难、困惑开展探讨，促进两校教师共同成长。

（四）推进重点工程，不断深化优质资源共享成效

一是青蓝工引领发展。自 2018 年，十一中选出骨干教师、教学能手、名师工作室成员与前沟大才学校教师进行青蓝结对工作，结对人次在 60 次以上，青蓝双方通过录播媒体、电话联系、名师送教等方式开展互联互通。青蓝结对不仅促进城乡教师和谐融洽的关系，对于提高乡村学校的教学成绩也很有帮助，2019 年前沟学校青方被表彰人数占青方人数的 90%；二是远程教学助力疫情防控。新冠疫情防控期间，我集团考虑乡村成员学校周边缺少医疗资源，在邀请青海省人民医院 20 余名医护人员组成的团队来总校开展医疫知识授课的同时，通过远程录播教室，为大才、前沟两校师生进行了防疫、急救、保健和日常卫生培训，进一步发挥了优质资源共享的独特优势。

三、取得的成效与经验

集团化办学改革在各校推开以来，乡村学校教学质量得到显著提升，乡村师生精神面貌发生巨大改变，湟中区大才、前沟两校的乡村孩子和他们的家庭"上好学"的愿望得到初步实现，同时也为下一步持续深化集团化办学积累了宝贵经验。一是规划同步、课程同步、活动同步的学生研修活动为优质教育资源从城市向农村延伸提供了城乡同频共振的基础；二是通过跨校研修、资源互补、技术流通，为先进教学理念分享、优秀教研成果共享打通了脉络，探索出了从"输血"向"造血"转变的有效路径；三是高位介入、多维复合、点睛启迪的主题活动，特别是名师工作室的有力参与，将全市顶尖学科团队引入乡村学校，发挥了"现场会"的直观作用，提升了乡村教师的视野宽度和思维深度。

四、实践反思

通过集团化办学改革三年多来的不断实践，我集团取得了一定成绩，积累了一些经验，但也感觉到还存在两方面不足。一方面是集团教研工作辐射力度不够大，另一方面是乡村教师专业奖励机制作用发挥有限。在下一步工作中，我集团将着力做好以下几点：一是加强对上沟通，实现与上级教育行政主管部门的改革联动；二是深入探索教研，实现集团教研常态化，强化名师引领示范作用；三是健全奖励机制，坚持精神奖励为主，荣誉激励积极性；物质奖励为辅，职称评定加成的方式，努力提升乡村教师教学水平，促进城乡教育均衡化、一体化发展。

创新教研模式　实现互学共研

自 2016 年 9 月集团化办学工作开展以来，西宁市湟源县日月藏族乡中心学校充分利用集团化办学的有利时机，借助西宁市第十二中学教育集团优质教育资源，通过"优质引领、互融共建"模式，着力提升教师素质，提高教学质量，服务学生全面发展，在教学教研工作中取得了显著的成效。

一、背景介绍

为充分发挥西宁市第十二中教育集团总校辐射带动、示范引领作用，紧紧围绕"优质均衡、共同提高"的发展目标，以教科研活动为载体，互助办学，实现义务教育城乡均衡、优质发展。日月中心学校在西宁市第十二中教育集团的引领下，开展了一系列有效的教学教研活动。

二、主要做法

以往的送教下乡活动都是集团校自主选派教师送教下乡，乡村教师表现被动，评课议课时，教师们不愿说、也不敢说，其效果不是很理想。经过学校深入了解，发现送教忽略了教师的主观需求，于是集团校创新工作思路，将原来的送教下乡改变为按需送教。根据乡村教师需求向集团校提出送教申请，集团有针对性的送教下乡。2020 年 5 月，日月中心学校小学部老师们在有效复习方面存在困惑，特向集团校申请专题讲座，集团校按需安排成员校西宁市城西区新宁路小学送复习专题讲座上门，成效显著。活动过后很多教师要求将主讲老师的课件及资料提供给他们。

集团校组织开展了"结对帮扶、青蓝工程"，集团校推荐出骨干教师帮扶日月中心学校的薄弱学科教师、新教师进行师徒结对。结对教师通过 QQ 群、电话定期开展互访活动，在充分发挥骨干教师的"传、帮、带"作用的同时，还带动了一批新生力量的成长。

城乡学校的空间距离限制了集团校间的互学互通。为突破这一难题，西宁市第十二中教育集团搭建了远程互动教学录播系统，日月中心学校录播教室与集团总校实现了互联互通，每周定时进行远程录播课堂，乡村师生真切地感受了先进的教育理念。集团校组织的音乐、美术课颇受日月中心学校小学生的喜爱。

集团校组织开展了短期跟岗研修、教学引领活动，以实现教育资源共享，教育优势互补，在短时间内补齐增高学科短板。短期跟岗活动已经进行了4个批次，乡村教师参与人数达 10 人。日月中心学校每批次推选了两位优秀教师，赴集团总校进行为期一周的短期跟岗学习。短期跟岗期间，集团校的优秀教师指导跟岗教师熟悉相关学科教学内容，上示范课、讲新理念。跟岗教师严格按照指导教师的要求进行听课，并参加教研组内的教研活动；指导教师对跟岗教师的教学思路，教学设计等进行打磨，活动结束时，跟岗教师上汇报课。

三、工作成效

集团化办学教学教研活动涉及大部分师生，通过参与教学教研交流活动和帮带活动，日月中心学校老师们的工作激情被唤醒，教师的教学理念、教育能力、教育责任明显增强；乡村学生对"知识改变命运"的信念更加坚定，有效推动了乡村学校教育质量的提升和可持续发展。

城乡学校结对帮扶　共促教育均衡发展

一、背景介绍

教师的发展是学生发展的基石，也是促进学校教育发展的前提和关键。西宁市第十三中学教育集团成立之初就确立了"帮扶乡村学校提质"的工作重心，以名师引领、学科领头、团队熏染、订单需求等方式开展城乡教学帮扶活动，打造高素质教师队伍。

二、主要做法

（一）开展"城乡帮扶齐奋进　教师同心促发展"教师培养系列活动

十三中教育集团为充分发挥优秀教师资源的凝聚、辐射、指导作用，根据逊让乡中心学校实际情况，在中学部着手实施"1+2+n"教师结对工程、小学部创设学科工作室；针对青年教师设立青年教师成长联盟工程；跟岗教师师徒结对等帮带措施。通过帮带工作的大力开展，充分发挥学校名师群体的优势，以优带新、共同进步，以此加快集团各层面教师的成长步伐。

1.2018年9月，"1+2+n"教师结对工程正式启动（1位名师，2位骨干教师，n位潜力教师）。召开教师结对工程启动会，落实好结对教师互相听课、交流制度。其中，帮扶科目涉及13门学科，使得受益教师辐射面更广，效果更显著。

2.创设小学学科工作室。根据逊让乡中心学校教师年龄结构偏大、祁连路小学教师年轻这一实际情况，在集团小学部创设学科工作室。学科工作室是以学科为纽带，以先进的教育思想为指导，旨在探索一条"名师带教，教学相长"的城乡教师交流学习的新途径与新方法，促进教师队伍素质的全面提高。

3.2019 年 3 月，教育集团成立了青年教师成长联盟，联盟成员以教龄7 年以内的青年教师为主，开展系列培养工程。青年教师成长联盟的成立为集团青年教师的成长搭建了学习和交流的平台，先后开展多次活动，如联盟青年教师参加了中考答题比赛、聆听"互联网＋时代下的教学探索"专题报告、开展生本理念下的小组建设专题培训等。

4.针对跟岗教师实施"师徒结对"帮扶，加快青年教师成长步伐。通过"师徒结对"帮扶的开展，充分发挥名师群体的优势，以老带新、共同促进。"师徒结对"是我教育集团培养跟岗教师快速成长的一项重要工程，可以促进更多教师脱颖而出，成为新的名师。

通过对不同层面教师开展教学帮带工程，积极构建交流、学习和展示的平台，在集团内部打破校际、地域的壁垒，提升教师专业素养。

（二）大力开展"订单式"系列教学帮扶活动

教育集团城区学校应逊让乡中心学校"订单式帮扶"的需求，确立了以英语学科、毕业备考两大教学帮扶重点工作。围绕两大重点工作开展了丰富多样的教师活动和学生活动，力求实现教学质量的提升。

1."CountryRoad（乡村之路）"英语系列活动。围绕英语学科开展了系列师生活动，旨在提升英语教师教学水平，激发学生学习英语的兴趣，打造集团英语好课堂。

针对英语教师，先后开展了"四年级英语周训""七年级英语周训""八年级英语课堂诊断""九年级英语周训""八年级英语同课异构大赛""小学英语课例展示""乡村英语教师短期跟岗活动"等活动。这些活动的开展充分利用集团校优质的英语教师资源，发挥集团校教师的引领和辐射作用，通过课堂观摩、交流研讨活动，加强教师间的合作与交流。

为了激发学生学习英语的兴趣，教育集团开展了"三年级英语单词听写比赛""小学英语作文比赛""八年级英语沙龙活动""八年级英语单词大赛"。这些活动或以比赛形式进行，或以沙龙形式进行，都是为了激发学生学习英语的热情，促进英语教学工作，提高英语学习成绩。同时，加强了两校师生间的交流，增进城乡师生间的情感，为乡村孩子学习英语寻路径找方法。

2. "蓄势待发利剑出鞘"毕业备考系列活动。教学质量是学校工作的生命线，为了加强教育集团六年级、九年级毕业班教学质量的管理，强化教师责任意识、竞争意识、合作意识，全力做好毕业班备考工作，努力提高毕业班教育教学质量，教育集团针对六年级、九年级开展了毕业备考系列活动。如：开展九年级教师中考备考动员会、复习策略交流会、九年级中考复习课例研讨交流；九年级优秀学生表彰大会、百日誓师大会、九年级学生心理健康讲座；九年级学生家长会等。通过以上活动的开展，增强九年级教师和学生迎战中考的拼搏精神，关注毕业班学生心理现状，帮助九年级全体学生树立目标，坚定信心，提高效率，超越自我。

3. 活动引领，全面帮扶提升。为加强集团教师教学基本功训练，促进教师的专业发展，提高教师专业素质和教学技能，更好地发挥集团学校对乡村教师的引领作用，促进乡村教师专业成长，开展了周训、送课、同课异构、讲课比赛等多种教学活动。如数学生本展示课、优秀教案展评、历史同课异构、化学同课异构展示、初中部教师教学设计评比大赛、青年教师基本功大赛、"浓情五月魅力逊让"师生校园涂鸦活动、音体美学科送课送教等活动，全面帮扶提升乡村教师基本功，促进了专业技能提升。

通过教学教研、教学帮扶活动的开展，引导乡村教师认真学习了现代教学理论，钻研了课程标准和教材，积极探索了行之有效的教学方法，全面提高了教师的教学能力，同时也为集团校内教师搭建了一个相互交流、学习、促进的平台。

精准化指导助推发展

一、背景介绍

为解决课堂教学难题，提高教学质量，促进集团内涵式发展，把先进的教育教学理念和教学方法送往虎台教育集团巴燕中心学校，以实现教育资源的优化，教师专业的均衡化发展。

二、主要做法

2019年4月3日，虎台中学骨干教师赴湟源巴燕中心学校开展"订单式"教研活动。此次活动立足实际，活动前期和巴燕中心学校的语文老师们列出在日常课堂中急需解决的实际问题并确定了"小古文"教学主题，找出古文教学中的问题症结，探讨破解方法，优化教学中的实践问题。

在活动中由骨干教师王兰芝执教了四年级小古文《王戎不取道旁李》教学中充分利用多媒体教学资源，发挥骨干教师的示范辐射作用。这次活动，城区骨干教师到课堂上、师生中，了解农村学校在课改中存在的问题，解决教师课改中的困惑。改变了过去的教研指导方式，将教研重心下移，面向乡村。整个活动中，调研、教研与教师培训相结合，发挥骨干教师传、帮、带作用，极大地提高了教研工作的实效性，有效促进送教和受教教师教学能力的不断提高，推动课堂教学改革，"订单式"教研活动效果显著。

三、工作成效

课后巴燕中心学校的语文老师们很激动，他们说："平时上课学生都不爱回答问题，老师从头讲到尾，课堂气氛很沉闷，我们总爱找学生的原因。今天听了王老师的课，明白了还要从自身找问题，要不断提升自己的专业

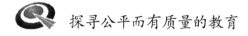

素养。"授课结束后送课教师针对乡村校语文教学中的困惑，做了具体的指导和解答，多角度、全方位为教师充电。

四、实践反思

"师指一条路，烛照万里程"，实践证明"订单式"教研活动引领，是提高偏远地区教师专业化水平的最便捷、最迅速、最有效的培训方式之一。它既有宏观视野，又有微观的解读，更有直观的案例呈现；既指出了我们教学中存在的问题，又为今后的工作指明了方向。

信息技术助推教学集团共发展

西宁市青藏教育集团通过对大通县青山乡中心学校从校情、教情、学情、学校需求、教师需求、学校硬件、软件等方面进行充分调研，在调研的基础上基本了解学校情况，集团各部门根据调研信息开展相对应的帮扶、指导、交流、分享的工作。为提高集团乡村校教育教学质量，从教研教学方面开展了"信息技术助推高效课堂""同测同评""携手工程"等教研教学实践活动。

一、背景介绍

在西宁市启动实施城乡义务教育集团化办学改革的大背景下，青藏铁路花园学校被确定为青藏教育集团的牵头学校，作为集团总校，我们身肩重任，经过三校间的多次会议，各部门的交流探讨，在做了充分的前期准备工作后，2017年10月与大通青山中心学校、西宁市晓泉小学组成的青藏教育集团正式揭牌成立，以此拉开了校际间各层面的沟通、交流、合作、共同发展的序幕。

二、主要做法

教学研究是合作中的重要一环。集团总校近些年进行了一些"信息技术助推高效课堂"的探索实践，并通过在城区实验班中实践、改进的基础上在学校中学部进行推广。在集团成立后，借这个机会，我们也在集团成员校大通青山乡中心学校中进行此教学模式的尝试。

通过不定时的现场、网络、远程录播教研活动；示范课、交流展示课、订单式送教，短期支教、长期支教、携手工程等多种形式将基本成型的教学模式带给大通青山乡中心学校的老师和同学们。在教育信息技术支撑下的新颖、开放、以学生为主体、鼓励竞争的高效学习模式吸引了大家，拓宽了教师的教学视野，给课堂注入了活力，提高了学生的学习兴趣、学习主动性和学习成绩。

新模式的实践不仅是教学形式的改变，更是实际效果的变化。"信息技术支撑下的高效课堂"将传统的教学模式慢慢转变成把课堂教给学生，让学生成为课堂的主人。在新的教学理念的驱使下，教学模式注重小组的建设和课堂评价以及学生为主体的地位，所以我们的教研活动以这些元素为出发点，不断的交流、探索、实践，逐步建立相对完整的、有集团校特点的、结合师生实际的教学模式。教研教学的成效在校际间"同测同评"教学成绩的不断提升中显现，在学生学习能力和老师的教育教学能力中显现。

秉承"授之以鱼不若授之以渔"的集团办学理念，集团持续开展的一系列工作是有效的。

"输血"拓宽了老师们的视野，激发了老师们的实践力，引领了教师的发展；"造血"更是学校和教师发展的持久动力。在集团总校的带领下，青山乡中心学校有了长足的进步，在"信息技术支撑高效课堂"教学模式下形成了自己的"三关注两反思"教学策略，结合"大通好课堂"改进、完善了自己的教育教学。在全县的统一考试中，七八九年级的各科成绩都进入大通县前10名，政治、历史、地理学科排在前五名、第一名；老师们也能在各级各类的教育教学比赛中脱颖而出，各级各类课题研究也有多项立项、结题。

通过"信息技术助推高效课堂"的实践，建立了"高效课堂""同测同评""大数据成绩分析"三维模式。在模式的驱动下，开展线上线下教研教学活动，"携手工程"活动；示范课、交流课、展示课、定单式送教、录播互动课、携手沙龙是常态。青山乡中心学校的老师们认真听课、努力学习、改变教育理念，经过几年的实践，集团校学生和老师都有了不同程度的发展。

信息技术的高效课堂中，我们注重课前的自主预习、课中的互动教学、课后的检测巩固。青山乡中心学校教研根据学校网络教学硬件不足的现状运用了"101教育PPT"资源教学平台。利用此平台资源，结合北京四中网校自主学习平台来完成教学，提高教育教学水平和成绩。

三、取得成效

（一）学生的发展

1.学生学习积极性提高了，有了"我要学而不是要我学"的意识，学习的过程变得有趣而让人期待。学生期待着发表自己的观点看法、期待着闯关为小组争光，期待着帮同学解决疑难，课堂成了学生的主场，自然热情高涨。在分点式、翻转课堂中小组学习是最重要的一部分，目前的小组建设也达到了实验之初的目标，学生以小组为荣，以班级为荣的信念比较坚定，小组中、小组间都形成了互帮互助、互相竞争的局面。通过课堂点拨、个性问题单独辅导、交流汇报，学生获得学习过程的最大效益。

2.学生不再是被动的接受者，而是主动的学习者，是课堂的主体，是学习的主人。翻转课堂中，学生在小组互帮互助中又变身小老师，将所学讲给同学。他们用自己的方式交流，使讲解更平等，更易于接受。学生在小组学习中，不但巩固了自己的知识，而且还充分发挥了小组合作的效能，帮助同学解决了疑难问题，整个学习过程中学生更有主动性、责任感和成就感。在分点式课堂中，各个教学环节深入渗透分层教学方法，使后进生得到转化，中等生得到良化，上等生得到优化，进而全面提高教学质量，最大限度地发挥学生的潜能，从而提高学生的整体水平。

3.青藏铁路花园学校从2015年7月正式运用"心意答阅卷成绩分析系统"对每次考试从年级和班级两个角度九个维度进行成绩分析。集团校成立以来，青山乡中心学校的期中统考也纳入集团总校的考试中，进行全科的"同测同评"。

利用大数据平台根据多维度科学的"成绩分析"，精准指导教学行为，青山乡中心学校的学科成绩螺旋式上升。成绩的取得有集团总校的帮扶指导，也有青山乡中心学校全体任课教师的辛勤付出、学生的努力。集团总校的教育教学成绩也有了稳步的提升。

（二）教师的成长

1. 在教育教学过程中，任课教师从传统中汲取营养运用到先进模式的课堂中，从教学理念、教学方法、教学模式等方面的得到转变。

2. 教学过程中，充分运用平台资源，指导青山中心学校进行没有"平板"的高效课堂教学，利用晚自习指导学生观看平台微课资源，完成自主学习任务。先学后教，解决重难点；反馈学情，调整课堂教学。老师不再满堂讲解知识，更多的责任是去分析学生的问题和引导学生去运用知识解决问题。信任学生，敢于放手、乐于放手，把课堂交给学生，形成了生生合作、师生合作的良好学习模式。

3. 教师在课堂上从主演变换为导演，更多地去关注学生获取知识的效果和能力。课堂中每一个问题的提出都要经过深思，有启发性和引导性。让学生在老师的引导下，在问题和任务的驱动下主动地、高效地学习。

4. 通过科学精准的基于信息技术大数据的多维度的"成绩分析"，不但指导了老师的教学，也激发出了老师们提升自身教育教学水平的热情，不断地去学习先进的教育教学理念、教学方法、努力提升教学水平，在备课、微课录制、教学互动等方面进行了课堂实践。

师生有了变化，一切发展向好，集团校在交流学习中实践，在实践中反思，在反思中改进，在改进中再学习。我们的课堂教学一定能真正高效，集团办学也能朝着健康有序的方向前进。

四、实践反思

集团化办学任重而道远，教研教学只是助力城乡学校发展的一个方面，我们还需要从学校工作的各个方面共同发力才能保证教研教学活动顺利有效地开展，提升学校的整体水平。

在推行以上教学模式的过程中，有让人喜悦的成绩，但也存在一些实际问题：

（一）年龄结构不合理、教研热情偏低

青山乡中心学校教师年龄结构青年教师占比低，各项工作实施开展难度稍大，我们作为集团总校要结合青山乡中心学校的实际，思考如何提高教师积极性的策略，用更易于教师接受、更有成效的方法，提高教师积极性，提升活动的参与度。在推广先进的教育教学理念与方法的同时，充分发挥"携手工程"的作用，从青年教师开始不断扩展到全体教师，层层推进，引导教师从内心燃起想改变的热情。

（二）实际需求指导工作

集团总校工作方案在提升集团各校整体发展的前提下，多方考虑青山乡中心学校的实际需求。但是在学校的理念、工作方式等方面还是存在有差异，所以接下来要制定管理干部交流机制，更深层地了解城区学校教育教学、管理等方面的信息，能更准确地发现自身问题，以便为集团办学更好地解决实际问题、提升集团综合实力打好基础。

（三）思想意识有待提高

教师的思想意思还有待提高，长期形成的工作习惯、工作方法、工作态度是不可能在短期内得以彻底地改变，因此集团应该多组织教师辐射面广泛的各类培训，开拓教师的视野、最大限度地提高教师改变的意识和提升教育教学新理念。听别人说、看、学别人做，不如自己的亲身体验，这样也能提高教师的行动力，格物致知。

"五位一体"教研模式保障教研成效

一、背景介绍

西宁市第二十一中学教育集团以提高教学质量为目标,以"研究、指导、管理、服务"为宗旨,以创新求发展,向管理要质量,结合集团实际,深入开展教学研究,确立了"五位一体"多角度,全方位,线上线下的教研模式。

二、主要做法

（一）以"三全教研"为出发点,积极推进教学教研常态化

"三全"团队教研模式就是将同学科教师"捆绑",成立大学科组,集体开展教研活动,实现"全员、全学科、全覆盖"。活动内容统一,要求一致,活动地点实行轮流巡回,在相互交流中促进教学能力提升、教科研水平发展。充分发挥两校骨干教师的示范辐射和指导作用,促进教师交流,实现优质教育资源共享。

（二）以"聚焦核心素养"为着眼点,探索课堂能力培养新模式

组织教师对各学科《课程标准》仔细研读,开展主题为"聚焦核心素养,培养学科能力"的系列教研活动,通过课例分析、题例讲解、课前说课、能力进课堂等多种形式,促进课堂能力目标的落实,培养学生的核心素养,打造高效课堂。

（三）以"备课组捆绑式考核"为切入点,提升备课组整体教研水平

集团校每月组织各学科教师进行说课考核,说课考核围绕着课标依据、教材分析、学情分析、教学目标、教学重难点、教学方法、教学过程、板书设计八个方面。把教师的讲课和说课纳入集团校备课组的考核中,通过

对集团内各学科备课组的考评，提升各集团学校教研水平，提高课堂教学效率和教学质量，促进教师教育教学能力的整体进步。

（四）以"互联网+"为支撑点，提高课堂效率

一是利用远程录播设备，开展线上教研活动，打破空间和时间的限制，保证教研的及时性和互动性。二是利用"多彩智育学校综合管理平台"，教师从题目难度、知识点、能力要求、思维方法、思维品质这几个方面设置每道题目的参数，把测试题和学习任务发给学生，当学生在一段时间内完成学习任务时，大数据系统给出学生在知识、能力、思维方法和思维品质方面的综合评价报告。管理系统能够依据学生知识点的掌握情况，分析学生学习中存在的问题，给教师以教学参考，教师根据参考，有的放矢的科学教学，提高课堂效率。

（五）以"学科诊断，高效课堂"为落脚点，提升教学教研高效化

集团校开展诊断式课堂教研活动。在斜沟乡中心学校举办了"依托课例寻问题，借助教研促提升"为主题的"美的"课例展示，所有参与听课的教师都能做到认真听课、仔细记录。课后进行了说课、评课活动，特别是在"如何落实课标和目标达成"这个问题上做了深入的探讨。在这交流活动中，老师们就如何进行学科教学畅所欲言，大家收获多多。集团校每学期都会组织所有学科开展送教活动，为城乡学校教师间搭建了良好的交流学习互动平台，有效推动了斜沟乡中心学校的教学改革的进程，为传递新的教学理念、掌握新的教学方法奠定了基础，真正起到了示范引领作用。

西宁市第二十一中学教育集团
"三全团队式"教研模式探索

有效的教研组学习和研究活动能使教师相互协作、取长补短，从而提高自身的学习能力和工作水平。在教研活动中达成经验分享、智慧共享、资源同享、同伴互助、良性竞争等总体目标，这是有效促进教师专业成长的重要途径。为深入推进素质教育改革、缩小城乡差距、实现教育公平的需要，西宁市二十一中学教育集团开展了"三全团队式"教研模式探索。

一、"三全团队式"教研模式的内涵

"三全团队式"教研模式就是将同学科教师"捆绑"，成立大学科组，集体开展教研活动，实现"全员、全学科、全覆盖"。活动内容统一，要求一致，活动地点实行轮流巡回。集团校每周定期开展大教研活动，真正把校内外学习生活、资源共享等方面融合到一起，有力地推动教学教研共同体建设。交流活动促进了乡村教师教学能力提升、教科研水平发展，充分发挥了两校骨干教师的示范辐射和指导作用，实现优质教育资源共享。

二、"三全团队式"教研模式的特点

（一）目标共同性

"三全团队式"教研模式下的教研组应该是学习型的组织，成员之间具有相同的学习目标，即按照校本教研总体要求，确立教研组有计划有系统地共同研讨的主题与内容，集团校开展了以"聚焦学科素养，培养核心能力"的主题教研活动。

（二）智慧共享性

学习智慧既包括教研组成员个体的学习能力和教育教学能力，也包括整个教研组学习的合作性、健全的学习机制和复杂问题的解决能力。"三全团队式"教研模式下的教研组的组织者要善于引导和发挥教研组的有效合作机制，克服教师个体固有的思维定式，促进超越个体本位的群体智慧的形成。

（三）过程协同性

"三全团队式"教研模式下，教研组内应形成良好的团队协作精神与和谐的团队气氛。在这种氛围中，教研活动的过程就是每位教师把自己的经验与学到的新知识、新技能充分表达出来的过程，更是享受团队的经验、资源和智慧的过程。

三、"三全团队式"教研模式的组织形式

（一）"师徒结对"是"三全团队式"传统的合作模式

组内骨干老师有责任和义务与新教师结对，开展"传、帮、带"活动。在老教师的正确引领和帮助下，新教师得以快速地成长，并形成教研组良性的"梯队建设"机制和"合作学习"氛围。

（二）专题合作小组是"三全团队式"新颖的合作模式

专题合作小组就某个具体的学习内容或者研究项目进行小组教研。集团校在各年级各学科备课组长的带领下与斜沟乡中心学校的教师集体教研，对各学科《课程标准》和《考试大纲》进行仔细研读，共筛选出 27 种能力作为学科能力培养的重点。通过课例分析、题例讲解、课前说课、能力进课堂等多种形式，促进课堂能力目标的落实，培养学生的核心素养，打造高效课堂。

四、"三全团队式"教研模式的考核形式是备课组捆绑式考核

为了夯实教师专业理论功底，提高教师将知识融入教学、将教学过程融入课程建设的能力，根据两校实际，在制定的《西宁第二十一中学教育集团备课组考核办法》的基础上，再次制定了《西宁市二十一中教育集团备课组（教师）业务考核工作方案》，把教师的讲课和说课纳入集团校备课组的考核中。集团校每月都会组织各学科教师进行说课考核。说课考核围绕着课标依据、教材分析、学情分析、教学目标、教学重难点、教学方法、

教学过程、板书设计八个方面。斜沟教师全学科参加了以说课为主要形式的考核，大家积极研讨和答辩。这不仅仅是考核，更是集团校教研主题在两校教师中的深入和两校备课组凝聚力的提升。通过备课组考核制度，进行"捆绑式"评价，加强过程型考核评价，通过对集团内各学科备课组的考评，提升各集团学校教研水平，提高课堂教学效率和教学质量，促进教师教育教学能力的整体进步。

扎实有效的教研活动，提高了集团校的教育教学质量，提升了教师们的业务水平，促进了学生全面发展，实现了城乡优质资源共享。西宁市第二十一中学教育集团将"不忘初心、牢记使命"，办好人民满意的教育，努力用"奋进之笔"书写二十一中学教育集团的新篇章。

挖掘本土资源　培育美好情怀

一、背景介绍

为全面贯彻落实习近平新时代中国特色社会主义思想，深入贯彻党的十九大精神、全国教育大会精神，全面落实立德树人的根本任务，完善义务教育课程体系建设，校本课程开发是基础教育课程改革的基本内容之一，也是学校层面实施素质教育的一个新的焦点。通过校本课程开发，发展学生兴趣，形成学生特长，培养多种人才，促使学校、教师、学生共同成长。

大通教育集团校现有126名教师，大专与本科以上学历超过97%，省、市、县、校级骨干教师有36名，校本课程开发的人力资源较为雄厚。学校社团自1997年开设美术、舞蹈以来，逐年加入时代元素，现今有42个涵盖品德与健康类、语言与阅读类、科学与技术类、艺术与审美类四大类28个校级社团和14个年级社团。截至目前，各类社团活动产生了大量的课程资源，为开发服务社团活动的校本课程提供了可能和保障。

二、主要做法

（一）制度引领，保障护驾

学校设立以校长为组长，教务处成员、教研组长和任课教师为组员的课程开发小组。开发小组是校本课程开发实施的管理决策及实施机构，负责制订校本课程开发的方案和具体实施计划，制订和完善各项规章制度，审议校本课程开发过程中的决策，组织、协调制定《校本课程开发与实施方案》，指导校本课程的开发和具体实施，编著和初审校本教材。校长宏观调控学校校本课程开发及指导；教务处全面负责校本课程的教研管理及教材编写指导和组织协调工作；各教研组确定校本课程的内容、设计与实施。

（二）有序实施，有机融合

学校从各年级孩子的特点和成长需要出发，挖掘和利用现有的课程资源，发扬学校的优秀传统，结合当地的社会资源、学校资源和家庭资源，构建创新、人文、自主的《通达教育校本课程》，共分四大块：

1. 德育课程。结合学校"'明德笃行'阳光好少年争章活动"，构建全面育人体系。内容涵盖习惯教育、"四德"教育、理想信念教育、民族精神教育，具体有"明德笃行"争章、研学活动、梦想课。结合学生的心理特点，开发包含生命教育、心理健康教育等课程。

2. 人文课程。以"认识我的家乡""我爱我的家乡""家乡的风景名胜""家乡的历史文化""家乡的民俗风情""家乡的英雄人物和历史变迁"六个版块来分化、衍生出一系列以"幸福大通我的家"为主题的校本课程。推进国学经典课程的开发，通过诵读古诗词，让学生从国学经典中得到道德熏陶；同时进行书法、阅读与写作、演讲与主持、英语趣学 talk 等课程。

3. 体育、美育课程。在全校开展足球、啦啦操、功夫扇、太极剑、键球体育课程和剪纸、手国画、素描、陶艺、手工、花儿、舞蹈、合唱、鼓号等美育课程。

4. 科技课程。从低年级起开发以加强动手操作及创新能力的手工及科技小制作的校本课程。

（三）参与实践，落到实处

学校校本课程开发实施领导小组根据科学性、可行性等标准对教研组提交的《校本课程开发申报表》进行审定，审核通过的校本课程由教务处列入校本课程实施计划，在每周"快乐星期三"社团活动的时间全校实施校本课程，并在课程安排表上公布授课教师及活动地点。授课教师根据学校安排精心备课，认真上课，并根据实际情况在指定地点组织开展教学活动，及时完善课程内容，调整教学方式。学生根据教师的要求积极参与学习活动，认真完成学习任务。每一专题学习结束后，教师要对学生进行考核，学生采用手抄报、小报告、作品展示、竞赛等多种方式呈现学习成果。教务处负责监督校本课程实施，包括备课、授课、课后反思等，并将建议意见汇总后作为下一轮校本课程开设的经验材料和决策依据。

三、取得成效

集团学校"通达教育"校本课程的开发与实施，充分肯定了学生活动方式和提升问题解决能力策略的多样性，鼓励了学生自我评价与同伴间的合作交流。学生的价值体现、责任担当、问题解决、创意物化等方面的意识和能力得到一定程度的培养，提高了教师的教学研究能力、课程开发水平和教材编写能力，进一步发展了学校内涵，提高了教师整体教学水平，为学校培植办学特色创造了条件。

（一）必修课（年级）

一、二年级《巧巧手》（2018年西宁市教科院审读通过）；一至六年级《幸福大通我的家》（2019年西宁市教科院审读通过）。《幸福大通我的家》校本教材在使用中不断地修订，将原来《幸福大通我的家》的一本的单元内容进行分解、扩充和整合，扩编为《幸福大通我的家》系列校本教材六本，每个年级一本，分别是：一年级《小小的我》、二年级《我的幸福成长》、三年级《多姿多彩的家乡》、四年级《历史悠久的家乡》、五年级《家乡丰富的非物质文化遗产》、六年级《前进中的家乡》。新增的内容使得原有教材内容素材更为丰富，单元主题更为明确，内容较为完整，一至六年级教学内容梯度更为明晰，突出体现了《幸福大通我的家》教材的系统性。

（二）选修课（校级）

足球（2019年申报审定）、花儿学唱（2019年申报审定）、奔跑定向、奔跑测向、乒乓球、羽毛球、排球、篮球、键子、功夫扇、线描画、创意儿童画、创意美术、儿童画、折纸、书法、葫芦丝、啦啦操、民族舞、剪纸、儿歌演唱、科技乐园、电脑绘画、机器人、魔方、陶土制作、古诗文诵读、英语儿童情景剧、单词大比拼、电台摄影、电台剪辑、主持人等校本教材在积极编辑过程中。

（三）立足区域实际

挖掘本土资源，拓宽老师、学生视野，关注时事，关注身边的人、物、景、事，激发师生朴素的爱国家、爱人民、爱家乡、爱社会、爱家园的思想，从小培育感恩祖国、感恩父母、感恩社会的美好情怀。

四、实践反思

（一）个别学校毕业年级课程实施不到位，课程设置偏科现象依然存在

小学重语、数、外现象严重，在课程设置中语、数、外普遍有超标现象，中学重语、数、外、理、化、生，轻音、体、美等现象较严重，有的学校为了中考，九年级没有开设校本课程。学生普遍喜欢美术、音乐等艺术类课程和体育、校本、综合实践等活动类课程；不喜欢主课太密集，感觉枯燥、压力大。

（二）任课教师不能固定化和专业化

由于学校教师缺编，校本课程基本由其他学科教师代兼，由于缺乏安全性，所以只能做一些简单的知识讲授和基本操作，无法进行深度的专题活动，授课内容随意性较大。

（三）缺乏理念统领下的校本课程实施及评价体系

学校还缺乏一个全面、系统、科学的校本课程建构和统领体系，只是以点状的形式在进行，这是需要迫切思考和解决的问题。

（四）建立专家引领，同伴互助的研修机制。

学通过走出去、请进来等途径，促进教师成长，转变理念，提升执教能力。通过组织基于本地的典型案例经验交流研讨会等研修形式，在做中学、学中做，促进校本课程实施的效益最大化。

蒲公英行动帮扶助推教育脱贫

　　西宁市城东区教育局根据《西宁市城乡教育集团化办学改革三年行动计划（2020—2022）》文件精神，特别是习近平总书记关于"高度重视农村义务教育，推动城乡义务教育一体化发展"的重要指示精神，互融带动乡村教师队伍建设，创设优质教师培优平台。多年来，城东区教育局结合大通县青山乡、良教乡乡村学校教师成长发展实际，致力乡村教师队伍培优工作，一直在思考和实践如何凝心聚力提升师资队伍建设，如何打造一支"求实、善教、博爱、奉献"的有品质教师队伍，不断在探索中实践、实践中探索，形成了一套促进师资成长、优化帮带转化的方法，切实将"补短板、强弱项、提质量"的集团化办学改革任务落到实处。

一、背景介绍

　　为深入贯彻习近平总书记关于扶贫工作的重要论述和省、市委关于脱贫攻坚工作的决策部署精神，城东区教育局立足教育岗位实际，着眼于城乡教育均衡与公平发展的高站位，围绕"九统一"主要任务，坚持问题导向，认真履行教育行政部门主体责任，举全区之力推动教育集团各项工作稳步高效建设，在集团校常规帮扶的基础上，以教学教研为主抓手，以"蒲公英行动"为活动主题，充分利用全区的优质资源为教育集团乡村学校提供"订单式专业团队服务"，进一步探索"四互四共"集团办学运行模式有效途径与措施。2018年至今，成功开展帮扶活动20余项，全力推进城乡义务教育一体化建设，助推教育脱贫攻坚，取得了良好的建设成果。

二、主要做法

（一）实地考察，调研需求

集团化办学是市教育局促进全市教育均衡发展的有力举措。为认真履行教育行政部门的主体责任，举全区之力推动教育集团各项工作稳步高效建设，2018 年 4 月，城东区教育局局长两次带队来到集团化办学联点学校——大通青山乡中心学校和良教乡中心小学进行帮扶需求调研，结合城东区优势资源，经研究，决定以教学教研为抓手，以"蒲公英行动"为主题，在集团校常规帮扶的基础上，充分利用全区的优质资源为两所学校实施更加专业的帮扶。

（二）呈现资源，接受订单

2018 年 5 月，城东区召开集团校联议会，商讨制定《西宁市城东区教育局集团化办学订单式专业团队服务工作实施方案》。在会上，城东区教育局郑重承诺：在集团校常规帮扶的基础上，良教乡中心小学和青山乡中心学校就如区属十八所小学一样，同样可以享受最优质的"订单式教研服务"，教师队伍建设需要什么，我们就"专业团队打包上门服务什么"。城东区教研室主任详细介绍了东区"12345+N"特色教研模式，着重就其中的"三大示范引领平台"的建设成果及经探索实践行之有效的四种高效培训模式、四种高效课堂模式做了具体阐述。介绍刚结束，青山乡中心学校西山分校的张校长便迫不及待地预定了"音乐学科带头人工作坊"的团队服务。他希望城东区优秀的音乐老师来学校教会孩子们唱国歌，唱出对祖国的感恩之情；帮助训练一支专业的鼓号队，敲出山区学校的精气神。良教乡中心学校也迫不及待邀请吴正宪工作站青海分站的老师去学校指导教学……经深度探讨，语文、数学、英语、音乐、体育学科团队接到了帮扶任务。

（三）精准帮扶，携手成长

根据《西宁市城东区教育局集团化办学订单式专业团队服务工作实施方案》，语文、数学、英语、音乐、体育五大学科工作坊按计划对青山乡中心学校和良教乡中心小学对应学科进行了精准帮扶。

语文学科带头人工作坊以"给老师留得下的教学方法，给学生带得走的语文能力"为帮扶目标，带着"生活语文"理念，把城东区语文教研最新的研修成果带到了集团化学校，和大通的老师们一起就"统编版三年级语文课堂语文要素的落实、语文课堂如何关注学生的真实表达评课议课、语言拓展实践活动的设计"的话题通过同课异构、座谈交流、上展示课等形式进行了深度的交流，提出"关注语文要素，落实语言训练，将语文知识转化为语言能力"的教学目标，为青山、良教两校的语文教师带来了新的思考。工作坊团队展示的学生语言拓展实践活动课——"童年遇见最美的诗"深受学生欢迎，孩子们在老师的引导下自信表达，充分感受母语的美好，展现出乡村孩子学习语言的积极性和无限潜能。

吴正宪工作站青海分站是以城东区教研室为依托，全国名师吴正宪老师为首席专家，汇集全区优秀教育人才组成的一支数学专业团队，致力于引领城东区数学教师专业发展。团队基于问题订单，通过创新培训模式，以"换位体验式"教研活动引导教师模拟学生回归课堂教学，通过实际体验，将"温暖数学"理念植入教师心中；基于网络平台，开展教研直播，工作站实现了 cctalk 随时服务，实现西宁、大通两地的老师语音、视频同步，乡村教师可随时与工作站老师互动交流、答疑解惑。在送教的过程中，工作站全体人员秉承每一次活动都要让大通的老师有所收获的目标，每一次活动都用心设计，每一次送教都真情实意。他们踏实专注的精神和对教育教学的专业引领得到了乡村学校的认可。

英语学科带头人工作坊以"心手相牵跨山水，多维互动话成长"为主旨，先后开展了两次"蒲公英行动"小学英语教研主题专项活动。活动以当地教材版本为抓手，开展以"共商主题——分头研学——你讲我评——评后示范——再讲完善"为环节的卷入式教研活动，步步跟进，在反复的实践与探讨后达成共识：一堂课的设计要基于学情，应把握课程标准、深挖教材、巧设每一个教学环节，达到培养学生英语素养的目的。在课堂教学之外，还开展了教研员专题讲座、教师英文美文诵读赏析、学生英语趣配音等活动，多措并举、多维互动，实现了城乡教师的共同成长。

体育学科带头人工作坊为了进一步带动薄弱地区体育课堂教学和教研活动的组织开展，加强教学实践研究，优化教学过程，夯实教学基本功。团队以"抓常规、搞教研、促学习、共成长"为主题进行了体育教学常规队形队列训练、小轮换大循环的学生体育活动体验、同课异构教研等丰富多彩的师生活动；软式器材、啦啦操、武术、足球、篮球、快乐垫上技巧等活动让从未深度体验过的乡村孩子们"玩"得乐不思蜀，充分体现了"玩中学，学中玩"的体育课堂魅力。良教中心学校的马老师发自肺腑地说到：这种接地气的教研活动对自己的教学教研能力帮助很大，教研团队的力量是无穷的啊！

音乐学科带头人工作坊的送教，让山区的孩子真切地感受到了音乐之美、艺术之美。工作坊的17位音乐老师带着心爱的乐器和美妙的歌声，从课堂到操场，从学习到表演，让山村的孩子享受着一场场音乐的盛宴。老师们一边介绍萨克斯、二胡、竹笛、提琴、古筝等乐器的材质和历史，一边用美妙的乐曲让孩子们感受它们的音色，以前只有城里孩子在音乐厅才能看到的"音乐大师课"就这样搬到了乡村校园。就如西宁市教育局集团化办学办公室的顾之芸老师所说："虽然孩子们的表演还显稚嫩青涩，但这次活动对孩子们的影响一定是一生的。"

四互四共同发展　锲而不舍筑梦想

西宁市城中区教育局根据西宁市教育局城乡教育集团化办学改革工作精神和相关要求，围绕《西宁市城中区集团化办学教育教学工作计划》，结合"湟中县教育重点工作方案"探索提升集团化办学教育教学工作路径与方法，同步提高乡村教师教育教学能力，帮扶农村地区教育教学工作发展，不断提升集团乡村学校教育教学质量。

一、背景介绍

2016年西宁市启动实施城乡义务教育集团化办学改革，按照"以城带乡、以优带潜"的形式，改进乡村学校管理、加强师资力量、整合教育资源、培育校园文化，促进城乡教育均衡化、一体化发展。

按照西宁市教育局有关对口帮扶工作的精神和要求，西宁市城中区北大街小学、西关街小学、南大街小学三所学校分别承担了湟中县海子沟乡中心学校、大才乡中心学校、土门关乡中心学校对口帮扶工作。在前期集团化办学工作学校校情评估基础上，我们发现教学理念陈旧、教学方法滞后、教师梯队老龄化是制约几所乡村学校教育教学良性发展的主要问题。

为认真贯彻落实习近平新时代中国特色社会主义思想，特别是习近平总书记关于"高度重视农村义务教育，推动城乡义务教育一体化发展"的重要指示精神，不断探索西宁市城乡教育一体化发展有效途径及方法，西宁市城中区教育局研究决定，以"支教帮扶""跟岗研修""主题研讨""分级指导"的方式谋求区域与集团化学校同发展，进一步革新乡村教师的教学理念，促进他们掌握有效的教学方法，提升乡村教师的教育教学水平，锲而不舍地共筑同步、均衡发展教育梦想。

二、主要做法及成效

（一）案例1：支教帮扶

1. 案例模式

西宁市城中区教育局结合教育集团化工作计划，采取"骨干＋引领"的模式，每学年都会安排北大街小学、南大街小学、西关街小学的骨干教师赴三所中心校开展支教帮扶工作。

2. 案例成效

（1）承担教育教学任务，改善教学生态

近几年支教的骨干教师不仅承担了语、数、英、音、体、美、科学多个学科正常的教育教学工作，而且还带动学校教育教学工作良性发展。

实例：湟中县土门关中心学校教学生态良性发展

南大街小学白璟琦老师在支教期间，爱岗敬业，结合自己对语文整本书阅读教学的理解与实践经验，引领土门关学校语文教师开展整本书教学研究与实践。从"图画书阅读"到"整本书阅读"，白老师用自己的教育热情感染、激发土门关学校教师将更多的阅读资源推荐给学生，开拓了学生学习视野，激发了学生学习语文的兴趣，促进了学校语文教学良性发展。

（2）参与教学管理，规范、细化常规管理制度

实例：湟中县海子沟乡中心学校教学管理逐步走向科学化、规范化。

北大街小学姜英副校长在海子沟中心学校支教期间，参与了学校管理工作。细化了学校教学常规管理制度，从备课、上课、听课等方面制定了规范性制度。

（3）引领教学研究，开启教学探索，推动教学改革

实例：湟中县海子沟乡中心学校开启"以生为本"教学探索

在北大街小学"三案导学"教学研究的基础上，北大街小学夏海莲副校长引领海子沟中心校教师积极探索"以生为本"的课堂研究。从"教学目标的制定"、"教学策略的选择"、"学生小组合作学习构建"等角度开展专题教学研究，细化"生本"课堂各个教学环节，逐步实施课堂教学改革。

（4）"1+x"带教模式，促教师成长

实例：支教教师在支教过程中，充分发挥了示范、引领、带动的作用。北大街小学姜英老师、南大街小学白璟琦老师、西关街小学田生菊老师先后被评为"优秀支教教师"，并以"1+x"的师徒结对形式，形成了长期带动集团化学校教育教学的帮扶模式。

（二）案例2：跟岗研修

1.案例模式

城中区教育局高度重视跟岗研修工作，结合区域教育教学工作将跟岗教师研培、实践工作纳进工作日程，采用"计划＋实施＋追踪"的形式全方位监控、落实。

2.案例成效

（1）按需跟培，提升跟岗研修工作的实效性

实例：对跟岗教师进行需求调查，并结合每位跟岗教师所在学校及个人需求，为每位跟岗教师制定个人日修安排表，并按相对应的学科和兼职工作与学校中层领导及骨干教师结对，真正达到跟岗研修工作的实效性。

在跟岗研修过程中，跟岗教师不仅更新了传统的教育观念，掌握了科学的教育新理念，而且教育教学能力和实践水平有了明显的提升。

（2）岗位练兵，以赛促发展

实例：城中区教学研究室每学年都会组织跟岗教师开展"跟岗教师岗位大练兵活动"。活动中聘请区域教研员及骨干教师参与评审，并结合课堂教学展示、学科专项技能、粉笔字展示、赛后交流研讨等环节渗透教学理念，共享教学方法，不断夯实跟岗教师日常教学工作，提升跟岗教师教育教学专业素养。

（三）案例3：主题研讨

1.案例模式

城中区教育局以"共研、共享、共荣"为指导方针，充分利用区域优质教育教学资源，采用"课例＋讲座＋研讨"的方式开展主题研讨，提升

集团学校教育教学能力。

2.案例成效

（1）"四同课堂"共展教育智慧，提升教学能力

实例：城中区教育局结合区域"四同课堂"教学研究模式，积极组织集团学校参与活动，利用"同备课""同上课""同教研""同反思"的共研、共学方式，带动集团学校在教学理念更新、教学方法优化、教材解读深化等方面同步发展。

（2）专题培训、研讨，聚焦教学重难点

实例：围绕教育教学能力提升，城中区教育局细化教研活动安排，每月定期开展专题培训及研讨活动，分级、分类攻破教学难点。比如："统编三科教材解读与教学建议培训""音乐课堂教学模式"研讨等。

（3）专家引领，解疑教学困惑关键点

实例：城中区教育局结合教育教学活动聘请国家、省、市级专家指导和提升教学理念，优化教学方法。如：为全面贯彻习近平总书记在学校思想政治理论课教师座谈会讲话中提出的"八个相统一"育人遵循，落实省委书记王建军同志2020年4月8日在青海大学调研工作中强调的思想政治理论课教学要体现"五个真"的精神，充分发挥小学道德与法治课程育人作用，不断提升小学道德与法治课堂教学效果，聘请西宁市教育科学研究院小学道德与法治教研员方海霞老师从学科性质，学科教学方法等方面做了具体的指导。

（四）案例4：资源共享

1.案例模式

城中区教育局采用"同评同测"共享监测、检测资源，共建科学、规范、有效的评价体系。

2.案例成效

单项监测，查缺补漏

实例：城中区教育局结合区域单项监测工作与集团校共享单项监测评

价体系，并由城中区教学研究室牵头对集团化办学三所中心校开展了单项监测评价分析。从知识、技能、方法等角度指导集团学校教师优化教育教学工作。

三、实践反思

（一）深入探究问题根源

集团化办学，其根本的价值追求在于促进教育优质均衡发展，让学生享受更加优质公平的教育，因此，集团化办学应克服压力与困难，增强集团化办学的"吸引力""适应力"。

（二）教师内驱力调动

目前，集团内教师柔性流动仍然是以骨干教师、青年教师为主，对于职业倦怠期的教师的教育教学理念的更新及教师流动仍然缺乏激发机制，跟岗学习教师学以致用不足，缺乏教育教学资源分享、推广和创造的能力。

（三）教学合力科学化应用

面对新的教学方式、新的学习工具、新的教学资源渠道及大数据平台等现代教育教学技术的应用及教育评价的要求，需要教师进一步从思想上突围，从技术上突围，从过程上突围，以达到教育教学的有效开展。

按照"学科对应、余缺互补"的原则，以"输血"方式解决乡村学校音、体、美和心理等教师的结构性缺员问题，选派城区优秀的专业教师下乡为学生提供专业的授课。以"造血"的方式，通过城乡教师的支教跟岗、师徒结对、名师送教、教师联培等方式，实现乡村教师全师、全科、全覆盖的专业帮带指导，为乡村学校培养打造一支"留得住"、"教得好"的教师骨干队伍。

师资队伍建设

师资帮带 交流提升

城乡交流互发展　教师专业共提升

一、背景介绍

为贯彻落实国务院、省、市政府关于统筹推进县域内城乡义务教育一体化改革发展的意见，全面推进西宁市城乡义务教育一体化均衡发展，2017年，西宁市教育局在充分调研各区县教育实际的基础上，大通县五所乡村薄弱学校分别对应城东区和城北区10所城区优质中小学校组建五个教育集团：朔北乡中心学校加入沈那中学教育集团，良教乡中心学校加入青海昆仑中学教育集团，斜沟乡中心学校加入西宁二十一中教育集团，逊让乡中心学校加入西宁十三中教育集团，青山乡中心学校加入青藏铁路花园学校教育集团。大通县域内义务教育集团化办学改革正式启动。

二、具体做法

（一）创新办学模式

为了推进大通县教育均衡发展，通过创新办学模式，比如创建教研联盟、县级集团化办学、捆绑式办学等形式，最大限度地发挥优质校的辐射引领作用，同时带动教师自然流动起来，即通过创新办学模式，整合办学资源，将优质校与薄弱校捆绑起来，带动教师交流。

（二）建立教师交流激励保障机制

在教师交流制度化、规范化的过程中，更需要通过激励措施调动教师的积极性，建立教师交流长效机制，变"要我流动"为"我要流动"。教师交流要以人为本，只有将教师流动的积极性调动起来，交流才会有成效。制定、完善县城优秀教师到农村任教或者支教的激励措施，比如在岗位设置、职称（职务）晋升、聘用考核、薪酬待遇、评优评特评先等方面实行一系列优惠政策，吸引鼓励教师到农村学校、薄弱学校去。

（三）认真规划，稳妥做好教师城乡交流实施

由教育局人事科牵头，做好详细实施计划，摸清底细，调查各教师科目、年龄等。教研室负责教学质量评估，既要考虑交流工作的有效开展，又要兼顾各学校工作的实际需要，根据规划和年度计划，做好交流教师的谈话、备案、手续办理等。同时，积极创造条件，为交流任教的教师提供成果推广、学术交流的平台。

（四）依托教育联盟，帮带延伸到高中

为了全面贯彻落实大通县教育联盟实施方案，更好地促进高中校之间联盟教研和高考备考的针对性、实效性，更好地在牵头学校的带动下，通力合作，相互帮助，群策群力，资源共享，共同提升；形成由带动校帮扶，校际合作，优势互补，师生共赢的良好备考态势。经研究决定成立由二中和朔中为龙头的高中帮扶团队。

1.围绕"大通好课堂"标准，以"新授课、习题课、复习课、讲评课"四种课例为抓手，开展高考备考课堂教学效益的提升。

2.指导学校制定从高一开始三年整体备考的大备考观，开展对帮扶学校在高考备考中存在教育教学问题的攻坚活动，形成具有实效的、操作性强的备考做法和经验。

3.组建由帮扶校牵头的大教研组和备课组，促进教研组和备课组加大高考备考的研究力度，打造具有示范引领作用的优秀教研团队。

4.开展青年教师教育教学能力和水平提升工程，制定新老教师"传帮带"、"青蓝工程"等帮扶措施，拓宽专业成长的途径，努力促进青年教师专业成长，提升高考备考能力。

5.开展高考招生制度改革后的选课走班、综合素质评价、生涯规划等研究，强化学校备考管理，促进高中学段教育教学质量的提升。

（五）保障措施

1.加强组织领导,成立相应的组织机构。为强化对帮扶校间的业务指导,

成立帮扶领导小组，以促进团队内"共享资源、协同发展"的运行模式。

2.明确工作职责,加强保障管理。各帮扶校负责帮扶规划或方案的审定，帮扶学校校长是帮扶团队工作的第一责任人，要做好各校之间的统筹协调及保障管理工作。各被帮扶校要在人员、时间、场地和设施设备等方面提供必要支持，认真组织本校教师积极参加帮扶校开展的各类教研活动和提质培训，真正使全体教师在帮扶校的引领下提升备考效益，提高高考成绩。

3.质量评估，"捆绑式"考核。教研室负责对各两个帮扶团队的评估考核，通过定期与不定期的方式对帮扶团队的教科研和备考工作进行督查评估，对带动校和被帮扶校进行"捆绑式"考核，考核结果将量化折算后计入每年的教学质量评估成绩中。

三、工作成效

近几年来，大通县教育局根据全县各学校各学科的情况进行整体把控，乡村学校推选优秀中青年教师到县城学校学习，县城学校骨干教师派到乡村学校支教。县域内交流地教师每年高达 71 人，这一举措有力地促进了城乡教师交流学习的成效，对乡村教师的专业成长和乡村学校的发展有极大的推动作用。

（一）增强学习意识

乡村学校地域偏远，条件较艰苦，教师之间的竞争和工作压力相对比较小，专业成长慢。但规模大、教师多的县城学校教师之间的竞争激烈，且压力很大，教师的学习意识也更强，专业成长得更快。乡村教师来到县城学校学习，意味着教师在各项教育教学活动中面对的竞争更多更大。教师之间你追我赶的良好氛围，会促使每一位教师形成强烈的自我提升意识，让"学习永远在路上"成为常态。县城学校积极向上的教育大环境，会让每一位来自乡村学校地教师在教育之路上有满满的收获，尤其是教学风格还没有定型的年轻教师，在这样的教育环境中学习，会成长得更快。好多乡村教师在交流学习中领悟到：唯有以敬业的态度来对待自己的工作，注重学习优秀教师的教学方法，注重经验的积累，注重借鉴与思考，才能不断提升自己的综合素质和能力，才会真正地促进自身专业发展。他们的教学理念、教学能力、教学方法、工作心态、业务素养也会悄悄地发生变化和提升，实现从不自觉到自觉，从他律到自律的转变，进而促使他们迫切地谋求自身专业化发展。

（二）提升教学技能

乡村学校教学一线地教师，首先是致力于教学技能的提升。在大部分乡村学校班级较少，同一篇课文，没有集体备课和相互听课学习的机会，也就没法和自己的教学设计做比较，只能在教学中自己揣摩、研究，专业提升慢。交流学习为乡村教师提升教学技能提供了很好的平台。一是好多县级评优课、观摩课等大型教学活动都在县城学校进行，这让乡村学校地教师有很多学习的机会；二是优秀教师的教学理念、教学设计、教学方法、教学过程、教学艺术、人格魅力等无不充满着智慧，让谋求专业发展地教师快速成长；三是"三人行，必有我师焉"。每一位优秀教师都有他们自己独特的教学风格：有的激情，有的优雅，有的朴素，有的精美，有的干练，有的艺术，有的智慧……有比较才能促进教学方式的多元化；四是教学是一门艺术，听一堂好课是学习，更是一种享受，听好课让学习教师收获着经验，感受到压力，也形成了动力，促使他们多研究，敢实践，争取像优秀教师一样优秀。也许在短时间内达不到优秀教师那样的讲课水平，但对乡村学校教师专业成长的影响是积极而深远的。

（三）提升综合素质

县城学校班级多，所以，每次有教育教学活动，各班的展示也是丰富多彩，各有特色。在班级文化评比、歌咏比赛、经典诵读、文艺汇演、体育竞赛等活动中，县城学校表现得异彩纷呈。再比如，在乡村学校，因为学校教师数量少，科研氛围不浓，发表论文的教师相对就少，投一篇论文后如果没有被采稿，教师放弃的可能性很大。申报课题进行研究的更是如此，好多教师对课题研究很陌生，即使课题已经立项也不知如何去研究。长此以往，导致教师科研意识不强，在科研上缺少执着与钻研精神。但在县城学校则大不相同，教师人数多，大家互相勉励，你追我赶，科研成果很丰硕，获奖的层次也很高，这激发教师的进取心，促使每位教师形成较强的科研意识，积极的科研行动，展示出属于每个人的精彩。在县城学校学习的教师还要经历多次的推门听课，多次安排上研讨课、汇报课等，在众多的活动中，一次次学习，一次次历练，一次次进步，让乡村教师在压力与紧张中成长着，努力着，向优秀教师靠齐。

城乡教师交流学习对乡村教师专业发展的促进作用是积极的、明显的、实实在在的。在一系列学习活动中，乡村教师的综合素质也在不断提升，良好的氛围促使他们更加用心地投入到教育中，县城教师勤勉敬业、爱心奉献、追求卓越的精神将激励和影响着他们，这些教师在返回自己的学校后，他们的所学所获也一定会有效促进乡村教师群体的专业发展。

多元帮带注重实效　倾心助力师资发展

一、依托实际补短板，灵活搭配促实效

湟中区海子沟乡海上学校本无专业信息技术老师，集团化办学以来，远程录播教室的配备和使用，互动课堂的连接，录课系统的操作到后来希沃软件的应用等都离不开信息技术方面的培训和指导。在设备不断更新，专业人员依旧缺乏的条件下，西宁一中物理专业老师带领着海上学校青年数学老师开启了一段信息技术专业的探究帮带之路。经过近两年的努力，在不断探究与实践中，海上学校教师群体层面信息技术设备的使用能力有了明显提升，青年教师在录播教室管理，录课系统操作和基础硬件设备的维修调试方面已经熟练胜任，有些教师还参加了北京四中网校种子教师的培训。

一名物理老师，一名数学老师，两在学校进行信息技术工作方面帮带共进，由此总结出：1.依托乡村学校实际，学校最缺乏的就是我们要帮带的。2.乡村学校一师兼多科现象普遍存在，教师帮带过程中，突破学科界限，灵活搭配操作性更强。3.帮带对象的选择上，尽量侧重年轻老师和主动意识较强的老师，容易达成好的效果。4.帮带工作除一对一的个体帮带，还应兼顾一对多的小组帮带或群体帮带。

二、师徒结对重过程，慢工方能出细活

海子沟乡海上学校小学部宋有春老师是目前数学老师中最年轻的一位，已经成长为海上学校小学数学教师中的领军人物，不论个人学科成绩，还是教科研工作，均能妥当胜任。而宋有春老师的专业成长，离不开北大街小学两任支教教师的指导和栽培。

2018 年 9 月至 2019 年 7 月间，北大街副校长夏海林同志赴海上学校支教，担任副校长主管小学教学工作，夏海莲同志本身是一名非常出色的小学数学老师，到海上学校后便与最年轻的宋有春老师结成青蓝帮扶的对子，师傅的有效指导和徒弟的勤奋好学使宋有春老师在学科素养和教学能力方面进步飞快，期间多次参加连片学校、集团校讲课比赛等活动，均取得不错成绩。在两学期的帮带过程中，两人互相听评课或两人共同听别的老师的课达到 40 余节，真正印证了"课堂指导是最有效的指导"这句话。

2019 年 9 月，北大街小学杨榕老师来海上学校支教，继续指导宋有春老师的学科教学工作，在前任夏海莲老师重课堂指导的基础上，杨榕老师更加注重课题研究的指导工作，对宋有春老师从实践到理论提升方面再次指导引领，帮带效果显著，如今宋永春老师已成为海上学校小学数学教师中的佼佼者，并且在"三助课堂"模式运用以及学科拓展和教研组课题研究引领方面同样做得很出色。

由此得出：一、年轻教师的成长并非一朝一夕的事，在帮带工作安排中做到长期追踪式持久帮带，对教师的个人成长效果显著。二、课堂追踪式听评课是提升教师业务能力行之有效的方式，而引领教师进行课题研究将进一步促进教师的专业发展和内涵提升。三、慢工出细活，找准帮带对象后，不宜操之过急，针对教师自身的性格特点和惯有方式，提出适合个体发展的方向和目标。

三、个体帮带促成长，群体参与强氛围

如果说上述案例是西宁一中教育集团在师资帮带过程中个体指导方面较为显著的代表，那么西宁一中教育集团长期坚持的督视导工作和网络教研工作则侧重于群体帮带氛围的营造。

走进乡村学校全面督视导工作是西宁一中教育集团在集团化办学工作方面的特色亮点。几乎每月一次的督视导工作辐射到西宁一中湟中区海子沟乡中心校下属三所学校，督视导范围涉及教育教学常规管理，师资队伍建设，师生考核评价，教科研活动，课题研究以及课堂教学实际等诸多环节。

一两次督视导也许作用有限，但长期坚持下来对一所学校不定期追踪式的督视导评价工作，一定能够产生长远的效果。这种群体参与式帮带工作重在形成一定氛围，让乡村学校的管理层面、各教研组到每一位老师心里明白，集团总校关注我们所做的各项工作，并会提出一些意见建议和要求，针对提出的问题要有一定的改进措施方法，以便在下次督视导过程中有所交代。

西宁一中教育集团各学科组网络教研的安排，同样重在群体氛围的营造，利用网络平台针对某一主题或教育教学过程中的问题展开讨论。参与一两次这样的讨论，对于教师个体来说提升效果并不明显，而活动的目的重在搭建起城乡教师广泛交流的平台，营造出一种广泛平等参与的氛围。坚持上一学期甚至一学年后就会发现，参与度较高的老师，一定会促进自身在专业学科方面多留心、多准备、多思考，网络教研过程中所提出的问题、所交流的经验会得到更多老师的赞同，而参与度不强的老师，久而久之会有失群落寞之感。

由此得出：一、集团化办学督视导工作和学科组网络教研活动都应属于群体性帮带工作的开展，且呈现出与个体帮带不同的效果。二、这类工作的开展贵在长期坚持，持续追踪式问题的发现与解决的过程，也正是缓慢进步的过程。三、督视导、网络教研等工作的开展频率不宜过高，短周期密集式的开展反而会引起老师们的逆反心理和应付性态度。阶段性开展，且长期坚持不中断，力求持续性发力所达成的效果呈现。

做幸福的同行人

青海昆仑中学教育集团城乡教师帮带有效路径与成效

百年大计、教育为本。教育大计、教师为本。邓小平同志指出："一个学校能否为社会主义建设培养合格的人才，培养德智体全面发展，有社会主义觉悟的、有文化的劳动者，关键在教师。"

的确，学校发展靠教师，教师是学校办学的主力军。一支政治思想强，业务素质过硬的师资队伍是办好学校的关键，对于学生成长、教师发展、学校发展起着至关重要的作用。

一、完善机制，增加教师队伍的宽度

（一）春雨润物、于温馨处见习惯

为提升集团校教师的归属感、幸福感，昆中教育集团党政共建，开展系列活动，既融洽了集团各校教职工之间的关系，增进了同事之间的感情，又增强了集团教职工的凝聚力。人文关怀处处营造着昆中教育集团的温馨和谐，又诠释着管理服务的内涵。

（二）孜孜不倦，于不懈时看成长

"学有良教，教有良师"，这是集团为良教乡中心学校确立的办学目标。这种以学校发展愿景建设形成的前瞻性目标文化、积极文化、合作文化蔚然成风时，教师更会坚守自己地理想，在校园里寻找自己的精神归宿，自觉促进个体的成长，享受心灵的幸福。

二、搭建平台，提升教师队伍的高度

（一）跟岗研修

根据集团化办学要求，良教乡中心学校选派骨干中青年教师赴城区学校跟岗研修。跟岗教师全面融入城区学校的教育教学生活，且指定骨干教师为帮带师傅。城区学校以两年的时间全面培养提升跟岗教师的个人业务能力，组织能力，全面了解城区学校的教学教研方式，为乡村学校培养业务骨干。短期跟岗研修则指向教学活动组织策划，突出教学问题的研讨，解决。

（二）支教帮扶

昆中教育集团总校每年选派骨干教师赴良教乡中心学校支教帮扶。支教教师不光承担教学任务，同时要突出示范作用，真正起到传、帮、带作用。

（三）挂职引领

随着集团化办学的深入，在派出支教教师的同时，城区校还选派学校副校长或中层领导到良教乡中心学校担任副校长开展挂职帮扶引领工作。挂职副校长需要从学校制度建设，文化建设及长远发展全局性工作入手，协助乡村校开展工作。

三、立足教研，挖掘教师队伍的深度

（一）创新教研模式，让教师"自动"

规范乡村校教研活动，常规教研采取大教研和小教研模式。大教研一般以学科组为单位开展校本教研活动，以"集体备课、观摩课展示、学科专业讲座"等形式开展。小教研以备课组为单位开展，以"课例研讨、主题讨论"等方式开展。教研活动详细分工，以"宜讲则讲、宜研则研、宜辅则辅"的原则全方位推动，教师在亲历教研中提升专业水准。

（二）把握课题引领，让教师"舞动"

集团校坚持以课题研究为抓手，研究、整合、共享集团优质资源。以市，区县级课题为龙头，校级小课题为载体。聚焦真问题，将课题研究与学科校本教研紧密结合起来,提升课题"研"的实效性。同时加强课题管理，让教师在实践中研究，在研究中实践，持续推动教师专业发展。

（三）融合网络教研，让教师"互动"

随着录播平台的投入使用，拉近了城乡学校之间的距离。学校通过录播平台进行备课、听课、评课、说课，实现共享讲座，教研互动。建立城乡联系群，城乡教师遇到教学上的困惑都可以在群里交流、研讨、共享、碰撞，把学习、工作、生活融为一体，借网络研修，辐射教研理念，更新教研方法，在互动中整体提升教师业务素养。

（四）联合校际教研，让教师"联动"

昆中教育集团三所学校，青海昆仑中学、杨家庄小学、大通良教乡中心学校联合开展主题教研论坛活动，通过德育共建、案例开发和集体研讨等方式，组合成名优教师团队，教师工作方式从"一人包揽"转向"众人协作"，教师的学习模式达到交流性、发现性、习得性三位一体，在互相学习，互相促进中共同提高。实现了校际联合教研的优势互补，努力使教研走出"封闭"，走向"开放"，推动集团教师专业内涵，专业能力的转型。

（五）开展帮扶结对，让教师"感动"

积极响应集团化办学帮扶要求，开启全员结对帮扶模式。昆仑中学帮扶良教乡中心学校初中部，杨家庄小学帮扶良教乡中心学校小学部。除过经费，资源支持，还开展"一帮一"帮扶模式，即"校长与校长""主任与主任""教师与教师""科室与科室"建立师徒帮带模式，开展系列教研活动。通过结对帮带，实现项目共建、管理同谋、教研同步，资源共享，实现成长蜕变。进一步拉近城乡办学差距，促进了良教乡中心学校的发展，办学条件的改善，管理层的提升，老师及学生的成长。

集团帮带　共同进步

一、背景介绍

（一）西宁七中教育集团概况

西宁七中教育集团包括省会城市西宁的优质资源校西宁市第七中学集团总校教师 182 人、学生 2523 人，西宁市城西区胜利路小学教师 93 人、学生 1426 人，西宁市城西区五四小学教师 100 人、学生 1649 人和湟源县和平乡中心学校教师 34 人、学生 270 人，湟源县东峡乡中心学校教师 35 人、学生 302 人。

（二）乡村校教师队伍现状

良好的教师队伍是一所学校永远立于不败之地的根本。城市优质学校和乡村薄弱学校的根本区别在于教师队伍的优劣，其本质原因一是区域文化的差异，包括民风民俗、教育期待、家庭素质等；二是教师长期形成的劳作方式的差异，包括劳动强度、劳动质量、劳动竞争、劳动态度等；三是教师结构的严重失衡，包括年龄结构、知识结构、学科结构等；四是教学教研活动的严重缺位，包括同学科教师少导致的缺位、教师多科代课导致的缺位、教师发展平台不足导致的缺位。造成这种状况的原因是现行的师生比（高中 13:1，初中 13.5:1，小学 16:1）严重不符合乡村学校的小规模需求，假象超编实则结构性缺编，这些问题都是制约乡村学校发展的重要因素。

二、具体做法与成效

（一）发挥优质师资的帮带作用

西宁七中教育集团按照教育局"学科对应、余缺互补"的原则施行城乡教师帮带指导工作。每学年集团城区学校都根据乡村学校实际情况部署教师帮带工作，城区学校选派优秀骨干教师赴乡村学校进行长期支教，组织优秀党员教师开展订单式送教，依托学科教研组开展学科集体教研工作，在丰富的举措下对乡村学校进行全学段、全学科的培训提升。乡村校的学科建设、课堂教学、学生管理在优质资源的帮带下稳步提升。

为了扎实做好帮带工作，经过两年多的探索，西宁七中教育集团摸索出了一套行之有效的办法。我们分层调动城市优质校的教师资源，将教师分为五类。一是长期交流支教类，每所城市优质校每年都选派两名最优秀的学科教师驻乡任教；二是结对帮扶类，根据乡村学校的需求，主要学科人人结对，签订帮扶协议，线上线下互动互助；三是互任互挂类，城市优质校中层挂职乡村校副校长，乡村校同级干部到城市优质校同岗挂职；四是专家指导类，城市优质校组织优秀教师组成专家团队，按计划对乡村校进行诊断、把脉、监测；五是远程课堂类，在社会力量支持下，西宁七中教育集团在全市率先实现了城乡同步课堂，专线专网畅通无阻，平均每学期完成远程课堂40余节。

（二）提升学科教研的帮带作用

乡村学校受规模限制，年级单班、双班普遍存在，主要学科只有1~2名教师，教与研活动无法实现。为实现教学和教研的相互支撑，集团各校边实践边探索，教学和教研方略日渐成熟。一是选骨干、促教研，分层帮扶互促进。集团城市优质校选取本校骨干教师，分为交流研修、结对帮扶、干部互挂、专家指导、远程课堂五种形式，形成了交替渗透的教学教研"网络"，日常管理协调融合，考核分类评估；二是调思路、补短板，同测同评找差距。城市优质学校和乡村学校在教学质量上存在较大差距。为掌握第一手数据用来监测教学质量，分析差距原因，集团分小学段和初中段选取语、数、外三门学科在期中和期末进行同测同评；三是建专网、同课堂，远程教学效率高。集团成员校间单靠互派数量有限地教师，很难保证教学质量的提升。为此，学校把远程同步教学教研放在优先发展方向；四是共聚力、齐研发，课题引领新动力。教学教研离不开课题的引领，集团化办学由于是五级联动（市、区、县、乡、校），行政壁垒不可避免。我们探索出了从行政推动转向课题推进的变革。冗余、协调、低效是行政推动的弊端，科学、严谨、数据、路径、印证、成果是课题研究的优势。西宁七中教育集团《城乡一体化发展背景下农村学校全面成长的实践研究》被确立为青海省"十三五"教育规划重点课题，其下有九个子课题作为支撑，共有集团校 75 名教师参加。

以点带面共谋乡村教师成长途径

一、背景介绍

西宁市第八中学教育集团成立之初，各校教研室就在探讨如何在依托教育集团，对乡村教师进行有效帮带，促进乡村教师的成长。经过两年的时间，我们进行了支教跟岗、短期研修、青蓝工程等多方面的尝试，直到2018年夏天，英语教研组在教研过程中发现，如果依照两校各有的教研活动实现有效帮带是很难实现的，将两校老师聚集到一起，做同样的事情，完成同样的目标，达到共同的目的，才能够将城市、乡村学校的教育教研进行融合，才能实现有效帮带。至此，我们开始根据乡村学校的学科实际需求情况建设名师工作室，展开了一系列以点带面，教师帮带活动。

二、工作室工作及成效

（一）贺志伟班主任名师工作室

班主任党员工作室是以党员示范引领为主要模式的。工作室以集团初中德育工作为纽带，以主题班会活动为载体，以先进的党建思想和教育理念为指导，集党建、教科研、培训和专业引领等职能于一体的学习、研究和提升的学习共同体，其目的是让党员先锋模范作用竖起来，为中青年教师打造更好的成长环境和发展空间，从而促进集团班级管理和德育质量整体水平提高。

班主任大讲坛活动是对班主任工作室一年工作的检验，也是班主任工作室在集团校的一次展示活动，也是对班主任工作室工作推进的一次督促。大讲坛活动由主题班会展示、治班小妙招、成长故事几部分构成。在每年的班主任大讲坛活动中工作室全体成员会提前确定好当年的活动主题，同时各成员提前准备，工作室内对所要展示的主题班会的教育设计会反复讨论同时在班级中不断实践、评课、修正、不断打磨；对活动中所分享的经验做法和成长故事会在工作室中将成员班主任的智慧凝练出来加以整合展示；这样一个活动的开展不仅能够将班主任们好的做法和经验凝练出来在集团校内加以推广，而且在准备活动的过程中，也使得工作室成员对自己一年的班主任工作得到总结归纳，同时也使得班主任成员能够学习到别人更优秀、更有效的做法和经验；并且也能够得到第三者的有效评论，避免闭门造车。

班主任大讲坛活动是班主任工作室大胆尝试的一项活动，虽然在活动中有很多收获，但也存在一些不足：主题班会活动中虽能够借助到家长的力量，但范围不够广泛，同时设想在往后的主题班会活动中借助一些社会力量参与其中，以达到学校、家庭、社会三位一体育人网络；班主任分享的经验有些狭隘，可尝试邀请区域内有知名度的班主任共同分享；在班主任大讲坛活动的过程中，形式可以更加多样化，如可以做情景剧阐述主题。

（二）张冬梅英语党员名师工作室

为更好地发挥集团化办学的优势，缩小城乡办学差距，西宁市第八中学教育集团于2018年4月成立了张冬梅党员名师工作室。工作室自成立以来，充分发挥党员名师的示范、引领和指导作用，深化初中英语教学改革，探索并实践结合学生特点的，行之有效的教学方式和方法，在集团内部广泛交流与沟通，共享经验与成果，取得了一定的成绩。为中青年教师打造了更好的成长环境，提供了更大的发展空间。同时，把工作室党员培养成了优秀教师，把优秀教师培养成了党员。

1.音标教学

音标是打开英语学习大门的钥匙，为了提高集团学校英语教学效果，通过调查、走访集团校中小学（土门关中学和加汝尔小学），翔实了解到农村小学阶段英语课本语音的开设以及语音教学情况。为此开展音标教学课题"城乡接合部学校音标衔接教学的研究"。每学期开学初，工作室负责人为集团校所有的英语教师进行英语音标教学培训，并给集团校七年级的同学捐赠由名师工作室编写的英语音标教学校本教材。为使音标教学落到实处，多次组织音标过关测试，举办音标竞赛活动，争取让每个学生具有独立认读音标的能力，让所有学生能够从中获益，培养学生终身学习英语的能力。

2.学生活动

党员名师工作室成立以来，每学期根据集团校学生特点策划并组织了丰富多彩的比赛活动。九年级学生的作文大赛；八年级英语讲故事比赛"我是小小演说家"；七年级学生"爱拼才会赢"音标知识竞赛；各年级单词大赛"谁是英语单词王"；"英语风采展示大赛"等活动。以赛促学，以赛促练，极大地调动和提高了集团校学生学习英语的积极性和主动性，增强了学生的自信心，并锻炼了他们的勇气和胆量。

3.大教研

名师工作室牵头组织实施了许多求真务实，接地气，接人气的"大教研"活动，"中考英语复习攻略"，"同课异构活动"等，相互交流，相互沟通，促进并提升了英语教师的教研和教学水平。打造了一个"经验互鉴，成果分享"的平台，为提升集团校英语教学水平发挥了积极作用。为了推动教育改革和学校发展，提高教师专业水平，增加与兄弟集团学校的切磋交流与学习，秉承学校"走出去、请进来、互相学习、促进发展"的原则，西宁八中教育集团与西宁市第十三中学教育集团联谊，承办了教学研讨交流活动，力求做到拓宽渠道，博采众长，尽可能提升教师专业素质。

4.青蓝工程

成功的背后是一个团结、奋进、先进的团队支持。工作室一直把培养年轻教师作为一项重要的任务常抓不懈，两年来，工作室通过青蓝工程，青年教师诊断课、汇报课以及外出学习培训等方式让青年教师快速成长起来，促进一个个年轻教师走上专业发展的快车道。"好风凭借力，扬帆正当时"，愿他们借助工作室的助力，早日成为教学能手。

（三）李燕思政名师工作室

西宁市第八中学教育集团有效发挥党组织的领导核心和政治引领作用，推动党建思政工作科学化水平不断提升，大力推进思政名师工作室建设。"名师工作室"成立以来，切实发挥党员示范引领作用，用习近平新时代中国特色社会主义思想铸魂育人，立足思政课堂，围绕思政育人主线，探索区域特色精神和文化资源融入教学科研全过程并创新课堂教学，不断增强思政课吸引力和实效性，持续开展了一系列卓有成效的教研教学活动，抓好三个一项目，带动具体措施落实工作，逐步探索工作室建设的优秀案例和成功模式：

1. 狠抓一项研究。即继续深入推进"基于立德树人下的案例教学法研究"的课题研究，按照立项要求，持续推动课题研究各项工作开展，本学期扎实有效的开展了案例展示、研讨、研磨工作。目前承担授课任务的 3 名授课教师已经完成本学期案例课堂展示活动，形成了优秀课例 7 个。完成本学期八年级三个实验班级学生"日行一善"手册 112 册，完成八年级三个实验班级的《学生成长评价》112 份。按照项目推进计划，接下来该课题仍将持续推动。

2. 推动一项评析。即开展覆盖学生和老师的时政新闻评析活动常态化开展，本学期首先组织集团校学生进行《新闻联播》观看活动，完成新闻联播感悟撰写，在此基础上在集团校内开展时政新闻评析活动，通过此项活动营造了广大师生关心国家大事，关心时政的浓厚氛围，进一步增强师生对时事政治的把控能力，综合分新能力，能够引导师生更好地了解当今社会格局。工作室将不断完善此项比赛，力争将该活动树立优秀品牌。

3. 完善一个论坛。即持续组织进行名师论坛活动，依托西宁市思政名师工作室，按照"请进来，走出去"的原则，通过专题讲座、论坛、思政沙龙等活动多渠道邀请专家进行名师讲坛，培养中青年教师充实教育理论和课程实战经验，快速提升专业能力。工作室主持人进行了"荣耀之至，时日正好——思政教育的一点思考"专题讲座，本学期还将邀请思政学科专家来校进行专题分享，通过这项活动切实发挥思政名师工作室示范引领作用，向所有学科辐射育人理念，把思想政治工作贯穿教育教学全过程，营造全员全过程全方位育人的"大思政"氛围。

三、存在的问题

1. 工作室管理制度还不够精细化；

2. 工作室成立时间较短，有成效，但还不够突出。

四、工作设想

西宁市第八中学教育集团将继续依托《乡村教师成长行动计划》的文件精神，依托名师工作室的有效帮带作用，继续打造教师培养的特色路径，促进乡村教师的整体素养快速提升。

励志修术　耕心修德

一、背景介绍

西宁市沈那中学教育集团以"加快提高农村义务教育质量"为核心，围绕"九统一"主要任务，围绕"圆大通县朔北藏族乡中心学校城乡一体化办学之梦，实现城乡教育均衡发展"目标，制定《西宁市沈那中学教育集团"格桑花圆朔计划"》。依据大通朔北以藏族学生为主体的地域特征，以格桑花每朵花有八个花瓣的形象，设计了按照"八个提升"和"八个聚焦"为具体实施措施的"格桑花圆朔计划"，按照学校各职能部门的具体分工，将"格桑花圆朔计划"的任务分解为象征四季的"励耕、雨润、吐蕊、硕果"四步计划，协调利用集团内师资教研等各类资源，扎实推进城乡义务教育集团化办学工作。

二、具体做法与成效

（一）实施"格桑花励耕计划"，促进城乡教师个人专业成长

1. 送教帮扶

以骨干教学团队包班为抓手，以"送教帮扶"为基本形式，安排城区学校经验丰富、专业理论和业务能力强的骨干教师、学科带头人等优秀人才负责城乡学校教师的"传、帮、带"培养，赴农村学校定期走教、定点带教、订单送教、定量讲学工作，建立起了"以城带乡、携手共进"地教师成长机制。发挥了优秀骨干教师的示范引领作用，增进了教师之间的交流学习，使集团各校教师及青年教师迅速成长，增强了教师团队整体师资力量。

2.师徒结对

将乡村薄弱学科教师与城区骨干教师以及薄弱学科教研组与城市优势学科教研组进行"结对",形成"师徒结对"、教研组结对的团队共进模式,将有效的教学帮带落实于日常教育教学中。

3.以赛促教

通过教师同课异构教学比赛、示范课等途径,增强教师责任感,使教师具有高尚的师德和良好的心理素质,具有精湛的教学技艺,创造性的从事教育教学工作。不断优化课堂教学,形成自己的教学风格,丰富专业知识,提升业务水平。

（二）发挥包干团队的定向帮扶作用，提升集团教育教学质量

西宁市沈那中学教育集团根据"格桑花硕果计划"制订了《西宁市沈那中学教育集团提升农村学校教育教学质量班级包干责任制行动方案》,由西宁市沈那中学和西宁市城北区朝阳学校各组建一支由骨干教师组成的城区学校教育教学质量帮扶包干团队,从班级管理、学科教学教研、学生学习生活、学生思想教育等诸多方面进行帮扶活动。

帮扶包干团队主要有两项任务:一是班级包干,骨干班主任作为包干班主任包干个班级;二是学科包干,骨干任课教师包干学科教学。

1.班级包干方面,城区学校选配优秀班主任对大通朔北分校毕业年级的班级进行包班管理教育,指定一个教师包一个班级,签订责任书。包干班主任和被包干班级常任班主任共同负责学生的德育教育、思想教育和班级管理等工作,每个月包干班主任到朔北学校帮扶一次,跟常任班主任交流班级情况,进班开一次班会,对症下药地对学生进行思想教育,帮助班级提升教育教学质量。

2.学科包干方面,城区学校选配骨干教师对大通朔北分校毕业年级各个学科的教学教研进行包干指导。指定一个教师包干一个学科,签订责任书。每个月包干教师到朔北学校帮扶一次,跟学科教研组长交流教学情况,参加学科教研会议,加强教学方法和学生学法的研究指导,对症下药地提出

毕业班复习教学建议，并适当地开展示范课或复习讲座活动，帮助朔北教师提高复习课课堂教学效果和提升学科教学教学质量。

自西宁市沈那中学教育集团成立以来，包干团队到大通县朔北藏族乡中心学校走教带教帮扶形式作为集团亮点工作，积极参与集体备课、教学研究、课堂教学、学法指导、作业批改、考试检测、班团队会等常规工作，同时还利用远程录播领航课进行互动课堂交流学习。包干团队深层次多维度参与班级管理、学科教学等教育教学，及时准确诊断教育教学各环节常规的落实问题，帮助乡村教师转变教育教学理念和方法，使教师教育教学水平明显提升、城乡德育共育成效显著、中考成绩长足进步。包干团队充分发挥了城区学校教学教育管理和学科教学教研的优势，为集团化办学一步一个脚印稳步提升农村学校教育教学质量做出了重要贡献。

这些措施为进一步促进城乡教育交流，推进农村教师专业成长，发挥骨干教师团队的引领作用，提高农村学校教师的业务素质和教学水平提供了有效的途径，促进了集团化办学教育资源的优势互补，实现城乡双赢共进。

帮带有法　共同成长

一、背景介绍

西关街小学于 2017 年在西宁市教育局的统筹安排下，跟西宁市第十一中学、湟中区大才乡前沟学校组建了西宁市第十一中学教学集团，几年来，实现了集团内办学条件同改善、规章制度同完善、学校管理同规范、教学质量同提升的工作目标，全面促进了城乡义务教育一体化、均衡发展。在教师帮带的有效路径方面摸索出了一系列好的经验和做法。

二、具体做法与成效

（一）名师引领，跟岗浸润

将从前学校选派的跟岗教师吸纳到学校对应学科的名师工作室中，在团队中促进跟岗教师的专业成长。根据跟岗教师的特点，制定成长规划；工作室定期开展教研活动，通过交流研讨、课例观摩、工作室诊断式听评课等活动，提升跟岗教师的专业素养。

（二）"蓝青工程"，结对帮扶

实现两校教师一对一帮扶全覆盖，截至目前共结成 31 对对子，从校长、副校长、主任到一线教师，开展一对一现场课指导、一对一线上交流，跨越时空界限，实现即时的答疑解惑和资源分享。制定"蓝青工程"结对帮扶措施，签署结对协议，定期对师徒进行考核。在结对帮扶中，蓝青双方都得到了专业上的成长。

（三）学科骨干，定期送教

开展学科骨干教师送教活动，将骨干教师的好课、优课和教学智慧送到前沟学校的家门口，提升教研品味；每学期持续开展骨干教师赴前沟学校进行复习课示范展示和教材重、难点梳理活动，把握教材体系、梳理关键知识点，提升练习课、复习课的课堂教学质量。三年来，期末送教活动 6 次，覆盖前沟学校所有班级；点菜式送教 1 次、复习指导课 2 次、试卷诊断分析 1 次、班主任经验交流 1 次、队会观摩活动 1 次。在一次次地送教活动中，乡村教师的专业素养得以提高，教育教学水平也在不断提升。

（四）学科对应，定点支教

推行教师支教制度，每学年选派学校骨干教师到前沟学校支教，进行教学帮扶工作，支教教师在前沟学校除了担任学科教学工作、班主任工作，还配合前沟学校教导处全面负责学校的教科研工作，提升教师队伍整体素质、提高前沟学校教育质量、促进农村教育发展。

三、主要经验

（一）形成制度

1. 名师、骨干示范制：每月一次"名师、名优班主任工作室活动日"，每学期定一次"名师、骨干教师示范日"，各名师、骨干教师全天候向前沟学校教师全方位开放，借力于我校名师的智慧与经验夯实学科素养。

2. 中层带教制：每位中层领导每人带教前沟学校的对口行政人员，进行备课、听课、评课、教育教学管理等多方面的指导，促进行政人员学科素养、管理能力的提升。

（二）形成模式

1. 名师工作室引领帮带模式

2. "预约式""菜单式"送教模式

3. "蓝青工程"帮带模式

四、存在问题

教师帮带成果有待进一步提升；

帮带措施还需进一步细化；

师徒双方主动性有待加强。

五、工作设想

西宁十一中将着力在集团化办学改革的广度和深度上下功夫，继续深化教育集团"团队式"管理帮扶，持续推进集团化办学乡村教师成长，进一步总结提炼可推广可复制的集团办学改革成果与经验，积极探索集团化办学教师帮带的有效路径，持续缩小城乡之间的发展差距，提升西宁市第十一中学教育集团的整体效益。

精准细化制度 规范激励提升

一、背景介绍

集团化办学是西宁市教育体制机制的重大创新，对于扩大优质教育资源总量、提升农村学校办学水平、推进城乡教育一体化发展、促进义务教育均衡发展具有重大的现实意义。2017年，西宁市第十三中学教育集团正式成立，经过几年的不懈努力，各项工作稳步推进，现已形成具有特色的规范化、系统化管理模式，教育集团教师考核及传帮带机制也日趋完善，教师综合素质也教学能力得到大幅度提升。

二、具体做法与成效

（一）细化考评机制，综合考评更科学

教师的素质和水平是推动教育集团发展的核心因素，如何引导和激励教师自我发展，最关键的环节是对教师的考核评价。近年来，西宁十三中教育集团教师的考核评价机制从细节出发，注重实效，从教师出勤、师德师风、教育教学、业务能力、班主任管理、特色教学等六个方面进行综合考评。经过六方面的综合考评，有效地促进了教育集团教师的师德水平和专业发展。集团校教师得到客观公正的评价，集团校教师管理模式更加规范。

（二）落实考评项目，细节考评更合理

1.教师出勤因地制宜

西宁市第十三中学教育集团按照教育集团教师支教和跟岗实际情况，采用在哪任教在哪考勤的方式，有效促进支教和跟岗教师适应对口学校的规范化管理模式。近年来，凡是参加西宁市第十三中学教育集团支教和跟岗地教师都能够遵守对口学校的考勤要求。

2.师德师风严格要求

西宁市第十三中教育集团始终把师德师风建设作为集团学校发展核心，注重对集团教师师德师风的培养，实行师德师风一票否决。几年来，集团多次专门通过行政会、教职工大会、寒暑假政治学习等方式，组织教师进行师德师风学习，加强教师道德修养。此外，教育集团以《新时代中小学教师职业行为十项准则》和《八禁八要》为标杆，致力于培养"四有好老师"。经过不懈努力，教育集团多名教师分别获得市级、教育集团、学校"四有好老师"荣誉称号。

（三）互通有无，加强教师传帮带

1.教育教学互通有无

西宁市第十三中学教育集团秉承师资互派、教学互通、学生互动、资源共享的宗旨，分批次派党员教师和骨干教师深入乡村学校开展教研教育教学活动，在评优评先中优先考虑支教和跟岗教师。通过对教师教学能力的考核，有效提升集团教学的综合实力。

此外，教育集团在日常教育教学工作中，积极开展青蓝工程，发挥老教师对集团年轻教师的指导。从日常的听课、评课出发，及时跟进集团教师的培养工作。通过展示课、示范课等形式多样的课堂教学活动，促进青年教师的专业发展。

2.考评教师业务稳步提升能力

西宁市第十三中学教育集团注重教师业务能力的考评。为有效提升教师业务能力，教育集团在日常生活中加强教务常规检查，端正教师工作态度，针对每月月考和期中考试及时开展成绩分析，注重促进跟岗教师的教学能力，确保教学能力在跟岗过程中稳步提升。

3.班级管理经验分享提升教师班级管理能力

西宁市第十三中学教育集团对从事班主任工作的跟岗教师实行思想引导、业务指导的方式，安排有经验的班主任通过传、帮、带的方式定期定向指导。对班级管理、问题学生教育、学生心理疏导等问题，及时干预，及时沟通，确保班级管理工作取得实效。近年来，教育集团多次开展班主任工作经验交流活动，在交流中共同探讨、共同学习。通过多种途径的管理，班主任考评机制日趋科学完善，每一位班主任都能得到全面科学地评价。

3. 创新特色教学模式发展教师终身学习能力

依托西宁市第十三中学"师友同行自信学习"的教育理念，积极推进课堂教学工作，并对集团教师进行一对一指导，促进"师友同行"的课堂教学深入人心，并通过展示课、示范课及时总结，将集团教师的特色教学纳入考核评价，督促教师将先进的教学理念融入课堂，有效提升课堂教学的效率。

西宁市第十三中学教育集团成立以来，秉承管理互融、携手共进的宗旨，以管理为突破口，认真研究教育集团管理细则，以教师考评为抓手，激发教育集团教师教学活力，逐步形成规范的制度体系和运行模式。教育集团制度建设得到加强，管理水平有了较大幅度提升，教师考评机制更加合理。

通过精细的考核评价机制和有效的城乡教师传帮带，西宁市十三中，祁连路小学和逊让乡中心学校之间开展了卓有成效的教师支教跟岗交流研修活动。在教师交流互动的过程中，三个学校的教师相互学习，共同进步，涌现出许多教学能力强，教学水平高的老师，更为乡村学校师资注入了源源不断的活力，也为城市学校增添了朴实的风采。

推进集团教育教学帮扶　促进城乡教育均衡发展

一、背景介绍

自集体化办学以来，虎台中学教育集团为优化集团师资队伍，提升集团教育教学能力，充分发挥西宁市虎台中学优秀教师、骨干教师的作用，帮助乡村学校教师提高业务能力，促进集团学校教师快速、健康成长，实现了集团学校教育教学工作的高效、持续、健康发展，并开展城市带动农村、以优促新、互学共进的帮扶工作。

二、具体措施

（一）通过订单专项帮扶，统领规划培训研讨

虎台中学教育集团在总结前期经验的基础上，实现"网络同步课堂"为平台的同步教学、同步讨论。本年度，总校继续选拔优秀教师，成立优秀教师团队，与湟源县巴燕中心校、波航中心校成立点对点互动教学指导班。根据巴燕、波航两所中学的课程订单需求，安排我校教师网络同步授课，探索以网络为载体，以"中考专题复习""订单式课题"同步课堂为主要运行模式的教学活动，达到课程课堂统一监管。通过"共上一节课"的网络课堂教学活动，使农村校孩子长期得到我校优秀教师的指导，也以此种形式对湟源分校学科教师进行校本教研的培训，在课堂教学的观摩中拓宽策略与思路，解决中考备考教学及日常教学中的困惑与困难。

（三）网络远程"每日教研二十分"

本着合作、共享、交流的思想，进一步加强集团分校学科教研力度，凸显教研组在集团教研工作中的主体地位，促进分校薄弱教研组的发展，缩小校际间差距。2020 年，继续借力已结对共建的集团各学科"教研联合体"，

以同步课堂、QQ群为平台，开展三校"每日教研20分"主题教学教研活动，运用"集中任务、分散活动"的实施策略，构建"校际联合结对，学科联片组团"的共进发展模式，化整为零地研究和解决教学实际问题。同时，实现集团学科组、组员尤其是新岗教师"1托2"的结对方式，加强学科、教师间的交流与教育人才的培养，不断加强对教研组建设，教师队伍建设，提升教研能力，竭力营造"学、研、思"的教研氛围，逐步形成民主、开放、高效的教研机制。

通过"影子专项轮训"，实现乡村教师理念更新（"影子教师"跟岗周训研修）。学校对"影子教师"跟岗周训工作给予了高度重视，从研修内容到学科、班主任指导教师等均做了精心的准备和安排。在为期一周的研修中，每位老师都能做到按时到校跟随学科指导教师参加听评课、"每日教研二十分""研教一体化"等活动，也能跟随指导班主任老师积极参与班级管理。此项活动意在通过虎台中学教学实践基地的跟岗研修，更新集团湟源校教师传统教育观念，掌握科学教育新理念。在情境化的教学现场实现教育理论知识和实际执教能力的共享与交流，提高受训者的实际执教能力和操作水平。

（四）"远程诊断精准帮扶"网络研教一体化活动

2019年10月9日、16日起在集团三校开展了为期6天的"远程诊断精准帮扶"网络研教一体化全学科诊断课活动。本次活动分为听课诊断和反馈整改两个阶段。集团总校组织了90名学科骨干教师，通过远程同步课堂设备，分学科对湟源波航、巴燕中心校三个年级45位教师的45节常态课进行了远程诊断。集团对此项活动予以高度的重视，在启动仪式上，总校副校长侯斌对活动提出了"把脉问诊"的总体要求：以课堂教学和学情作为主要观察角度，实实在在地帮助分校教师发现教学中的问题。

此次远程观察和诊断活动以课堂教学为切入点，立足课堂，关注课堂，有目的、有计划，有针对性地为乡村校发展提供了路径和方法。同时，活动有力地推动了集团分校课堂教学活动的深入开展，进一步激发了乡村教师潜心钻研教材、精心经营课堂的工作热情和积极性，集团将以此次诊断活动为契机，狠抓教学常规，深化教学研究，切实为提高乡村分校的教学质量打好基础，努力办好人民满意的教育。

（五）青年教师"以赛促学，以赛促教"基本功过关

为促进青年教师快速完成角色转变，切实提高其课堂教学能力和实施素质教育的水平，达到"一年合格，三年优秀，五年骨干"的目标，虎台中学教育集团总校充分利用远程网络同步课堂的便利，按计划对集团青年教师开展"比技学艺营造氛围培新育秀培养人才"虎台教育集团青年教师培训系列活动之"绿色板书设计"大赛活动，有效营造了集团教育教学基本技能"比、学、赶、帮"的良好氛围，鼓励青年教师尽快脱颖而出的同时，更有效促进集团各校教师业务能力和学科素质的提高，进一步推动虎台中学教育集团教育教学队伍的优质化。

（六）顺利过渡做好衔接经验分享共同成长

为做好初一年级过渡衔接工作，虎台中学遴选了5名七年级优秀学生代表，在分校开展了七年级优秀学生成长故事分享交流会。5位优秀的虎台学子以全面发展的优秀表现和积极进取的精神风貌、鲜活的成长经历、体会和收获引领带动集团分校105位七年级学生进一步明确了学习奋斗目标，充分发挥了榜样的激励作用，有效地激发了分校毕业班同学的内在动力，促进了两校的学风建设。

（七）优秀家长教育经验分享活动

为做好初中各阶段学生家庭教育，以优秀家庭教育案例帮助乡村学校家长增强协作意识，开展了线上虎中优秀家长教育经验分享活动。总校甄选七、八、九年级各两位优秀家长通过录制视频的方式，用生活中的经历分析孩子的心理和家长在其中的角色，以典型引路，让分校家长受到启发，探索适合孩子的教育方法。通过活动，让乡村学校的家长认识到亲子沟通、帮助成长的重要性，正视自己在亲子沟通中的不足，思考更多与孩子沟通的技巧，学会倾听孩子的心声，促进亲子关系，在孩子遇到问题时能够提供及时、正确的指导，帮助孩子积极、健康地成长。

宽带网络校校通和教育城域网改造，为乡村学校提供更加便捷的资源获取路径，促进优质教育资源共建共享，网络教学研修平台、远程互动教学录播教室、虚拟仿真实验室、数字图书馆等优质教育资源实现集团成员校全覆盖，使教育信息化建设成为深化集团化办学、促进教育均衡发展的有力支撑。

资源共建共享

资源共建 互惠互享

共享教学资源　合力备战中考

一、背景介绍

西宁市第二中学教育集团由西宁市第二中学、西宁市城西区古城台小学、湟源县申中乡中心学校联合组成。其中,西宁市第二中学为完全中学,初、高中各有 24 个教学班,教职工 230 人,初中学生 1200 人;西宁市古城台小学现有 31 个教学班,学生 1726 人,教职工 97 人,在册专任教师 96 人;湟源县申中乡中心学校现有 26 个教学班,教职工 79 人,学生 611 人。

西宁市第二中学教育集团以"党建引领 + 四互四共 + 八项计划 + 三个行动 + 一项督导"为核心内容的"五位一体"集团化办学模式,重点围绕党建共联共管、师资队伍帮带、教学教研提质、德育文化建设等重点领域对湟源申中乡中心学校开展精准帮扶,充分发挥优质教育资源的引领辐射作用,持续提高乡村教育质量,促进教育公平,破解教育发展不平衡不充分问题,不断满足人民群众日益增长的优质教育需要,缩小城乡校际间发展差距,促进城乡教育优质、均衡、公平、一体化发展。

乡村学校基础硬件设施配置基本齐全,但是师资力量令人担忧,尤其是教师的短缺和教学能力的薄弱,无法得到与城市相符的教学质量,这必然造成恶性循环。因此,教学教研水平的提升,一直是集团化办学的主要目标之一。

二、具体做法与成效

(一)远程互动教学——实现城乡课堂同步

偏远地区学校通常面临这样两个问题:一是教师短缺和流动频繁,导致学校教学工作无法顺利开展;二是教师的知识储备不够,教学能力有限,导致教学质量不高。针对上述问题，送教下乡是解决问题的好方法之一。

然而，传统的送课下乡，虽然可以和学生近距离接触，但是受到路途长、交通不便、时间冲突等各方面的限制，很难长时间、高频次的开展，以致无法取得明显的效果。而远程互动教学能够让城乡间的学校实现同步课堂教学，在同步课堂上，让城区里的优秀教师进行讲课，乡村学校学生进行远程听课，借此可以达到有效提质的作用，让乡村学生参与更有质量的课堂学习。

（二）模块送教——提升乡村教师教学水平

申中乡学校地理教师面对地理备课中的疑惑和困难选择指定的教学模块，进行"订单式"模块送教，订单式模块送教针对教师开展，旨在解决教师在课堂教学中的疑惑，听课、评课、教研，集体研讨不同模块的教学重难点的讲解方法，以及未来一段时间的安排。

同时，采取集体备课、课题研究、同课异构、网络教研等形式，加强教学教研指导，促进教学"备、讲、评"三统一。乡村教师传统的"一言堂"教学方式得到改变，教研氛围更加浓厚，学科建设进一步加强，课堂教学改革与教学水平得到有效推动与提升。

（三）共享教学复习资源——力争地理中考好成绩

地理学科于2019年刚刚被纳入西宁市中考科目，乡村学校2020年才首次参加地理中考，申中乡中心学校初二年级学生首次参加地理中考测试，地理教师缺乏备考经验，无从下手；同时，西宁市地理中考自2019年开始，相关复习资料极为缺乏。

针对以上情况，集团两校初二年级地理备课组共同召开中考阶段备考会制定初二地理复习计划和复习策略，结合学考真题、模拟试题，认真研究学考考点，根据命题方向，精心安排专项复习训练；在课程教学过程中，共同备课教研，共享优秀教案、学案；使用相同的复习资料、背诵资料；模拟考试使用统一试卷，共同批改；共同召开集团地理中考成绩分析会，结合试题，寻找短板，分析得失，做到"以学定教"，从方方面面促进集团教师之间互动交流、经验共享，提高资源使用效度。

三、主要经验

教育教学提质作为集团工作重点，实施教学进度、教学资源、模拟考试、质量分析"四统一"，其中初二年级地理学科同步无缝对接。增强对初二年级地理教学质量的监控和督导，针对中心学校特点把脉问诊、对症下药，促进教风学风显著改善努力提升课堂效率。按照集团化办学统一部署，通过"统考、统评"来促进集团内教育教学质量的提高。西宁二中和申中乡中心学校两校统一地理教学进度，学校之间利用月考、期末考试等形式进行联考，统一考试题目，检验和查找自身在教学中的差距和存在的不足。西宁二中承担命题制卷任务，两校共同承担评卷任务，做到统一试卷、统一检测，横纵对比，找差距，析原因，思对策，重整改。考试结束后，记录原始的数据资料，两校地理备课组教师认真总结，撰写质量分析报告，召开集团质量分析会进行纵向和横向对比。组织集团教师共同开展成绩分析会，对比成绩找差距，分析原因，共商对策。通过同步教学测试，质量互评活动为集团地理教学质量的提升工作指引正确方向，为今后工作奠定坚实的基础。

四、存在问题

申中乡中心校与西宁二中在生源、地理教师数量质量各方面存在差距，部分教学资源并不完全适合申中乡学生使用，所以后期要根据申中乡学生的实际情况，适当调整复习策略和复习资料。

五、工作设想

根据西宁市第二中学教育集团三年发展规划，继续在资源共建共享上下功夫，继续深化教育集团"团队式"管理帮扶，持续推进集团内申中乡中心校地理教师成长、地理课堂教学质量提升，进一步总结提炼可推广可复制的集团办学改革成果与经验，提升集团化办学改革的整体效益，写好新时代教育"奋进之笔"，为乡村振兴贡献自己的力量！

资源共享　城乡共建

一、背景介绍

为贯彻落实《西宁市城乡义务教育集团化办学指导意见》，按照"以城带乡、以优带潜"的形式，西宁市第十一中学教育集团成立。在教育集团整体安排下，十一中教研室成立十一中教育集团教研联盟，与大才中心学校的大才学校、前沟学校开展形式多样的教学教研活动，取得了良好的成绩。

二、具体做法与成效

（一）专项负责，联动协作

教育集团各校领导高度重视，成立专项工作领导小组，下设办公室，联动各个科室，制订实施工作方案，明确工作责任，确保工作顺利、实效开展。各部门、各教研组积极配合，协同推进教育集团城乡优质资源共建共享。教育集团总校和分校领导多次召开联席会，保障多方联动稳步推进。

（二）师资互派，共促成长

十一中从2018年开始，每年派往集团校大才学校、前沟学校两名教师，所派教师皆为学校骨干力量，到派驻学校后，进入关键岗位工作，承担毕业班教学。同时，大才学校也每年派往十一中跟岗学习教师两名，派到总校学习的教师在总校承担主要教学工作，参加学校教科研工作。启动乡村学校名师引领计划、签约十一中内众多教学骨干、教学能手、组织各学科骨干教师组团送教等新动作，旨在配合全省互联网义务教育民生实事工程实施、助推办有品质的活教育、打造西宁十一中教育集团教育新高地，促进城乡教育均衡发展，让更多城乡孩子共享优质教育资源。青蓝工程引领发展，自2018年以来，十一中选出骨干教师、教学能手、名师工作室成员与前沟大才学校教师进行青蓝结对工作，结对人次在 60 次以上，青蓝双方通过录播媒体、电话联系、名师送教等方式开展互联互通，青蓝结对不仅促进城乡教师和谐融洽的关系，对于提高乡村学校的教学成绩也很有帮助。2019 年前沟学校青方被表彰人数占青方人数的 90%。

（三）互联互通，线上教学

城乡学校通过互联网实现信息互通共享，信息化设施设备建设是基础。为此，十一中对湟中大才学校、前沟学校投入资金，建设了乡村学校的录播教室，配备了触摸式一体机。同时开通网络空间，提供网络交互、数据交换环境，切实协助学校解决技术层面碰到的难点。各方还定期分析研究并有效破解工程实施过程中遭遇的实际问题，催生"同步课堂"日渐成为城乡学校互动常态化。远程录播互动作为一种先进的信息技术辅助教学的信息系统，给城乡校际之间优质教育教学资源共享提供了契机，2019 年录播课使用量在 60 节左右，2020 年录播课的使用量达到 120 节，参与师生2000 多人次。数量之大，规模之大，真正意义上实现了优质教师资源的共享。

（四）以研促教，共学共进

两校师生还开展形式多样的专题教研活动，让师生零距离、面对面交流，为线上同步奠定情感的基础，两校实现深度融合、共同发展。学校不仅以城乡同步课堂、远程专递课堂、教师网络研修、名师网络课堂等形式开展校际帮扶，同时立足学校实际和需求，探索"中考知识能力分析会""城乡教师一日学""教师主题教研交流会""新岗教师交流会""课题专项研讨会"等教学教研新路径，创新推动优质教育资源共建共享，有效提升乡村学校办学质量、师资队伍、学校特色等。两校教师间互动网络研修同步跟进，两校精心确定研修主题，组织教师进入同步研修平台，就课堂教学中的疑难、困惑开展探讨，促进两校教师共同成长。

（五）创新探索，协同推升

2020 年受新冠疫情影响，十一中及时与青海省人民医院取得了联系，省人民医院派出了数十人组成的党员专业医师护士团队来校进行医学防疫知识讲解。在校录播教室，护士和急救人员对什么是新冠病毒，传播途径有哪些，主要症状是什么，如何预防等进行了细致讲解，通过互联网，远在几十公里外的大才学校的孩子们也坐在教室里同步听课，随着专业护士和医生们的专业讲解和亲手演示，孩子们学到了很多防疫知识。"远程互动录播系统同步课堂"使两地学生同上一堂课，实现了同时听课、实时交流。这是学校探索推进"互联网＋义务教育"的生动写照。

三、主要经验

（一）规划同步、课程同步、活动同步的学生研修活动；

（二）跨校研修、资源互补、技术流通地教师同步研修活动；

（三）辐射发展、均衡发展、多元发展的学校间共同发展模式；

（四）教师开展集体备课、教学诊断和主题研修活动；

（五）名师工作室介入，积极发挥示范引领作用。

四、存在问题

（一）集团教研工作辐射力度不够大；

（二）乡村教师专业奖励机制不够健全。

五、工作设想

集团教研工作纷繁复杂，积极探索有序有质的教研模式，鼓励乡村教师开阔视野，鼓励名优教师言传身教，要把集团教研常态化，名师引领示范性，主题教研专业化方向发展。

远程互动录播为集团各校间沟通插上翅膀

一、背景介绍

西宁市第八中学是全市为数不多未进行改扩建工程的学校，教育教学硬件设施陈旧、不齐，是学校开展集团化办学中的不利因素之一。作为集团总校没有一套完整的录播设备，限制了学校教师的整体发展，与各成员校的沟通基本依靠电话传达或者现场交流，极不利于集团各项工作的开展。2018 年 4 月，市教育局组织安装了远程互动设备。至此，西宁八中拥有了一间移动录播教室，此录播系统支持与集团各校的远程互动，这无疑是雪中送炭，不仅对学校的发展有帮助，对于集团化办学更是提供了有效的沟通、交流、学习的渠道。两年来，集团各校积极利用远程互动录播系统开展教育教学研讨、远程课堂、线上党课团课、教师培训，探索出了"一课、两研、一讲"有效利用远程互动录播系统进行集团化教育教学的有效路径。

二、具体做法与成效

（一）"一课"——远程挂牌、线上交流

远程录播系统作为线上载体，已经成为初中部两所学校共享远程课堂的重要途径。根据集团每学年的工作要求，为掌握集团初中部两所学校教师的常态教学过程，每周二至周五安排挂牌课，城市学校和乡村学校各 1 节，采用计算机软件随机抽取授课教师，集团两校同学科教师依托远程互动录播系统参与听评课的方式进行。在实施过程中，授课不可预测性提高了教师日常授课的认真度，同时，通过两校教师线上听课，可从不同角度解读城市学校与乡村学校教学的同质化和差异化，为寻找城乡教育教学差距、解决城乡教育发展不平衡提供了很好的研究对象与资源。

两年来,集团初中部共进行远程挂牌课 80 余节,语文、数学、英语、历史、政治、生物、地理、物理、化学、心理、美术等全学科覆盖,更通过集团远程互动、师生同校不同室的探索,实现了双方教师、单方学生共同学习、研讨的设想,这更是扩大了远程课堂研学的辐射范围。

(二)"两研"——挂牌研,研课堂;考试研,研成果

挂牌研,研课堂。城市学校与乡村学校的课堂是我们研究教学均衡发展的重要方面,因此,每节挂牌课后,双方教师通过远程互动录播的方式完成评议课,有效地利用了远程互动录播系统,完成对课堂教学的观摩和教学研讨等互动,涉及教师达 110 人次。通过线上互动交流,土门关初中英语学科复习课的课堂教学流程完成了有效的转变。

考试研,研成果。要解决城乡教育不均衡,其中一个重要的问题就是学生的学习成果,为了更好地验证集团化办学的成果,集团初中部实行同测同评。期中联考后,集团依托远程互动录播系统进行两校成绩分析与交流研讨。截至目前,初中部共开展线上成绩分析 4 次,通过水平、垂直对比,发现土门关初中数学、英语、物理学科进步明显,整体平均成绩差距缩小近 17 分。通过考试线上研,城乡学校更有信心继续通行,创造辉煌。

(三)"一讲"——教师讲坛,理论升华

集团化办学中,平衡城乡教师专业素养是解决城乡学校教育不均衡的又一路径,为了保证两校教师能够同学通培,集团决定举办"教师讲坛"系列活动。2019 年 9 月起,依托远程录播系统,每月举办一次教师讲坛,通过集团校各校校长、副校长,各教研组组长、教师工作室主持人、学科带头人等骨干教师的线上讲座或示范,解决集团教育教学中存在的突出问题。1 年来,集团初中部已完成 7 期教师讲坛,主题涉及"思政理论课建设""师德师风培训""专业培训""信息化教育""师生心理健康"五大版块 7 个主题。

远程录播系统的应用使集团培训不再限定于同一空间、同一时间,让集团各校间的交流更灵活、更及时。同时,教师讲坛开展以来,老师们的观念发生了很大转变,能够更加积极地参与到教研活动中,其中最显著的

一项改变为评课模式由口头传达转变为评课单，梳理后反馈给授课人，提高了听评课效率，这大大提高了远程课堂的听评课效率。

三、存在的问题

（一）远程互动录播设备网络连接难以保证；

（二）集团内远程互动录播设备管理人员还不够；

（三）挂牌课、教师讲坛奖励机制还不健全。

四、工作设想

西宁市第八中学教育集团将继续依托《西宁市城乡义务教育集团化办学指导意见》的文件精神，将远程互动录播平台作为教学教研沟通的主要平台，实现两校的研学互助，同时将远程互动辐射到两校党建活动、学生活动等板块，继续充分发挥互动录播设备的灵活性，实现城乡学校共同发展和共同进步。

城乡远程录播系统实现优质教学资源共享

一、背景介绍

为落实国家有关城乡义务教育均衡发展，有效发挥集团化办学在乡村教育提质工作中的主力军作用，由西宁市教育局集团办牵头，各县区教育行政部门和义务教育集团参与，全市城乡义务教育集团化办学改革的阶段性工作进行成果总结，提炼出对乡村学校办学提质可复制、可推广的改革经验，努力实现为乡村百姓提供在家门口享受优质教育资源的改革目标。"西宁模式"的城乡义务教育集团化办学改革是我市全面推进城乡教育均衡化、一体化发展的有力举措。基于这一指导思想，西宁市第十一中学教育集团针对大才乡前沟学校进行了多次多学科实时录播即时交流的远程录播教研活动。

西宁市十一中的录播设备较为全面、规范，为适应教育教研现代化、信息化的发展，学校引进了高清录播系统，在进一步改造自身教学设施的基础上，完善城乡义务教育均衡发展，携手打造信息化教育教研体系。针对录播系统在现代教育领域的应用，开展一课两讲双向视频教研活动，构建信息化教育教研体系，促进优质教学资源共享。高清录播系统能保证高质量的图像及语音、多种分屏、多种混音、文件共享、文档标注、屏幕共享、云台控制、物理电子白板、手写笔等，教学录播系统能实现自由录制、点播、老师和学生的定位跟踪、识别老师板书动作，多画面显示、自动导播、手动导播等功能，为教育行业应用教育提供了优质的平台。

二、具体做法及成效

（一）探索拓展，带领农村学生感受音乐魅力

在音乐教学时候，最关键的就是要能够让学生把音乐艺术与自身的实际生活相互联系起来，而营造良好的教学情境则是学生能否投身到教学内容当中，并积极发挥主观能动性的重要步骤。将城乡远程录播应用进去，可以进一步促进教学情境的创设。这主要是因为：其一，该技术可以把视频、声音、图片、文字等内容综合在一起，让学生从中不但可以听到音乐的魅力，还能够看到音乐的美，进而在这样的情境之中有效感受音乐，提升听觉和视觉上的能力；其二，该技术还可以将教材内容通过音像形式展示出来，使教学变得更加直观，进而可以让学生完完全全投入进去，快速掌握相应的音乐知识，在很大程度上保证了最终的教学效果。只有良好的教学情境才能够有效吸引学生，也才能够巩固学生在课堂当中的主体地位，因此才会进一步发挥创造力和想象力，实现音乐教学的目的，远程录播可以很好地向学生展现这一点。

教材以及义务教育音乐课程标准要求中高年级学生需具备一定的即兴创编能力，因此，开展一堂与古诗词结合的活动创编课，让学生接触一些的古诗词创编歌曲，聆听不同旋律版本以及不同的节拍律动但歌词都相同的歌曲给学生启发，通过身体律动、聆听乐曲、背景了解、观察规律等方式进一步让学生发挥想象力，通过教师引导让学生自主创作出一首新的歌曲。这有助于对学生进行发散性思维指导，培养学生的创造和自信心。这种课型使用远程录播系统是一种新的尝试、新的探索，这之中有很多收获，也证明了远程录播系统的实用性。

（二）深入交流，节省课堂成本

随着音乐做出身体律动的音乐活动，能深深地吸引孩子，积极愉快地投入到活动中来，利用远程录播系统可以让城市和乡村的孩子充分互动，学生之间的互动，可以让课堂更具活力。农村的孩子与我们城里的孩子差别不大，他们具备一定的音乐素养、思维活跃，积极、主动地围绕老师的

问题进行有效的互动，特别是在随音乐做着自己创编的动作时，他们表现出了浓厚的兴趣。这也能给乡镇老师一些活动的启示，一种较新的理念，让他们有所收获，从而大大节约课堂组织时间和成本，提高沟通与学习的效率。

（三）隔空创编，实现完美"教"与"学"

在创编环节中，运用音高特点设置选音填空的游戏，激发学生创作积极性，远程录播系统在这一环节起到了很好的作用，让学生在好奇和惊讶之余更好地参与到学习即兴创作中来。不得不说远程录播系统能够最大程度复原、模拟真实的课堂授课环境，城乡师生汇聚一堂，师生间可即时互动与交流。这种远程互动教学中，整个授课过程、所有授课内容，都可以同步直播到学校的校园网上，真正解决优质师资的多方共享，实现完美"教"与"学"。

（四）成效

使用远程录播系统为孩子们提供别样的音乐课，让乡村教师传统的"一言堂"教学方式得到改变，教研氛围更加浓厚，学科建设进一步加强，课堂教学改革与教学水平得到有效推动与提升。随着现代教育技术越来越发达，城乡录播系统的运用越来越广泛，使得城市和乡村的教育连接更加紧密，也大大拓展了乡村教师的教学思路，更说明了乡村学校需要优秀的教师队伍和良好的学习环境。

三、主要经验

（一）前期需进行大量的筹备工作，针对教学目标的设定、教学重难点的解决以及师生之间的活动等方面进行研讨；

（二）要集思广益通过远程录播系统实时表达自身想法，形成远程头脑风暴；

（三）有效提高教学帮带的效率，快速提升乡村教师的教学能力，让讲课的老师清楚地认识到自己教学经验上的不足。

四、存在问题

（一）教学目标及教学重难点的设定与城市、乡村学情不匹配；

（二）拓展学生思维方式的处理方法过于片面；

（三）学生对音乐知识掌握不连贯。

五、工作设想

远程录播系统的作用在集团化办学中是无可取代的。对此，小学的音乐教师必须要从中认识到该技术对于整体教学的正面作用，转变并强化自身的相关观念，让学生做课堂的主人，科学地创设教学内容，营造良好的学习环境，拓宽学生视野，最终实现音乐教学与远程录播系统的有效融合，促使音乐学习更加简便化，做到以德树人，引领学生。另外，还需要加强创新，使整体融合效果更强，更好地促进大家的学习，深入感受到音乐带来的魅力。

远程同步课堂促进地理教学有效开展

近年来，信息技术已经成为社会生活经济发展中不可或缺的一部分。以网络和多媒体技术为核心的"远程同步课堂"已经深入学校的日常教育教学工作中。中心学校使用"远程同步课堂"，通过在线课堂方式，帮助边远薄弱地区的教学点解决教师资源不足、课程开设不齐的难题，如此便突破了地域限定，通过在线网络将教学水平不同的教学点的课堂连接起来，使中心学校的优质教学资源和先进的教学理念可以分享到教育教学力量薄弱的地点，解决教育教学资源不平衡的问题，让教育教学力量薄弱教学点的学生与城市学生共同上课、共同学习、共同交流、共同进步。同时在一定水平上完成优质教育资源的共享，提高教育教学力量薄弱学校的教学质量，促进教育事业的均衡发展。借助远程同步互动课堂探讨不同教学水平的教学点如何高效的应用互联网技术从而解决和改变教育力量薄弱地区的教学现状。

一、了解课堂特点，打下教学基础

课堂教学效果的达成以及教学任务的完成在于教师能否对所要进行授课的课堂有全面地了解。远程同步互动课堂与传统意义上的教学具有明显的差异性，它自身有着独有的特征。

学生的个体差异悬殊。远程同步互动课堂面对的是两个不同生活背景下所塑造的团体及个体。教育教学水平发达地区的学生与教育教学水平薄弱地区的学生们在家庭背景、生活环境、学习习惯、行为习惯等方面存在很大的差异。《地理课程标准》指出：学生是学习和发展的主体，地理课程教学必须根据学生身心发展规律以及地理学科的学习特点，关注学生的自身学习需求和个性化发展差异。在备课阶段，授课教师应该充分了解学生的个体差异，顾及学生的学习接受能力，有的放矢地确定地理教学的目标及重难点，采用分层教学策略，确保地理课堂教学的效率。

网络的延迟性。远程同步互动课堂的实质是利用网络在两个或多个地点的用户之间实时传送视频、声音、图像等。但是这种课堂因为网络发展原因在很大程度上存在一定的延迟性，会造成双方教学点上的实时场景转播存在很大程度的延迟性，从而使得课堂教学的连贯性大大下降，影响教师的教学进度。因此，这就要求授课教师必须有足够的耐性。每讲解一个知识点都要稍做停顿，给网络课堂另一端的同学足够的时间听清和理解。而且对教师的普通话有极高的要求，并且语速要稍慢方便辅课堂的学生听得更真切。同时要强调课堂秩序，要求主课堂与辅课堂的学生必须遵循授课教师的指令，避免教学课堂出现混乱。"远程同步课堂"教学教师仅仅有耐性还是不能完全胜任的，同时也需要教师具有强大的现场掌控能力。

教师课堂活动范围的局限性。远程同步互动课堂上，由于教学录制设备的敏感性，要求教师在课堂教学时必须减少一些不必要的活动和减少动作幅度。如果老师在授课时动作幅度大、走动频繁，会使画面切换频繁，使网络课堂另一端的学生注意力下降，课堂效率减弱。因此，授课教师应该在教室选择一片固定的区域进行课程讲解，同时减少自身的动作幅度。这个区域最好能同时关注两个教学点课堂的学生，从而提高对课堂的掌控，提高课堂教学效率。

二、精心策划教学，提高教学质量

抓住核心内容，合理安排教学。"远程同步课堂"的独特性，要求课堂教学内容必须精炼，因为相较于传统的课堂教学，远程同步课堂需要花费更多的时间进行讲解。这就要求教师在备课时要认真钻研教材，根据学情及"远程同步互动课堂"的特点，确定合适的教学目标，精心选择和组织教学内容，抓住章节的核心内容，设计相应的教学策略进行教学。比如，阐述大洲分界线这种难度较低的问题，就指名辅课堂的学生作答，而那些根据气候特征描述当地建筑特色这种需要联系生活实际的问题则让主课堂的学生回答。这种分层教学使得不同学习层次的学生的学习需求都能得到满足，都能积极参与到课堂教学活动上来，激发学生的学习兴趣，使学生能够体会到学习过程中的快乐，从而改变学生内心深处的学习态度，让学生能够充分发挥主观能动性热爱学习。

三、巧用多种媒介，促进师生互动

《新课程标准》明确规定在教学环节中要重视师生互动。"远程同步互动课堂"主课堂的授课老师与辅课堂的学生相隔两地，无法自如地及时进行沟通互动，这就要求教师必须善于利用网络平台，实现师生互动，提高地理教学质量。

善用微信、QQ平台。现今，各种通讯方式层出不穷，例如微信、QQ等通讯软件是我们进行日常交流最主流的软件。所以，我们教师就要善于使用它们，让它们成为我们教学的得力助手，为学校的教育教学服务。主课堂与辅课堂老师应通过电话、微信等通讯方式加强双方的交流。例如，使用网络在线课堂时，当中心校的授课教师要了解辅课堂学生当堂练习完成情况或要点评辅课堂学生的作品时，辅课堂的老师便可利用手机将学生的练习或作业拍照直接上传给中心校的授课教师，而中心学校的授课老师直接将作业上传至大屏幕，让双方的学生互相点评、互相完善，加大课堂信息阅读量的同时，完成学情的掌握。这样通过手机软件等现代信息技术，教师可以及时获取不同教学点学生的学习情况，从而发现问题及时调整课堂教学，使得"远程同步互动课堂"效率提高。

巧用教学软件。随着现代信息技术的快速发展，教学助手希沃、万彩动画等教学软件屡见不鲜，让我们老师应接不暇，这既是挑战同样也是机遇。如果教师可以克服困难，迎难而上充分掌握一种或几种教学软件对于提升课堂教学有着不一样的现实意义。同时，合理有效的使用教学软件可以显著激发学生的求知欲，实现真正意义上的寓教于乐。

网络技术的飞速发展，"远程同步互动课堂"在地理教学中的运用，为课堂教学注入新的活力，可以很大程度上促进教学水平不同地区之间的教育均衡。同时，可以实现网络教育资源共享，促进教育教学资源均衡，提高边缘地区教学点地理教学质量。

搭建多方资源平台　推动集团发展合力

西宁市虎台中学教育集团自成立以来，大胆探索、勇于创新，在总结前期经验的基础上，逐渐搭建多方优质教育资源，努力实现集团化办学效益最大化，形成教育集团发展合力。

一、搭建师资交流平台，提高集团资源均衡力

远程同步互动课堂平台，基于嵌入式技术架构，推出交互录播，集录制、跟踪和互动三大功能，有效整合虎台教育集团内的优质教育资源，形成"一校带多点、一校带多校"的教学和教研组织模式，采用了教育信息化中的多项新技术，如智能导播技术、音视频传输技术、教学视频画面模式切换技术等，实现了即使身处各地，也能在同一时间、不同现场共同参与同一位优秀老师的课程、观看课件，全面同步教学现场，是解决乡村薄弱学校及其分散在各处的教学点之间师资力量不足和教育资源不均衡的最有效方式，是促进城乡教育公平、提高教育质量的重要手段。

二、搭建教学教研平台，提高集团化办学推动力

在线教科研平台是一个集课程展示、课程推荐、名师展示、直播教学、公开课、录播教学、考试题库、互动答疑、投票系统、问卷调查、课程笔记、课程分享、课程标签、课程收藏、课件下载、学习跟踪、课程评论、教学研究等于一体的工作学习空间，为教师提供多种研修方式与课程资源的工具平台，充分融合了教师的日常教育教学工作和备课教研。教师可以自由开展教研活动、选择适合的研讨对象、撰写教研心得、展示研讨成果，还可将教研成果共享给集团所有成员。教师在平台上能够同城区学校的学科名师、骨干教师、教学能手等便捷地进行讨论和交流，共享各类优质教育

资源。这个平台是老、中、青教师各显身手的舞台，是"青蓝工程"传帮带的摇篮，也是帮助教师快速成长的加速器。

三、搭建师生互动平台，提升优质资源影响力

搭建师生在线互动平台，按照身份权限实行分级管理，教师进行教育研讨或与学生交流中所需要的各项技术支持和基础信息服务均由集团总校中的教研室和信息中心教师团队提供。平台中的教师合作小组是由教研组、备课组或同一个教学班级的任课老师共同组成的一个共享、沟通的网络空间。小组由教师之间按需组成，分为不同类型的团队：可以按照课题分组，也可以按照年级、班级、学科、教科研和学生兴趣分组。团队中的教师除了可以自由创建、管理本合作小组外，还可以参与任课班级的教育教学活动，通过平台向学生发布活动任务、接收学生提交的问题并进行一对一或集中通过文字、语音、视频解答。教研模块包括发布交流主题、活动任务、活动反思、学科研修、课堂点评、综合素质评价、撰写教育案例等，在小组内、小组间各展所长。师生互动平台以教师合作小组为中心带动集团内优质教育资源的积淀，构建一个具有自身特色教育资源库，在资源的建设与积累上以"赠人玫瑰，手有余香"为原则，生成动态的、源源不断的资源，从而使各类资源更具有实用价值和原创意义。

四、搭建党建联盟平台，提供集团组织保证力

为了努力实现组织共建、资源共享、人才共育、文化共兴的目标。西宁市虎台中学党委选派优秀骨干教师赴湟源县巴燕中学和波航中心学校开展为期一年集团交流活动，认真践行"三年合格、五年优秀、十年骨干"的教师培养和示范引领模式，把青年教师、骨干教师、优秀教师培养成党员、把党员教师培养成优秀的教学管理人才的"双培养"要求。发挥集团党组织优势，打造精品党建品牌：一是通过开展集团校教师之间教学教研活动，促使联盟内党员教师、学生在交流学习中的借鉴提高；二是实践育人，通过联盟校学生间的德育交流活动，创造社会主义文明新风尚。

虎台中学教育集团依托网络QQ、微信平台组建了集团教研平台，实

现了虎台中学、虎台小学、行知小学与三所农校的学科组结对、师徒结对，加强了学科教师间的交流与教育人才的培养，提升了教研能力，竭力营造"学、研、思"的教研氛围。在提升各集团校的网络主干带宽和教学硬件设备的基础上利用西宁市网络教研平台搭建虎台教育集团网络教研平台，开展网上视频、语音互动教研活动，通过网络教研平台集团内各校教师可在线上线下进行交流沟通，提高教育教学水平，达到既用集团教研合力解决教学突出问题，又发挥每位教师的独特优势，在互通有无中交流思想，互助共享，改变教研能力薄弱的现状。同时，利用虎台中学、虎台小学、行知小学现有的录播课堂和设备与三所乡村校搭建网络同步课堂，实现教学互通、资源共享、学生互动的高效教学和交流模式，加强三所乡村校信息基础设施建设，逐步开展集团网络课堂及课程教学，通过资源共享，提升农校的教育教学水平。

资源共享　优势互补

在现代教育思想的指导下，"互联网＋教育"是城乡教育一体化发展中极为重要的实施路径，运用信息技术实现资源的共享，实现优质资源利用的最大化。西宁市第十二中学教育集团本着"资源共享、优势互补、注重实效、共同提高"的原则，积极搭建优质教学资源共建共享平台，为实现城乡资源共享提供保障。

一、"互联网＋教育"为核心的资源共享机制，实现资源深度共享

（一）加快平台建设，提高基础条件保障力

在政府的大力支持下，西宁十二中教育集团共建成7个录播教室，乡村学校配套专用网线，为远程互动提供了硬件保障。

集团各分校积极利用互联网这一有效途径，开放网络资源，提供相关教学资料，相互探讨课程建设、课堂教学改革、学校各项管理制度等方面的最新信息，实现更深层次的资源共享。积极借助校园网、钉钉、QQ、微信等现代化网络平台，建立学科交流群，采取"线上、线下"双结合的方式，不定期进行集团化办学资源分享，利用网络优势在教研群中开展多元化的主题教研活动。不仅为乡村集团校教师搭建了成长平台，也展示了城区教师的教学理念，更重要的是打破了时间和空间的局限，有效地促进了集团校教师间的交流，为成员校提供了更加便捷的资源获取路径、更加丰富的教育资源。

（二）建好网络课程，扩大优质资源覆盖面

开展"专递课堂""名师课堂""同步课堂"，每周定期为乡村学校送上两至三节优质课，实现城乡孩子同上一节课。打造集团优质化应用体系，有效连接集团内实体教学空间，为结对学校提供智能化、个性化的现代育人环境，为全体师生构建全场景教学和广泛学习的支撑环境。

开展网络教研、主题会议、主题班会、主题教育、主题党课等，加强城乡交流，提高工作效率。借助网易 163 邮箱建立了西宁十二中教育集团优质资源库，集团所有教师可以通过账号登录，实现资源下载。目前，资源库的资源分为课件、教学设计、课堂实录、微课 200 余份，拓展了教师教学、学生学习时空，真正发挥了集团化作战的优势。

二、"校本＋校外"为主的技术培训思路，提升乡村教师信息化素养

（一）坚持各级培训，提升信息技术应用能力

充分发挥西宁市第十二中学的示范、引领、辐射、带动作用，通过 1-3 年的信息技术结对帮扶，全面提升乡村骨干教师信息化技术应用能力，保障信息化设备正常运转，为集团教师信息化应用提供技术支持，为课堂教学改革创造良好的信息技术应用环境进行校本信息技术教师培训。校级培训的优势在于用通俗易通的语言讲清最实用最关键的问题，让受训人员有真正的获得感，真正解"燃眉之急"，不定期在交流平台推出培训视频，为广大教师提供精简易懂的"说明书"，鼓励大家积极使用录播系统，不断更新和转变乡村教师的观念。与此同时，积极组织乡村教师外出参加信息技术与学科融合的培训，用先进的理念和思想开阔乡村教师的视野，滋养他们的精神。

（二）坚持应用驱动，提升信息技术融合度

开展西宁十二中教育集团优质资源征集、微课比赛、课件制作大赛等活动，积极营造"经常用、课堂用、普遍用"的氛围。依托各类网络平台开展网络空间应用，下载资源、上传资源、实现共建共享。

资源共建共享　助力集团行稳致远

优质资源的共建共享是集团发展的助力器。为打破城乡教育师资力量不均衡、课程研发不及时、教育资源不普及等多方面的桎梏，自2016年集团化办学以来，西宁市第七中学教育集团在教育信息化平台的搭建、教育资源的下沉、教育形式的改革方面进行了多种尝试，取得了一定成果，特别是教师培训、阅读促教在集团化发展中发挥了重要作用。

一、强专业，借培训助力教师成长

教师是一个终身学习的职业，在自己的职业生涯中自始至终都要更新、补充新知识，而这些知识除了自身的经验总结和探索外，教师培训也是促使教师专业快速成长的有力措施。

（一）网络培训

由于教师教学任务繁重，不能完全脱离自己的教学工作进行专业学习，基于网络的教师培训就发挥了重要作用。西宁市第七中学教育集团在网络培训方面也积极探索，除了充分利用北京四中网络资源展开教学教研，还积极引进金品好资源、学科网等优质教育资源，打破传统的教师培训方式所表现出的"场所封闭、计划预设、教材固定、教法单一"等方面的局限，为教师们提供了丰富、多样化的学习资源，教师可以根据自己的爱好和需求，自主选择不同的课程，并通过网络查看或下载自己所需要的内容。教师培训从常规教学单向、被动接受知识转变为适应个人的自主化学习，提升了教师的专业能力和综合素质。

（二）学科培训

城乡教育有差异但也有诸多共性，由于城乡学校在课程的开设、考查的方式等方面都相同，城乡教师的教研交流就显得尤为重要。基于校区位置的局限，集团校内充分利用信息化平台及时开展各级各类的培训、讲座，不管是中考科目的课标解读分析、新课改下的教学新探索还是各类教师的专业指导，这些多途径、宽领域的学科培训因地制宜，真正起到了帮扶引领的作用，让乡村校教师"足不出校"就可以共沐城区教育春风。

（三）赴外培训

"立足本地，放眼远方"。集团校除了总结本地经验还积极向外地取经，依托"校长工作室""名师工作室"等平台组织教师进行了多次各级各类赴外培训，"山东考察学习"让老师们看到了教育的新风向；"深圳观摩学习"让老师们对生本教育有了更深的理解；为期一月的校本教材培训让老师们从学习到实践，对课程的开发和使用更有把握，这些培训为集团校教师们打开了眼界、拓宽了思路，而集团校办学经验走进"第四届中国教育创新成果公益博览会"也让西宁市第七中学教育集团能有机会与他校共商共享，共谋发展。除了"引进来"，还主动"走出去"，在集团办学的路上，集团校还多次赴玉树州八一孤儿学校、玉树州称多县歇武乡寄宿学校等校分享教学经验、解决他们遇到的困难，真正实现城乡教育资源的共享。

二、修自身，用书籍帮助师生共进

"读书足以怡情,足以傅彩,足以长才。"读书学习是教师专业成长的"加油站"，广大教师只有不断地学习，充分为自己"充电""蓄能""吸氧""补钙"，源源不断的接受源头活水的补给，才能在学生需要一杯水的时候做到自己拥有一桶水、长流水。为了提高师生的阅读量，我集团校在阅读促教方面也花费了大量心血。

（一）送书进校

没有书籍作为依托阅读就是空中楼阁，为了解决集团分校师生阅读量不足的现状，西宁七中团委、五四小学大队开展了"城乡孩子手拉手，共筑校园书香情"图书爱心捐赠活动，师生纷纷拿出自己的藏书写上寄语，希望能与乡村校师生共阅书籍、共进步。除此以外，集团校还积极争取为乡村校建成"读书走廊"等文化基地，从源头解决了乡村校"读书难"的问题。

（二）活动促教

阅读能增加学生对自然科学、社会科学以及世界各地的风土人情的认识和了解，而读书活动则能引导师生进行自我教育和相互促进。为了加强师生交流、展现师生风采，西宁市第七中学教育集团各校联合推出了"我是读者""红领巾读书节""书香情"等读书系列活动，这些活动贴合实际、关注热点，如2020年开展了"书润人生，繁花与共"主题读书活动，在活动中结合疫情，设置了"抗疫情，显真情"知识竞答以及"守初心，砥砺行"朗诵活动，这些活动关注社会、囊括知识，拓宽了教师、学生的视野，开启了学生智慧，点亮了学生的心灯，同时也让城乡教师同台竞技，共享知识盛宴。除此以外，集团青年教师读书沙龙渐趋规模，也成了教师展现交流的另一个平台，青年教师每月根据阅读要求进行主题阅读，月末分享自己的阅读感悟，阅读内容广泛、分享形式灵活，这些精彩纷呈的活动让初入职场的教师们共享教育故事、共诉教育感悟，共探教育之路，也为集团化办学助力。

教师培训、阅读促教只是集团校资源共享的冰山一角，西宁市第七中学教育集团借优质资源之力，在集团化办学的道路上积极探索、不断尝试，力求通过我们的不断努力，缩小城乡教育差距，助力乡村校教育教学质量迈向新台阶。

城乡教育资源共享 促进教育均衡发展

虎台小学以虎台中学教育集团总校要求为标杆，以学校管理、教师发展、学生成长、质量提升、课程建设、课堂教学等方面为契合点，本着"共建、共管、共享、共赢"的原则，开展形式多样的活动，继续深入探索行之有效的集团化办学策略，通过管理、师资、信息、设施等优质教育资源的共享，共同提高办学水平，树立优质教育品牌，实现城乡教育均衡发展。

具体措施：

一、注重交流学习，加强教师队伍建设

（一）虎台小学与巴燕乡中心学校领导和行政人员定期开展视导交流，互相研讨完善学校教育教学管理制度，交流管理经验，统一制定日常管理细则，有统一要求，有个性目标，提升两校教育教学管理水平，形成和谐互助的集团化办学管理文化。

（二）根据虎台小学优质名骨干师资资源丰富的特点，按计划开展名师工作室活动，拓宽青年教师专业成长的主渠道。实现两校优质师资共享、共赢的良好局面。虎台小学定期选派具有丰富教学经验的骨干教师开展示范课、公开课、观摩课、专题讲座等集体教学研讨活动，共享优秀的育人经验，推广先进的课堂教学模式，拓宽示范教学途径。

（三）通过两校校本教研、区域教研、集团教研、跨区教研、网络教研等多种教研形式，在教学计划制定、教学常规检查、教学进度推进、教研活动开展、教学质量评价、学生综合素质评价、学业水平测试、教学评估等方面协调一致，统一标准，统一要求，最大限度地满足教师专业发展需求、课堂教学改革的需求、教学水平均衡发展的需求。每学期期中进行统一质量检测活动，达到好题共分享，检测同步调，阅卷同要求，结果同分析，问题共研讨，从而达到教育教学共同的提高。定期开展集团内教学活动，切实提高课堂教学效率，分享课堂教学智慧，共同探讨教学质量的提升，共同关注课程设置的科学性和创新性，共同推进教学评价制度新一轮的改革和突破。

二、抓牢主线，夯实教育教学工作

（一）积极开展走教、送教等活动。针对巴燕乡中心学校音体美专业教师的缺乏，虎台小学经常会选派专业的音体美教师到巴燕乡中心学校进行走教，帮助乡村教师准确把握教材，改进教学方法，提高课堂效率，让巴燕乡中心学校的学生体验精彩的教学课堂，同时虎台小学会在本校各项教学活动结束后，总结经验，选派优秀教师及优秀教研组到巴燕乡中心学校开展示范课、公开课、观摩课送教活动，并选派骨干教师进行评课议课，对乡村老师们进行有效指导；联合乡村老师们开展同课异构教学活动，通过网络智慧课堂远程录播、钉钉、QQ 群等平台实现优秀教学资源共享，最大限度地满足教师专业发展需求。

（二）借助虎台小学"虎娃作文报"这一平台，每学期征集巴燕乡中心学校学生优秀的作文刊登在"虎娃作文报"上，为乡村孩子们提供展示平台，促进城乡孩子共享优质资源。

（三）每学年开展共享课堂活动，统一时间，列入课表，学生共同上课，达到资源最大化的共享。同时，开放教学设施、设备、优质辅导资源，提供相关教学资料，相互探讨课程建设、评价改革等有关教育教学方面的最新信息，实现真正意义上的资源共享。

牵手共享优质资源　促进农村教育质量

青海昆仑中学教育集团通过校园网、微信联络群、教师个人微信、QQ 联络、中考资源网的共享、北京四中网校优秀课例、远程录播互动平台等，为良教中心学校提供了信息和人力资源，也为农村学校提升教学质量添砖加瓦。

1. 根据"统一资源共享"原则，良教乡中心学校积极与教育集团城市学校对接，开展"互联网＋教育"。校园网、微信联络群、教师个人微信、QQ 联络等现代化网络平台，成为成员校间互相交流、提供丰富的教育资源便捷的获取路径。同时在学校管理、教学教研、教师培训等方面充分利用教育信息技术，实现资源共建共享，互利共赢，网络交流平台运行良好，"互联网＋教育"成效逐年提高。同时，青海昆仑中学教育集团开展的教师研训一体教研活动，紧密结合"教育信息化人人过"，积极推行"互联网＋教育"，促进教师教育信息手段使用水平的提高。

2. 集团城区学校将本校的优质教育教学资源开放、共享了良教乡中心学校，并结合省市平台开展"一师一优课，一课一名师"活动、北京四中网校优秀课例展示，让乡村学校教师获益匪浅。

3. 每月通过远程录播系统互动共享经验及教学技能。老师们充分借助录播系统及观课评课平台更加有效的开展教研活动。既可以通过观课评课平台节省时间，还可以达到优质资源共享的作用。

4. "线上钉钉网络直播"远程培训。疫情防控期间为了停课不停学，成长不停歇，开学前期全校教职工在远程培训下通过网络参加直播教学培训并按照《良教乡中心学校线上教学方案》按时上线教学，确保春季有开课任务的全部教师学会组织线上教学。培训分两个阶段进行，第一阶段是基本操作培训，使教师掌握网上建课以及组织教学的基本方法，先帮助教师把课建起来；第二阶段是通过案例示范，教会教师如何把课上好。

5. "同课异构"活动是我集团教研工作的一大亮点，成为集团校提高课堂教学的有效途径。

每学期开学初每月以各年级各学科为单位，自定课题进行"同课异构"，集团校教师通过录播教室远程互动听课、评课。教师充分发挥自己的能力与特长，从课件制作到板书设计，从课堂活动到重难点处理，老师们各显神通，各尽所能，同样一节课，通过不同的方式展现老师们风格各异的讲授方式，异彩纷呈。在活动中，教师通过讲课与听课、自己和他人的对比，找到自己在教学过程中的一些漏洞、不足和有待提高的地方，发现别人好的教学方式和教学方法，促进教师自身教学能力的提升。教师之间共同探讨教学中的热点，难点问题，探讨教学的艺术，交流彼此的经验，共享成功的喜悦。多维的角度，迥异的风格，不同策略在交流中碰撞、升华，这种多层面，全方位的合作、探讨，从整体提升了教师的教学教研水平，加速教师专业成长，提高了教育教学质量。

6. 送教下乡、教师跟岗交流及挂职轮岗。在青海昆仑中学教育集团的引领下与帮助下，共享优质教育资源，每月针对不同的学科按照远程互动送教及实时实地送教两种方式为乡村教师传经送宝。同样每年会有教师跟岗研修及挂职轮岗，不仅实现了优秀人才的辐射引领作用，还起到共享优质资源的作用。

7. 学科知识竞赛。每月集团校进行各个学科的知识竞赛，知识竞赛的内容是根据同课异构突破的重难点来定。4月英语知识竞赛、5月数学学科知识竞赛、检测，通过这一系列的教学教研活动，大大激发了学生的学习兴趣，促进了教师之间的相互交流。

8. 岗位大练兵促成长。为提高集团校内全体教师的教学技能，培养中青年教师在骨干教师的带领下快速成长、成熟，提高教师的专业素养及专业技能,集团内开展历史学科岗位大练兵活动。该活动分说课、说专项技能、讲课、评课、课例研讨几个环节,提高了青年教师的教学能力。

9.以课题带动教研,引领教师的专业成长。集团总校积极组织老师们参加市、县课题研究,引领教师广泛参与,每位教师有自己的研究专题,写出研究方案,定期组织教师理论学习,以理论指导实践、采用案例分析、教学反思、论文撰写等多种形式开展广泛的研究,让教师从理论上得到充实,从理念上得到更新,并通过各种形式的外出培训学习、外出听课、外出研讨提高教师的综合素质。

10.校本教材的编写。集团挂职轮岗副主任梁栋整理汇编七至九年级课本各类重点短语、句型、语法及配套练习,形成适合乡村学校学生学情的备考习题册作为集团校间的校本教材,起到优质资源共享的作用。

青海昆仑中学教育集团通过信息和人力资源的共享与援助,围绕"规范、提质、争优"三步教学提质目标,致力于教育教学质量提升工程,从铸师魂修师德树师表、提升课堂效益、增强学习能力等方面引领教师业务成长,打造一支"永久牌"的本土化教师队伍。以集团优师工作室等为载体,全力搭建"培训平台、实践平台、研究平台、读书平台、引领平台、展示平台"等平台,为教师专业发展路搭桥,营造促使教师成功的教育生态,阶梯式培养优秀教师。同时,挖掘集团内部优势资源,强化集团优秀教育人才等优质资源的分享、打造乡村学校"双师课堂",加强资源共享,推动集团信息化建设,增强教师发展自信,使教师在专业上有成就感,行动上有效能感,职业上有幸福感。

优质教育资源集团共享

实现城乡教育均衡发展

西宁市沈那中学教育集团以"加快提高农村义务教育质量"为核心，围绕"圆大通县朔北藏族乡中心学校城乡一体化办学之梦，实现城乡教育均衡发展"的目标，制定了《西宁市沈那中学教育集团"格桑花圆朔计划"》，并且将《格桑花圆朔计划》的任务分解为象征四季的"励耕、雨润、吐蕊、硕果"四步计划。通过实施四步计划，实现管理经验、教学方法、教学资源共享，促进集团教师专业发展，实现城乡教育均衡发展。

一、管理干部交流，实现管理经验共享

沈那中学学生管理水平较高，一直处于城区学校前列，学生处干部管理能力较强，特色明显。因此2018年在师资交流工作中，沈那中学教育集团首先考虑到了输出学生管理经验和管理方式，学生处王强主任主动要求前往朔北中心学校。在乡村学校，他既担任学生处主任职务，又坚持到教学一线担任班主任。这样既在整体管理中将有效的学生管理经验移植到了乡村中学，也将具体的方法和措施搬到了班级管理中，让乡村学校既感受到了理论层面的新也切实触摸到了实施层面的真。2018年以来，朔北中心学校教学管理、教学成绩均有了长足进步，取得了大通县多项奖励。这一次的管理经验交流实现了优质管理资源共享，由此沈那中学教育集团发现建立城乡学校管理队伍交流制度十分必要。基于此，2018年下半年组建了由教研室、视导室、各年级组优秀班主任组成的"管理＋教学"为一体的帮扶团队，开始了新的管理经验的输出。六人小组坚持每两周下一次乡村校，利用考试前、考试后的特殊节点在课间或班会时间进入班级与优等生、进步生、问题生沟通交流，开专题班会，利用班级群与学生和班主任共同开展班级管理，及时与班主任沟通交流解决问题，寻找最佳管理方法，在这样的探索中，朔北中心学校在 2019 年的中考中实现了零的突破——一名乡村中学的学生中考裸分进入全县前十！

二、建立艺术实验班，实现优质教学方法共享

沈那中学规模大、条件好，汇聚了大批高素质教育人才。学科教师配套，专业对口，专业水平普遍较高。加之学校经费充足，教师进修交流机会多，专心教育，思想稳定。而农村教师编制少，学科教师不配套，语文、数学等学科教师相对饱和，音乐、美术教师相当紧缺，被迫多年级多学科上课，教非所学的现象突出，这已成为乡村学校素质教育发展的一大障碍。教师资源是一种重要的智力资源，是统筹城乡教育改革发展的关键。2019 年上半年开始探索利用录播教室定时向乡村学校推送美术课，沈那中学教育集团的丁雁老师利用个人特长专心备课打破教材界限，以实用美术为突破口，展开了教学探索，与预期一致，这样的课非常受欢迎，同时以同步备课和乡村美术教师在线辅助授课的方式达到了培训乡村教师的目的。2020 年上半年以来，我们将实验班拓展到了音美两科，相信一定会让艺术之花绽放在乡村学校！

三、科学定制培训，实现教师培训共享

2018 年，沈那中学是青海省教育厅公开招标的"青海省农牧区骨干教师跟岗研修基地"，集团根据计划制定涉及教学、教研、教师基本技能等方面的每月一期培训，结合朔北中心学校实际，对朔北中心学校中小学教师展开了全员培训。培训内容有"教育技术能力""微课设计及录制""几何画板的高效利用""教学设计、学案、教案的科学撰写""如何科学听评课""如何科学命制试卷"等。2019 年我们充分挖掘沈那中学优秀教师资源，先设计授课课型"复习课"，这是青年教师不会上，老教师不屑上，中年教师不敢上的大课型，而后在学期初就把任务交给各学科的优秀教师，通过个人备、集体研、公开授、公开评的环节实现教师的集体进步，一年以来集团内三校教师的复习课型研究蔚然成风，各科已初步形成课型模式。三年来，我们带领集团校优秀年轻教师参加各地比赛观摩，名校联盟展示活动，南京对口学校跟岗研修。各种培训之后我们发现一个问题：空间上的距离导致我们无法及时沟通，随后我们积极与成都市七中、嘉祥外国语学校联系，定制"备课组网络教研的方法及策略""如何开展跨地域的联合教研"，带领集团内 30 余名备课组长、优秀教师、校长前往学习，取得良好的效果。2020 年初，一场疫情打破了常规教研，2019 年的学习此时有了试验场，城乡两校利用钉钉直播、录播、视频会议备课、交流、授课、开会，从延到研，我们的资源共享一直没有停下脚步。

四、科学研究习题与教材，实现研究成果共享

2018 年，沈那中学教育集团申请了市级课题《基于网络环境下的七、八、九年级统编教材资源库的建立与应用研究》，目前已顺利结题，所有资源集团共享；2018 年至 2020 年，总校的研究成果《剪出一片天地》《生活与化学》《撑起学生的一片晴空》三本校本教材在通过市级审读和评优之后也全部进入乡村学校的社团或课堂。3 年来集团城区六、九年级教师和乡村学校教师共同研究小升初和中考试题，共同命题，研究筛选适宜乡村学校的复习资料，形成涉及三个年级 12 个学科的备考复习资料，免费提供给乡村学校，很大程度上促进了师生教与学的积极性，也推进了研与教，教与学之间的相互促进，真正做到了资源共享。

城乡携手　资源共享

在现代教育思想的指导下，"互联网＋教育"是城乡教育一体化发展中极为重要的实施路径，运用信息技术实现资源共享，实现优质资源利用的最大化。为改变传统的教学模式、教学方法，促进转变教育观念、教学思想，有效建设人才队伍，大大拓展教师的视野，西宁市第十二中学教育集团关注自身资源的收集和推广工作，借助网易163邮箱建立了西宁十二中教育集团优质资源库，集团所有教师可以通过账号登录，实现资源下载。目前，资源库的资源共有12种科目，共有课件51份、教学设计32份、课堂实录22份、微课46份，共151份。

一、建立健全资源库建设工作组织，完善工作制度

西宁十二中教育集团建立了以总校校长为组长，成员校校长及联络员为组员的工作领导小组，确定各项工作制度，划分工作责任。组织的建立及制度的完善，为集团资源库建设的开展奠定了基础，也为未来的发展指明了方向。

二、大力宣传优质资源库建设意义，营造积极氛围

（一）召开工作会议，明确实施方案；

（二）召开教师动员大会。

通过会议的召开及网络平台的宣传，使大家认识到在信息技术迅猛发展的今天，数字化环境的建设，能充分发挥自主性，服务于教师的教学活动。优质资源库可以提供最新颖、最优质、满足各类教学需求的丰富教育教学资源,实现集团内资源共享。西宁十二中教育集团根据自己的办学背景，办学条件和经验，建设了一个制度规范的、内容丰富充实的、开放性的和具有"集团特色"的教学资源库。

三、按照实施方案，认真开展工作

（一）树立指导思想；

（二）确定设计理念：广泛共享、有效聚合、充分应用；

（三）确立设计思路。

资源库建立后应具备以下功能：1.能够进行更为方便、快捷的教学资源检索；2.教师能够按需下载的同时，也可添加自己的优质资源；3.种类丰富、充实、科学。

四、资源库的个性化特点

（一）资源内容丰富，形式多样

资源库包括教学设计、教学课件、课堂实录、微课，具有文本、图片、动画、音频、视频等多种媒体和应用方式，全面支持教学活动中的资源内容需要。

（二）学科种类齐全

优质资源库既包含语文、数学、英语、物理、化学、政治、地理、历史、生物等基础学科，也包含体育、音乐、美术、心理等这种综合学科，为所有学科教师提供资源服务。

（三）平台操作方便

教师可根据学科或年级浏览、下载资源，提高备课效率。

五、优质资源库应用效果

（一）方便城乡教师能及时查找真正可借鉴可学习的优质资源；

（二）学习优质资源中的教学观念与方法，结合本人实际运用到课堂中，提高课堂时效；

（三）为保存积累教师优质教学成果开辟了又一好途径。

六、优质资源库存在的问题

（一）各部门配合缺乏紧密性，收集资料困难；

（二）资料上传不及时，管理人员较少，资料囤积，使资源库更新较慢，影响教师查找最新资源；

（三）技术支撑缺乏，网易 163 邮箱在资源的呈现方面还是有所欠缺及不便，影响教师快速查找。

（四）资源库建设资源不够完整，对于各个科目中资源类型的划分不够明确。

七、解决问题的途径

（一）转变教师观念，个人的资源是有限的，如果每位教师每学期主动提供自己的资源，经过长时间的积累，集合所有城乡教师的资源，做到资源共享，这才是建立优质资源库的最终目标；

（二）不断升级硬件、软件，多渠道建立资源库

（三）增加资源库管理人员，培养其管理水平，提高教学资源更新速度，与时俱进，不断完善，使每个板块更加明确；

（四）加大资源库宣传力度，做到真正互学共享。

远程教学助力"青蓝工程"高质量发展

西宁第十一中学教育集团紧跟新时代教育发展理念，不断加强教育集团教师专业成长，致力于提高教师队伍总体素质，在不断加强教学硬件设施建设，努力为教学发展提供坚实基础的同时，有目的、有计划的培养学校所需的骨干教师和教学能手。教育集团开展"青蓝工程"，通过此项活动加强对农村薄弱学校青年教师的培养，促使其快速成长，从而推进城乡教育均衡发展。"青蓝"结对的形成需要多种途径，尤其是城乡教师在地域上有限制，面对面沟通的难度确实存在。集团内充分利用录播教室，摆脱传统的教学套路，让"青蓝"双方教师更便捷、更轻松、更有效地参与教研活动，从而提高知识和技能的有效传播。

一、加强基础投入，着力构建远程录播传帮平台

现代远程教育，是随着现代通讯技术和信息技术的发展而产生的一种新型教育模式。借助于现代通讯技术和信息处理技术，远程教育可以有效地发挥现有的各类教育资源优势，实现教育资源共享，打破时间和空间的限制，扩大办学规模和优质资源利用率，是实现教育资源共享的重要途径。西宁市教育局建设了乡村学校录播教室，十一中对湟中大才学校、前沟学校投入资金，配备了触摸式一体机。所有结对学校有关信息化设施设备全部到位，安装运行；结对帮扶技术环境指南，及时指导学校做好相应设备采购、招标工作；同时开通网络空间，提供网络交互、数据交换环境，切实协助学校解决技术层面碰到的难点；各方还定期分析研究并有效破解工程实施过程中遭遇的实际问题，催生"同步课堂"日渐成为城乡学校互动常态化。远程录播互动作为一种先进的信息技术辅助教学的信息系统，给

城乡校际之间优质教育教学资源共享提供了契机，合理利用好这些技术手段和资源，不仅可以使学生通过自主学习获取更多的知识和能力，也可以促使教师更新教育观念，改进教学方法，提高教学效率，优化教育教学。目前，远程录播课已被广泛应用于各级各类的教育教学活动中，尤其是在集团"青蓝工程"的教研方面应用最为广泛，累计使用远程录播教室达200余学时。远程录播的使用在很大程度上拉近了城乡之间的距离，使十一中集团内的教师，特别是"青蓝"教师之间，可以经常、及时地进行交流和沟通、演示与指导、汇报与求教，极大地提升了青方教师的成长速度。通过使用远程录播教室改变了学生的学习观念，提升了学生学习技能，提升了集团学校大才和前沟的教学质量。

二、强化服务指导，教师教学和学生学习效果明显增加

现代开放教育的主体是自由、自主、个体化学习的学生，整个教育教学活动都应围绕学生这个主体展开，教师加以灵活的指导。但在以往的教学过程中，学生只能通过笔记记录教师某节课的教学内容记录，无法全面完整的回顾整个教学过程。录播教室改变了这种局面，可以将学校课程建设中的大量精品课程录制、保留在视频服务器中，教师和学生不仅可以在课堂上学习和应用，还可以方便地对知识进行二次回顾，可以通过观看视频课这种方式。特别是在大才、前沟这些学校师资力量薄弱，优质教育资源匮乏的地区，对提升教学水平，拓宽学习途径会有巨大的促进作用。

三、创新互动形式，不断提升"青蓝"工程教学帮带服务质量

师资力量是学校发展的基石，以往学校培养青年教师都是采取"传帮带"的形式，经验丰富的教师进入课堂听课，课后点评不足、提出意见建议；青年教师进入老教师课堂听课，细心观察经验丰富的教师对教学内容、课堂节奏等方面的把握，记录板书等重要信息。但在集团校之间，受地理空间距离远、教师上门难度大、教学内容回放难等因素影响，给教育教学造成了巨大的鸿沟，故此，录播教室就成了最有效的方式。2019年9月，西宁十一中教育集团"青蓝"结对达20对，在学期考查过程中，青蓝双方都

完成了规定的教育任务，其中90%的教学任务都是通过远程录播教室完成的。在2019年9月至2020年间的远程录播课中，"青蓝"双方相互授课的模式更是成为远程录播课的一大亮点。在录播课中，十一中主校的"师傅"既了解了"徒弟"的教学特点，又了解了前沟学校的学生特点，这为集团校远程录播的高效使用打下了坚实的基础。在2020年3—6月的远程录播中，主要由十一中总校的"师傅"承担，"师傅"们在教学中尽可能地采取适合前沟学校教师和学生特点的有效教学，获得了集团"青蓝工程"中青方的一致称赞。十一中集团校的"青蓝"工程，以一年为周期，青方和蓝方教师要及时沟通，一学期师傅徒弟互相听课，听课次数至少4节以上;借助网络平台，青方每学期至少要有5个在蓝方教师指导下的教学案例。经过研究，"青蓝"工程中的"师傅"和"徒弟"充分利用远程录播教室进行交流听课，这既解决了地域上的问题，又提高"青蓝"双方的课堂时效性。2020年一年的录播课达到120节次以上，参与人数在2000人次，录播课的优越性得到充分展现。

四、促进资源共享，通过录播教学努力拉近城乡距离

录播教室在集团校内已经得到成熟应用，但为了促进开放教育的发展，实现优质教育资源的异地共享，使教与学彻底打破时间和空间的限制，集团校在2019年加大了对录播教室的使用率，在教师专业技能比赛、集团内学科远程教研、名师授课示范引领等方面效果显著。

录播教室已经成为联系城乡教学的纽带，它是大才学校、前沟学校与十一中主校的桥梁，在这座桥上，有名师们认真教学的身影，有学生孜孜求学的勤奋，更有乡村学校教师和学生企盼的目光，城乡教育一体化通过这座桥使距离不再遥远。

远程教研教学促进城乡一体化发展

2018 年以来，西宁市第十一中学紧跟新时代教育发展理念，不断加强教学硬件设施建设，努力为教研教学搭建平台、夯实基础。在西宁市教育局的指导和支持下，建成集教学视频传输、课件分享多角度采集、编辑、传输、导播等功能于一体的录播教室，在集团校之间初步形成了一个"基于录播教室，城乡教师互动"的教学教研模式。集团内充分利用录播教室，摆脱传统的教学套路和地理空间局限，让学生更便捷、更轻松、更有效地参与学习，努力提高知识和技能的有效传播。

一、现代化录播硬件设施提供坚实基础

现代远程教育，是借助媒体技术和各种教育资源而实施的超越传统校园时空限制的教育活动形式。能实现教育资源共享，提升优质资源利用率。西宁市第十一中学录播教室建成后，集团成员校大才学校、前沟学校紧随其后建成录播教室，通过远程录播与在线指导，形成了以集团校为中心，"三点、多线、一张网"的信息化教育网络。目前，远程教学已广泛应用于各学科的教育教学活动，尤其是在集团青蓝工程的教研方面应用最为充分。自 2019 年以来，累计使用远程录播教室达 200 余学时，极大程度上拉近了城乡之间的距离，使集团内的教学能够经常、及时的开展交流和沟通、演示与指导、汇报与求教，促进了城乡教师的专业成长。

二、转变学生的学习观念，改善课堂教学质量

传统的教学模式是老师教，学生学，老师和学生共处一个空间。这样的空间是隐秘不具备监督性的。在这种时候，教学对象的单一性，导致学生和教师惰性的存在，不能够达到有效利用课堂时间的教学目的。录播教室的使用，一定程度上改变了学生这种情况，在录播教室的老师和学生，皆是聚精会神的专注，无形的压力促进了有效课堂的生成。同时，通过录播课，学生在学，老师也在学，有利于形成同课异构的教学模式，对于提高老师的教学水平有极大的促进作用。

三、革新教师的教学理念，提升教师教学水平

录播教室在西宁市第十一中教育集团校内已经得到成熟应用，但为了促进开放教育的发展，实现优质教育资源的异地共享，使教与学彻底打破时间和空间的限制，西宁市第十一中教育集团校在 2019 年加大了对录播教室的使用率，在教师专业技能比赛、在集团内学科专题远程教研，尤其是音体美远程教研时，效果颇佳。音乐教师在远程授课时，为来自乡村地区的缺少丰富乐器和经验丰富的艺术教育的学生打开了一扇窗，学生们通过音乐，了解了不同音乐的表现形式，感知到国家的美好，感受到音乐的力量，使得教学效果相得益彰。录播教室远程教研将继续研究新的互动方式，以便远程教研多角度、多方面的使用。

四、促进优质教育资源共享，拉近城乡距离

2019 年 9 月，西宁十一中教育集团"青蓝结对"达 20 对，在学期考查过程中，青蓝双方都完成了规定的教育任务，其中 90% 的教学任务都是通过远程录播教室完成的。在 2019 年 9 月至 2020 年 3 月间的远程录播课中，主要通过前沟学校新结对 10 对教师主题展示课来展现。在 2020 年 4 月的远程录播中，十一中总校开展了形式多样的教研活动，在现场教学设计比赛中，十一中参赛教师 50 人次，前沟学校参赛教师 12 人次，大才学校参赛教师 20 人次。同一时间，不同地点，同一内容，大家在教室里互相监督，公平开展比赛活动，这样规模宏大，效果显著的远程教学技能比赛，获得了三校一线教师的普遍好评。每年的"中考交流分析会"是远程录播使用的一大亮点，十一中总校九年级各科教研组经过认真准备仔细研究，分成理科和文科经验交流会在录播教室中与大才和前沟学校展示。通过对历年中考题型的精准把脉和对中考形式的精准解读，在远程录播中对大才、前沟学校教师九年级备课组的教师给予了很大促动，对于提高乡村教学的质量有明显的效果。

网络教研：共享优秀课程资源

多维度提升教学

西宁市委市政府通过集团化办学改革全力推进城乡义务教育一体化发展，西宁市第七中学教育集团围绕乡村学校教育提质工作核心，以省级重点课题《城乡一体化发展背景下农村学校全面成长的实践研究》为引领，将课题研究与集团管理实践相结合，努力实现在教育集团帮带下的农村学校全面发展。经过多年的探索与实践，目前集团校在网络教研、教学常规管理、同测同评、青年教师培养等多个方面取得一些良好经验，同时在不断深化教育集团城乡教学教研模式向纵深发展，让乡村学校通过网络教研打破地域限制，解决教学教研团队不足的困境，不断提高乡村学校教研实效性，切实改变乡村学校的教研环境，实现教学质量的稳步提升。

七中教育集团重点帮扶地处西宁市湟源县的和平乡中心学校和东峡乡中心学校。两所乡村校存在教师结构的严重失衡，包括年龄结构偏大，学科教师配备不齐全等问题，这导致学科教学教研活动的严重缺失。如东峡乡中心学校物理、化学等小学科教师各一人，无法进行常规的教研活动，导致长期固步自封，无法跟上现代网络教学环境发展步伐。

一、网络教研初期遇困境

在集团化办学的初期，集团总校教务教研主管领导和集团分校领导深入调研后，根据当时的实际教学情况，建立远程录播课的互动教学模式，组织党员及学科骨干教师送教下乡、联合教研等教学教研活动，通过全员参与的方式帮助乡村学校进行教学质量提升。在近几年的尝试中发现了诸多问题，如各学校作息时间安排不同，导致教学进度不统一；学生差异较大，远程授课教师无法兼顾不同程度学生；远程录播课限于网络不稳定、声音传输延迟等技术问题；很多教师因各种活动安排，导致课程进度被耽误，对远程录播课产生的排斥心理等问题。

由于这些问题的存在，导致远程录播课大多流于形式，老师们多以完成任务为主，没有通过远程录播课程达到预期的教学实效提升效果。因为湟源县的两所乡村校与总校距离较远，各学科的互动教研一个学期只能开展一到两次，也影响了教研活动开展的质量。

二、多维度提升教学质量

为了更好地指导乡村校整体教育质量的提升，总校提出以课题引领教学教研的办法，通过课题的研究，更系统、更全面地推动了教学教研活动的开展。

（一）狠抓教学常规管理

在集团校之间，采用统一的教学常规管理制度，制定统一的作息时间，统一课程进度。为远程录播课的顺利开展、集体教研的质量提升，打下了良好基础。通过常规督导，规范了教师在教研备课、作业批改、学困生辅导、成绩分析等教学基本环节。教学工作在制度化、规范化、精细化的前提下稳步开展，保证了国家教育方针和课程设置在教学活动中的全面贯彻落实，促使乡村学校教育教学质量全面提升。

（二）加强集团联合教研，落实教研活动开展和集体备课制度

集团依托总校教研组、学科带头人、名师工作室负责集团各校的学科教研工作，进行每周一次的集体教研活动。每学期利用教育集团、教研联盟交流活动，开展教学研讨和集体备课工作。学校为保障集体教研质量和效果，对集体教研实践固定化，每周为教研活动提供不少于 2 课时的时间。每学期开学初集团校各学科组通过远程教研形式（远程录播教室、钉钉平台、微信群等）制定统一的教研活动内容、教学进度，每月至少进行一次集团校际间的联合教研。通过网络、多媒体平台的辅助实现了随时随地教研的工作态势，让沟通交流不再受地域和网络的限制，充分发挥了城区学校在教学教研工作方面对乡村学校的帮带作用。

（三）建立教学质量分析制度

学校利用期中考试、期末考试扎实开展同测同评工作，通过各学科成绩的分析与对比及时总结，将存在的问题与形成的好做法进行归纳总结，为下一步工作提供依据。定期召开集团校教学质量专题分析会、集团校青年教师成绩分析会、集团校初三年级成绩分析会，帮助教师找差距，研对策，为今后的教学教研工作提供可靠的科学依据。

经过多年实践，两所中心学校在近年中考中取得优异成绩，较湟源县城学校教学成绩不断缩小。接下来，为了更加充分地发挥同测同评工作的促进作用，集团校将细化同测同评方式，将以往依托期中、期末考试的评测分解到不同学科的不同章节或知识点，让同测同评工作更加灵活地进行下去，真正让乡村校的广大师生得到实惠。

（四）建立集团校内的青年教师教学常规考核制度

集团校对各校青年教师的教学工作进行常规检查，并对相关情况进行详细记录，每次检查后对相关问题进行总结分析，及时向教师反馈发现的问题，提出整改意见。对检查中存在突出问题的青年教师，教务处将进行诫勉谈话，督促其改进，并跟踪指导，促其提高。对季度工作中成绩突出的教师进行表扬，并总结推广集团校内的优秀教师的做法。

集团校每学期定期开展同课异构比赛，给城乡教师搭建交流、学习的平台，利用竞赛的方式促进城乡教师在业务能力方面的快速成长，为提升学校教学教研质量做好人才储备。

（五）扎实做好远程录播课

为实现集团校间的网络互动教学，集团校建立专网，提升远程录播教室质量，保障课程的同步稳定传输。根据教学工作安排，在开学初，由集团校各学科组集体教研，制定好录播课计划。集团通过教师结对、重点课程设置等形式，做到每周安排两节录播课，课上保证主、副讲教师分工、同步完成教学内容和学生评价，真正提升了远程教学效率。并鼓励音乐、美术、心理健康等课程通过远程录播的形式进行优秀课程的资源共享。

三、总结经验，完善不足

回顾教育集团从无到有的艰难历程，展望教育集团从弱到强的美好未来。我们发现随着教育集团工作的逐步开展，共建项目的不断丰富，教学质量的不断提升，乡村校校风校貌、学风教风等方面有了巨大变化。同时，随着集团各校教师在教学教研方面的互动磨合，网络教研、远程录播课已经从刚开始的完成任务、流于形式变成了教学交流的必要途径。一次次扎实的教学研讨、网络课程分享，让乡村学校的师生在自己学校就能享受到优质教育资源，为城乡学校所有教师带来了共同提升进步的平台，我们在不断探索的过程中，发现问题、解决问题，希望集团校网络教研在所有教师的共同努力下会更加多元有效，集团校教育质量的整体提升也必将会让乡村师生受益，做到真正的教育均衡发展。

结对子搭台子　抖家底亮绝活

一、背景介绍

西宁市第十一中学教育集团已经组建近 3 年了，集团总校是西宁市第十一中学，分校有西关街小学、大才乡中心学校以及大才乡前沟学校。因西关街小学是小学，互助共建的学校是前沟学校。西关街小学是城市学校，位于西宁市城中区，前沟学校是农村学校，位于湟中区大才乡，两所学校的相距地比较远。学校的信息化硬件建设在农村学校是比较好的，前沟学校现班班都有交互式一体机，教师平时上课使用多媒体设备已经成为习惯，这激发了学生的学习兴趣，增加了课堂容量，提高了效率。西关街小学更是如此。除此之外，两校教师都能熟练使用ＱＱ、微信、钉钉以及奥威亚远程录播系统等多媒体平台。

为加快集团校信息化建设，提升教学现代化、信息化，均衡教育教学资源，集团校将教育信息化作为集团办学工作的一个重点，其主要思路来源于以下两方面：

（一）政策推动

为深入贯彻西宁市教育集团办学精神，切实提高学校信息化建设、管理与应用水平，努力以现代教育思想和理论为指导，以教育教学模式的改革为关键，以网络和其他信息化基础设施为基础，以信息技术与课程整合的形式和方法的研究为突破口，密切结合西关街小学和前沟学校的教育教学实际，不断提高两校教师的教育教学能力，提升两校教师的综合素质，均衡教育资源，促进城乡教育均衡发展，以信息化带动教育的现代化，以信息化促进教育的均衡发展。这是政策上的推动。

（二）现实需要

前沟学校经过多年的努力，学校办学条件已初具规模，特别是近年来，为了扎实推进教育的均衡发展，学校办学踏上了更高的平台。建立了远程录播平台，修建了录播教室。学校要发展，教育信息化是提升学校综合实力的必要条件，信息化是实现教育现代化的必经之路，因此集团校非常重视校园信息化平台的建设。

二、具体做法

（一）注重顶层设计，考虑整体架构

建立起无障碍沟通的平台，如"集团联络人交流ＱＱ群"等，确保集团校校长、老师之间的联系常态化、交流开放化。在信息化建设中注重考虑顶层设计，考虑整体架构设计，以便借助平台让集团内师生有共同的愿景，共享，共建，形成发展共同体；更好的整合和利用各种资源和投资；同时能让智慧校园平台的开放性和扩展性更强，以便满足集团校统一管理下各分校的特色建设和未来个性化扩展建设的需要。

（二）线上交流，理念更新

建立ＱＱ、微信线上交流，更新教育理念，提升教学能力。两校教师"一对一"结对帮扶全覆盖，结对教师双方不光签订协议，并互加ＱＱ和微信，平时通过ＱＱ及时沟通，交流教育思想，分享教学经验，共享优质教学资源，共同提升对教材的理解能力和教学实践能力。西关街小学"童心教育"体系下的"童心课堂""童乐教师""童趣学生""童星社团"和"童味课程"引领前沟学校的课堂教学和校本教研活动。

（三）钉钉辅助，提升素养

建立钉钉教师交流群，线上备课，研讨交流，互换意见，交流见解，研究课堂。建立了集团化办学语文教师交流群、集团化办学数学教师交流群以及集团化办学英语教师交流群等线上交流学习群。采用名优带动促成长、课题引领促提升、草根教研显才智、教学比武练内功、人人献课促效益、N+1+1的校本教研等形式，打造凸显学科素养的童乐教师队伍。

通过平台视频、直播等形式开展丰富的教学研讨活动，督促老师加强理论学习和实践探索，提升老师的综合素养。在教研中，将西关街小学以提升学生的核心素养为核心的童心课堂卷入前沟小学，结合前沟小学的校情和学情，着力于前沟学校学生自主学习能力的提升，不断地丰富课程资源、优化教学策略，多种课型应运而生，一是课前小讲堂，二是"1+x"阅读课，三是生动数学课，四是全景式思维训练课，五是创意美术课，六是好玩科学课。

（四）远程连接，协同发展

以"趣"为导向，开展多学科丰富内涵的远程录播课，让农村孩子在学校就能享受不一样的课堂，呵护孩子的童真，落实立德树人的根本任务，融合城乡教育资源，实现城乡学校的互联互帮、融合共进和协同发展。

（五）扬信息技术之帆，探寻均衡优质教育资源的"金钥匙"

集团教育信息化平台建设，是对传统教育方式的一次革命，是补集团化办学两校距离的一种新形式教育产物，也是素质教育的必然要求，也是促进集团联盟校课堂教学质量全面提高的重要途径。集团校利用信息化平台大力开展教育交流与合作活动，促进城区校际协调发展、均衡发展、内涵发展，优化资源配置、分享优质教育资源、缩小校际教育差距，促进区域教育均衡发展。

在帮教过程中，老师们的学习活动范围更大了，教育视野更宽了，对教育的理解也更深刻了，有力促进了携手打造城乡教育共同体的目标实现。

三、主要经验

（一）多平台多渠道互帮互学

1. 在集团内部建立QQ、微信交流群实现教育资源的高度共享，为教学、教研提供服务和各类帮助；

2. 寻求集团化办学新的突破口，高效使用钉钉平台，提高教育技术的现代化水平和教育信息化进程；

3. 熟练使用远程录播平台，开展两校教师学习、交流和互动的活动，为学生享受优质的教育资源和学习创造相应的条件。

（二）线上研讨模式多，教师学习途径广

1.腾讯视频会议备课模式；

2.钉钉线上读书分享；

3.钉钉直播教研活动；

4.多群联播教师理论培训；

5.群内课堂实录观摩；

6.直播式评课议课。

四、存在问题

（一）平台建设的顶层设计还需进一步加强和规划；

（二）乡村学校远程录播系统的使用不够熟练；

（三）信息化平台使用的激励机制不够健全。

五、工作设想

信息化平台建设是集团化办学工作推进和质量提升的一大保障，在集团办学信息化平台建设上还有很长的路要走，"没有最好，只有更好"，为了适应新形势的要求，为集团化办学均衡优质资源，促进城乡均衡发展助力，我们将继续完善教育信息化建设，努力创建出更好的集团办学信息化平台和数字化网络环境，全方位、高水平实现教育均衡发展。

让乡村的孩子插上科技的翅膀腾飞

一、背景介绍

为推进城乡义务教育一体化改革进程，加快义务教育优质均衡发展，努力办好人民满意的教育，根据市委市政府关于《西宁市城乡义务教育集团化办学指导意见》精神，2017 年 8 月，西宁市第二十一中学、小桥大街小学、大通斜沟中心学校组建二十一中教育集团。教育集团坚持以科学发展观为统领，以加强应用为主线，以网络管理为依托，打造教育集团管理新时空，并优化校园网群，把集团内各分部连接成一个有机的整体。

二、集团内学校信息化建设现状

西宁市第二十一中学：配备电脑 501 台，其中学生用电脑 180 台，教师办公用机实现人手一台，学生机房 3 间；建有班班通网络教室 60 个，均为液晶触摸一体机，班班配有多媒体实物展台；录播教室 3 个，建成了 100M 主干的校园局域网，并且光纤接入教育城域网。

小桥大街小学：配备电脑 360 台，其中学生用电脑 128 台，教师办公用机实现人手一台，学生机房 2 间；建有班班通网络教室 36 个，均为液晶触摸一体机，班班配有多媒体实物展台；录播教室 1 个，多功能教室 1 个，建成了 100M 主干的校园局域网，并且光纤接入教育城域网。

大通斜沟乡中心学校：配备电脑 107 台，其中学生机 56 台，学生机房 2 间；2015 年建成班班通网络教室 23 间，其中班级教室 19 间，为红外触摸电子白板；学校建成 100M 移动光纤校园网，接入到各班级、办公等节点，实现全校网络化；学校配有其他打印机、照相机、摄像机等多种电脑辅助设施，保证日常教育教学的顺利开展。

三、具体做法

（一）加强教师信息技术培训工作

集团校开展信息技术专题讲座培训，要求全体教师掌握基本计算机操作及在网上查找资料的能力，50 岁以下教师会运用 ppt 等形式整合资源，具有课件制作、微课制作、白板应用等信息技术能力，能通过相关资源平台进行备课、授课，同时强化对青年骨干教师的培训，提升学校其他教师的能力，并鼓励集团校教师全面利用信息技术开展教学教研活动，包括个人备课和集体教研，实现跨校际、跨城乡、跨区域的网上教研。

（二）利用录播平台，推进精品课的实施，建立资源库

集团校教师通过录播平台，开展同步课堂。同步课堂为城乡学校教师间搭建了良好的交流学习互动平台，有效推动了斜沟乡中心学校的教学改革进程，为传递新的教学理念、掌握新的教学方法奠定了基础，真正起到了示范引领作用。三年来，集团校同步课堂涵盖全学科，全年级。所有学科送教共 74 节，各科骨干教师赴斜沟校开展示范课共 18 节。同时，也建立了集团校内部资源库，实现优质资源共享。

（三）网络教研，让教研无距离

西宁市第二十一中学教育集团保证每周一次网络教研。将相关年级、相关学科的教师，一起聚集在网络上，在各学科备课组长的带领下，就学科目标、单元教学重难点、学习方式、训练计划、中考重点与难点等方面进行了研讨。真正把校内外学习生活、资源共享等方面融合到一起，有力地推动教学教研共同体建设，在相互交流中提升教学能力与教科研水平，充分发挥两校骨干教师的示范辐射和指导作用，促进教师交流，实现优质教育资源共享。

四、信息技术应用能力的培训与提升工作存在的问题

（一）观念问题：穿"技术"新鞋，走"传统"老路

一些教师只知道信息技术的相关理论知识，但是用到课堂实践的很少。基本还是黑板粉笔式的传统教学，没有利用多媒体与学生开展互动。有些

教师只是在网上下载一些课件，拿来就用，没有根据自己的教学内容和学生的实际情况进行灵活修改。

（二）存在"技术至上"主义

有些教师只注重简单操作，不重视理论的学习。认为会操作就可以，结果导致实践没有理论的支撑，不仅事倍功半，而且不能根据教学情景高效使用信息技术，没有积极开发出技术本身潜在的教育价值。

五、下一步工作的方向

（一）更新教师信息技术理念，促进理论向实践转变

更新教师信息技术理念，使培训内容与课堂教学紧密结合，在教师培训的基础上，改变教学模式，改变课堂方式，积极组织教师信息技术应用授课比赛，以此发挥信息技术在课堂教学中的作用。

（二）加大信息教育培训力度，以赛促学

加大教育信息技术培训力度，提高教师信息技术应用能力；以赛促学、以学促变，使信息技术真正进入课堂。为了使教师真正掌握信息技术，并熟练地应用于课堂教学，培训将针对教师的不同需求开展不同专题的培训和讲座，如新教师培训应侧重于高效科学的制作课堂PPT，青年骨干教师培训则着眼于白板设计、课件与投影仪等综合使用。

集团信息化平台建设与使用是一项长期而持久的工作，在这几年的使用中带给广大师生极大的帮助和便利，但在使用过程中也出现了一些微小的问题。可是，瑕不掩瑜，集团信息化平台建设与使用工作带给集团各校的巨大优势是有目共睹的。因此，这项工作会在师生的拥护下一直保质保量地做下去。

转变教育理念 推动信息技术广泛应用

教育部于 2019 年发布《关于实施全国中小学教师信息技术应用能力提升工程的意见》。《意见》设置的任务中明确提出，要缩小城乡教师应用能力差距，推动教师主动适应信息化、人工智能等新技术变革，促进教育均衡发展。

西宁市第七中学教育集团成立以来，经过实地调研，多方了解情况，了解到集团成员校东峡乡中心校和和平乡中心校教师年龄结构不理想，总体年龄偏大，对教育信息化认知不足，学习动力不足，加上缺乏有效的系统性培训，教师信息技术应用能力普遍较弱，农村校虽然因为政策的扶持，整体硬件设备不错，但学校信息化设备与教师应用不匹配，响应的应用不足。这种矛盾异常突出，制约了信息技术与教育教学的有效融合，同时也影响和制约着教育信息化的发展进程。为了真正落实教师信息技术应用，适应教育信息化的迅猛发展，与此同时给乡村的孩子提供更好的教育资源，和城里的孩子在同一条起跑线上，节约老师跨区域交流的时间，集团校加快推进各帮扶项目落地，经过多次调研，为和平乡中心学校和东峡乡中心学校搭建了信息平台，援建了录播教室，在硬件建设升级上下足了功夫，借此实现了异地同步上课、观课、评课，通过网络平台加强集体备课、教研交流，定向帮扶乡村教师提高专业水平与信息技术应用能力，为学校、教师的各项活动交流提供了极大便利。硬件建设的提高为软件提高奠定了基础和保障，有效提升教师的信息技术应用能力越发迫在眉睫。

一、引导帮助教师转变教育理念，理念是行动的驱动

乡村校教师的一个突出特点就是经验主义，缺乏与时俱进，尤其是年

长教师，这也是制约教师发展，进而影响学校发展的重要因素。终身学习不是一句口号，而是一种习惯。改变理念不是一蹴而就的事情，但可以通过反复宣讲、创设情境、搭建平台等方式慢慢渗透，正如对待学生的"润物细无声"。有了理念改变的驱动力，行动的改变就有了可能。

二、加强教师信息技术应用培训

（一）依托项目培训

充分利用集团总校的优质资源，定期选派校长、学科骨干教师等外出参加培训学习和观摩活动，自 2016 年以来，西宁市第七中学教育集团先后前往山东、浙江、西安等地了解、认知先进的信息化教学理念，并接受了短期的、专业的教育信息化能力培训。

（二）落实集团内培训

根据集团农村校的需求，结合学校的实际特点，集团总校进行了订单式培训，分别进行了电子白板与学科融合讲座、集团校内教师信息技术应用能力培训讲座。

2020 年是不平凡的一年，一场疫情不期而至，学校的正常教育教学受到了严重影响，为了保证学生能够正常学习，教育部门要求停课不停学，网络教学展现了它的优势，这也是今后教育教学的一种常态，一种不可或缺的方式，相应的对教师信息技术应用能力要求更高，针对该情况，西宁七中教育集团总校积极沟通联系，安排信息技术老师进行讲座培训。培训前期，协同信息技术老师通过问卷调查，电话访谈等形式开展培训需求分析，人员包括集团农村校行政人员和学科教师，调研的主要内容为以前参加信息技术培训情况，应用信息技术手段开展教学情况，信息技术与学科教学整合情况以及工作中遇到的困难等，全面了解不同层面的教师对培训的真实需求。通过调查明确了主要内容——培训内容与教学实践中的设备相结合，常用的软件技术与工具介绍，示范性的教学案例，信息技术与学科整合的先进理念等。培训教师没有采用单调的灌输式讲座，而是在机房深入浅出的讲解，将软硬件环境和实际教学相结合，帮助老师们解决平时遇到的棘手信息技术问题，诸如安装字库美化PPT、刻录软件CDBurnerXP的简单使用、会声会影的安装、破解及使用、格式化工厂的使用、手机视频编辑软件的简单使用，都是和教育教学密切相关且急需掌握的软件，将复杂的信息技术问题简单化、易操作。课堂上既放得开，又收得拢，边讲边练，既有明确的教师个体操作要求，又有合作学习的默契，是一堂朴实、扎实、真实、接地气的培训讲座。

为了更好地将信息技术与学科有效融合，改变教学方式，提高课堂效率，培训教师通过视频案例展示了一节智慧课堂下的生物课，与会教师反响很大，这节课在某种程度上颠覆了以往的教学方式，热烈讨论后更是提出了以往认知上的一个常见误区——认为只要在课堂上运用了PPT，播放了视频或音频类的就是信息技术与教学的融合。有类似想法的不仅仅是这些教师，因此，信息技术应用的理念转变仍然任重道远。

本次培训的目标是要求教师达到信息技术应用能力的基础性要求及应用信息技术优化课堂教学的能力，主要包括教师利用信息技术进行讲解、启发、示范、指导评价等教学活动应具备的能力。目前存在的问题是年龄偏大的教师对新技术的使用缺乏信心，不愿使用，技术不到位；年轻教师虽然在信息技术使用方面接受的较快，但是因为专业基础和教学经验的限制，也很难将信息技术与学科很好的融合。青蓝工程中的师徒结队有利于解决这个问题，师傅的优秀教学经验加上徒弟的信息技术应用能力，融合就能有效顺利地开展，取长补短，共同进步。

（三）强化校本培训

针对学校教师的实际情况量身定做并实施"培训与学习有机结合"校本培训运作模式，根据年龄和学科分组进行，充分挖掘和利用学校资源，团结合作，学练结合。

三、广泛开展信息技术应用活动

积极组织教师参加各级各类教育部门组织的信息技术活动，大力开展信息技术教学观摩课、公开课、说课比赛、教学设计大赛、课件制作大赛等各种活动，营造学习运用信息技术的浓厚氛围，调动和激发教师学习信息技术开展教学实践积极性，推进信息技术应用能力的持续提升。

信息技术发展日新月异，信息技术应用的能力是一个循序渐进的过程，急功近利，一蹴而就的做法不可取。集团校内城乡教师信息技术水平差距较大，要充分考虑现有教师的年龄结构、技术基础应用环境和信息技术应用氛围，充分发挥城区信息技术应用能力较强和农村校内骨干教师的辐射作用，避免因目标和要求难以完成而放弃或者作假，反而与最初目的背道相驰。

加强教师信息技术应用能力

促进教学信息技术深度融合

千里之行，始于足下。新的教育环境需要我们以新的眼光更新我们的思维。推进信息技术与学科教学深度融合已成为教育教学发展的必然趋势，在近几年的探索中，西宁市沈那中学教育集团的教研团队借助现下广泛流行的"微课"形式，引领老师们思考如何开展信息化课堂的打造。抓住"微课"课时短、教学知识小、灵活性强的特点，引导老师们明确课前、课中、课后"微课"使用所带来的优势，以及不同课堂时段"微课"所能起到的不同授课效果。由此推进了集团各分校教师深入探索信息技术与学科深度融合模式的思考，带动了教师在课堂教学中应用信息技术的积极性，开始将信息技术应用于改进教学手段、方法这类"渐进式的修修补补"上，向着运用技术改善"教与学环境"和"教与学方式"的课堂教学结构发展，也开始了有意识的选择能发挥信息化环境的优势，学生能通过自主、合作、探究的学习来获得知识的课例来备课授课。研究中，教师们产生不少的思考，比如在新的信息化教学环境下，教师如何更好地调控课堂教学，避免课堂失控，如何更科学地通过网络进行评价，教师如何更好地设计互动引导学生学习等问题。

问题来了就得研究解决。于是，沈那中学把"三赛三课两研究一练兵一研修"作为教学、研究、培训工作的常态，即以"微课比赛、教学设计比赛、课堂教学比赛"促进信息技术与学科深度融合，以"领航课、挂牌课、诊断课"提升教师信息化能力，以"研究校本作业、研究课堂教学"构建研训文化，以"岗位练兵"优化课堂教学，构建研训团队，做实"思齐草根论坛"，构建研训平台，促进乡村学校教师的信息技术应用能力培训。集团校借助骨干、名优教师的专业引领，加强教师信息技术素养的培训，通过选课、备课、磨课等研讨，明确了如何根据教学内容以及信息技术手段确定本节课的知识融合点、怎样为融合点选择合适的资源与软件、如何应用教学资源和软件支撑教学内容开展教学活动等一系列的问题。

由此开展了一系列的信息技术培训，尤其是对希沃白板、微课制作、问卷星等小软件、小程序的使用培训，让教师掌握基本的使用方法，以便在教学中更好地应用。

首先是通识培训——由白板公司的技术员通过在白板上现场演示完美实现交互式教学的培训，使教师初步了解电子白板在教学中的巨大作用。教研室朱玲、马联文老师先自学然后再分批次对老师微课的设计、录制、使用等方面进行培训，以便于老师更灵活地将教学延伸到课堂外。

其次是问题研讨——培训之后，学校将教师白板使用和微课的有效利用过程中不明白的问题进行汇集，邀请上手较快的青年教师组织进行二次培训，就白板和微课在不同学科中的使用、优化等方面存在的问题进行集中研讨，使教师对于信息化教学有了更深的了解。

在市教科院的引领下，成功立项两个学科信息技术与学科教学融合的课题研究工作，高中化学和初中数学两个课题组将信息技术与学科教学融合的研究作为了优化教学环节的切入点。与此同时，还申请了省电教馆的课题《初中主干学科同步教材微课设计及应用研究》，已于2018年顺利结题并评为优秀课题。

"羚羊"送教情暖乡村

一、背景介绍

为全面贯彻党的十九大和十九届历次全会精神，认真落实全国教育大会精神，深刻领会青海省教育厅《关于推广西宁市集团化办学经验进一步完善强校带弱校 城乡对口支援办学机制的通知》，认真贯彻落实市委、市政府关于《西宁市城乡义务教育集团化办学指导意见》，根据青海省教育发展基金会的安排和部署，大通县教育局结合《大通县高原流动教学车（羚羊车）公益项目工作方案》的总体要求，落实立德树人根本任务，不断深化城乡教育集团化办学改革，以促进学生发展、教师发展、学校发展为根本，坚持以服务教育教学及全体师生为宗旨，深化教育改革、强化教师队伍建设、提高管理水平，提升办学品位，凸显办学特色，丰富办学内涵，办好人民满意的教育。通过创新工作机制，优化布局调整，完善工作举措，落实基本保障，探索多种形式的集团化管理模式，进一步推动县级城乡教育集团的辐射作用，整体提升办学水平，促进义务教育阶段学校优质均衡发展。

二、具体做法

大通县教育集团办借助高原流动教学车——"羚羊车"项目开展以"送教下乡"为主的优质资源共享活动，此模式在摸索中不断前行，在尝试中不断改进，取得了较好效益。活动根据各乡村学校需求，邀请县城学校的骨干教师、信息中心、青少年活动中心、安全科及教研室等部门的专业教师开展送教、送研、送培下乡任务。

1.送课下乡以受援学校的具体情况和急需解决的教学问题或薄弱科目为根本，送教学校将本校办学特色向受援学校进行解读，将优秀教师进行推荐，各送教教师主动与受援学校加强沟通，做好学情分析，有的放矢地调整教学策略，切实做到让边远地区的农村孩子像城市孩子一样享受一节优质高效的课堂教学，力争将最好的课堂教学送至受援学校，从而达到送教效益最大化的目的。

2. 送研下乡主要以在受援中心学校进行同课异构的方式进行，分为小学、初中两个学段进行，通过听课、评课、交流等形式来完成。送教教师将各自日常教学中的好方法向受援学校教师进行介绍，受援学校教师也应将日常教学中的困惑、难题等向送教教师虚心请教，具体时间、科目及课题由受援学校制定后，经教研室审核后通知相关学校进行提前准备。

3. 送培下乡以专题讲座和培训的形式进行。各学校可根据自身需求，向羚羊车项目办公室提出申请，羚羊车项目办公室将根据学校的申请，有针对性的安排县域名师、专家对学校师生开展讲座或培训，具体时间和内容将根据学校申请另行安排。

另外，中、高考备考专题复习在学校申请的前提下，计划针对薄弱学校送去以中、高考备考为主的专题复习课。争取达到将优质的教学资源、先进的教学理念、高效的课堂教学送到山区学校、送进课堂的送教目的。

三、工作成效

每年赴逊让乡兰家教学点、黄家寨镇陶家寨教学点、长宁镇王家庄教学点等 37 所农村小学和教学点开展以课堂展示为主的送教下校；赴桦林乡中心学校、石山乡中心学校等 21 所九年一贯制学校分学段开展以同课异构为主的送教下乡活动。

1. 送课下乡：先后出动 261 次，完成送课下乡 660 节，受援学生 7588 人次，受援教师 2863 人次。

送教课程按科目分类：语文 186 节，数学 195 节，英语 75 节，以上占课程总数的 76%，

2. 送研下乡：在送课下乡过程中，完成说课、评课及交流研讨等送研下乡共计 375 节次，受援教师 2640 人次。

3.送培下乡：完成送培 90 课时。

四、取得的经验及成绩

（一）扎实开展送教，取得丰硕成果

大通县送教下乡工作以送课、送研和送培三个板块为核心扎实开展优质资源共享工作，近三年来共送教 660 课时、送研 90 次、送培 90 次。受益师生总数达 13266 人次（其中学生 7588 人次，教师 5678 人次）。

1.送课下乡，更注重受援学校的实际情况。针对项目实施过程中送课教师对农村学校实际情况分析不到位的现象，在课程选择、送教人员选拔、送教准备等方面进行了全面改革，如在课程选择方面，虽然还是采用"点菜式"选课，但羚羊车工作室给予受援学校更多的指导和帮助，建议他们从自身实际情况出发，选择薄弱科目进行选课，从而增强送教的时效性和针对性。在送教教师备课准备方面，2017 年实施阶段，从羚羊车项目办公室到受援学校选定课题，再到送教学校安排任务，送课教师从接受任务到前往送教只有 3 天左右的准备时间，送教教师的备课时间紧，进而影响了高质量的送教。后面通过送教团队的组建和 QQ 群的建立，从受援学校选课到送课整个周期为 10 天左右，教师备课时间有了充分的保证，特别是桥头小学和园林小学等学校，均要求送教老师在每次送教前都要在本校进行试讲，通过教研组的集思广益，大家对受援学校的学情进行有针对性的分析，有的放矢地修改教学设计后才能前往送教。这使得送课下乡更符合受援学校的需求。园林小学马燕霞老师在送教新庄镇中心学校时，通过园林小学集体备课、研课和摩课，在本学校试讲并进行了二次修改，又通过与新庄镇中心学校授课老师的沟通后，他们又对教案进行了第三次修改，将讲课重点放在了画垂线上，送课结束后，通过园林小学设计的当堂测试表分析，本课教学中学生掌握程度达到 96% 以上，据该班授课老师在交流中反映，平时该班学生掌握程度基本在 60% 左右。如此高的掌握程度在此之前是他们根本不能想象的。同样是马燕霞老师，在送教景阳镇大寨教学点的《认识时间》一课时，通过与该学校授课老师的沟通，了解到学校教具不足的情况后，在学校教研组的其他老师的帮助下,自制钟面模型,在课堂教学中让学生动手操作,收到较好的教学效果。正是因为准备时间的充裕,让县羚羊车公益项目在广大农村学校更具亲和力,让农村边远地区的孩子们感受了一节优质高效的课堂教学不再是一句空话。

2. 送研下乡,更注重受援教师的实际水平。县羚羊车公益项目办公室在送课下乡的过程中,对说课、评课等送研下乡工作进行了反思,通过送研下乡,让送教和受援教师之间进行相互的对比、学习、交流和借鉴,受援学校的教师们既亲身感受了送教的教学风采,又学习了送教教师的先进教学方法、教学经验、多媒体设备的使用技巧和改变自身教学方法的思路,对受援教师教学技能的提升发挥了有效的促进作用。我们更加注重受援教师的实际教学水平和认知程度,有的放矢地加入了部编教材的解读、教学经验的交流等内容,从而使送研下乡更有效率,而这种"润物细无声"的送研工作,更受基层学校广大教师的欢迎和认可。桥头小学教务主任魏晓琴,在 2018 年初加入大通县羚羊车公益项目课题组,仅今年下半年就参与送教 6 次,每次送教中,她都认真听课,在课后的送研活动中,凭借自身三十多年的教学经验,对送课教师的亮点她都是给予充分的肯定,对于送课教师的不足,她也总是结合自身教学中积累的经验,给予指导性的意见和建议,对于日常教学中知识点的把控、每一课教学目标的完成、部编教材的解读等内容,她总是毫无保留的娓娓道来……这种既有理论知识,又有实际教学经验的送研教师还有很多,如园林小学教务主任韩咏梅、南门滩学校教务主任韩武刚等,正是在他们的努力下,县羚羊车送研下乡工作开展得如火如荼,而这种更适合农村教师实际水平的送研下乡,更受农村学校广大教师的欢迎。

3. 送培下乡,更注重受援教师的实际需求。大通县将原有送培下乡工作进行了改革,采用请进来、走出去的方式进行县域培训,尤其是对小科目的培训力度逐步加强。年内分别邀请南京市雨花台区的甘方城和何屾两位美术老师在南门滩学校进行了美术示范课展示和教学交流活动,安排县域名师任成英和陈萍、李娜和赵有琴四位老师对我县 60 位专兼职美术、音乐教师进行了示范课引领。通过对信息技术专题培训，大通县各农村学校对电子白板和两平台的使用有了较高的掌握。此外，还根据学校实际情况，有目的地进行了专题培训活动，如在青林乡中心学校的申请下，组织9名小学数学专兼职教研员到青林乡中心学校开展课堂诊断和优质课示范引领活动。根据城关镇中心学校的申请，邀请魏晓琴老师在该校进行了小学语文略读教学的专题培训。虽然送培工作在数量上与去年相比有所下降，但送培工作更注重了学校的实际需求，送培工作更受学校的欢迎。

（二）选拔优秀教师，组建送教团队

针对个别教师送课质量不高的现象，经教研室研究后，大通县羚羊车公益项目办公室积极号召全县广大教师加入到羚羊车送教下乡工作中来，通过学校推荐的方式，前期报名参加教师总数421人。通过教研室专职教研员审核等方式的选拔，目前有145名教师被认定为大通县羚羊车送教团成员教师，并发放了聘任证书。此外，为进一步加强羚羊车送教下乡工作的团队建设，大通县羚羊车项目办公室以羚羊车送教下乡为研究对象，申请并立项了县级课题，课题组分别以县城几所学校的教务主任为成员，对送教团成员教师在送教方面进行全面指导，对送教教师的专业提升给予更多的帮助，并针对不同的受援学校有针对性地开展送研下乡工作。对年内送教下乡工作中贡献突出的教师和学校给予表彰，截至目前共有6所学校和35名教师分别授予"羚羊车送教下乡工作突出单位""优秀送课教师""优秀送研教师"和"优秀送培教师"的荣誉称号。

（三）通过多种渠道，加大宣传力度

在送教过程中，除原有美篇宣传外，积极通过多种渠道加大优质资源共享——羚羊车公益项目的宣传力度，通过青海省电视台生活频道报道我县羚羊车公益实施的相关内容；相关文章《不忘初心继续前行》被总第220期《大通宣传》所刊载；羚羊车送教下乡年工作总结被第四期《大通教育》所刊载。此外，大通县羚羊车工作相关报道简报、美篇多次被"大通教育微信公众号"发布……通过一系列的宣传和报道，羚羊车送教下乡公益项目已深深扎根在全县农村中小学师生的心中。

（四）档案资料收集，更加完善丰富

档案是项目实施的历史记录，大通县集团办始终对项目档案建设常抓不懈，使档案建设制度化、常规化。通过档案管理经验的总结，使档案管理工作更加充实和完善，各种数据统计更加详实，通过一系列行之有效的措施，为今后项目的持续实施奠定了基础，为项目的研究提供了第一手数据。

（五）积极搭建平台，推动小学科发展

近年来，国家对科学、音乐、体育、美术等科目的重视程度与日俱增。为此，大通县羚羊车公益项目积极助力音、体、美等科目教学的发展，积极承办了全省羚羊车公益项目交流展示工作，在以科学课程为主体的交流展示中，大通县近200名专兼职科学教师参加观摩。还分别邀请南京市和本地音乐、美术名师开展了3次示范课观摩活动，受益教师达178人次。同时，积极选派优秀音乐教师到湟中县进行交流和学习，通过一系列行之有效的活动，进一步促进了大通县音体美等科目教学的发展，促进了任课教师的专业成长。

五、存在的问题及应对策略

通过羚羊车项目实施优质资源共享模式的探索，虽然初见成效，但仍有一些不足，主要有以下几方面：

（一）送研、送培力量仍然薄弱，送研方式有待进一步提高

在送教下乡活动中，大通县送课数量有所增加，但送研、送培数量明显降低，主要原因在于送研、送培力量的薄弱所致：一是送研人员储备较少，不能大范围、形式多样的开展送研下乡工作；二是送培形式较为单一，目前仅局限于电教设备的使用方面为主的送培下乡。所以，在今后的工作中要更多地选拔送研、送培人员加入"羚羊车"送教团队中，进一步加强送研下乡和送培下乡的工作力度。

（二）储备优秀送教课例，逐步打造"羚羊车"送教下乡精品课程

羚羊车送教下乡公益项目已在大通县实施了两年，在这两年的送教过

程中涌现了较多的优秀教学课例，在后期的送教过程中，我们将准备以往送课下乡中产生的精品课程进行录制、整理和储备，以羚羊车送教下乡来进行推广和打磨，以此带动青年教师的教学成长，进一步推动羚羊车品牌效益。

（三）注重农村教师发展，进一步加大本土培训力度

农村教师的本土化培训一直是大通县羚羊车送教下乡的优势，但是也存在城市和农村教师理念不一致，意识不匹配等诸多现象，因此，在今后的送培工作中我们要将农村教师的现有水平和发展需求作为重点，有的放矢地进行送培，将本土化培训工作做到极致。

（四）多种学科有机融合，加强多种教学模式的展示交流

大通县羚羊车送教下乡均采用"点菜式"送教，故送教科目涉及各个科目和学段，但每所学校每年只有1~2天的送教时间，如何在有限的送教时间内更多地为受援学校、农村教师们展示不同的教学模式和教研理念是一个值得深思的问题，就目前而言，大通县已有桥头二小学校开展的梦想课堂、极乐乡中心学校开展的网班教学、青林乡中心学校开展的空中课堂、向化乡中心学校开展的未来教室……如何让更多的教师来感知、学习和借鉴这些新引入的课堂模式，进而改变大通县农村教师现有的教学模式，推动他们向更高层次进行提升，是一个值得深思的问题。

（五）送研和送培缺乏系统性和连续性

在羚羊车送教下乡过程中，各学校及教师对这种送到家门口的送研和送培，表现出了极高的热忱，但因大通县学校数量较为庞大，一年中一所学校只能有一次送教上门，送教结束后缺乏后续的跟进和成果的沿用等连续性、系统性工作。如何进一步加强系统性送教，送教成果持续发挥效应是羚羊车送教下乡工作中的一个难题。

六、工作思考及设想

（一）每年定时召开专题会议

通过每年定时召开由送教团成员、项目学校组成的专题会议，对上一阶段的工作进行总结，对优秀送教教师进行表彰，对下一阶段要完成的送教任务进行进一步明确和部署。

（二）保持送教工作稳中有进，力争形式多样

从送教科目考虑，对要进一步加大音体美等科目的送教力度；从送教学段考虑，要进一步加强初中课程的送教下乡和高中课程的尝试性开展；从受援学校考虑，要继续保持每个教学点每年 2 课时以上的送课下乡，且兼顾评课、交流等教研活动；进一步开拓中心学校的小学和初中的同课异构式送课下乡，争取将效益最大化；从送教形式考虑，要做到送课、送研、送培齐头并进，不能出现三种形式的参差不齐，尤其要加大送研送培的工作力度。

（三）组织开展多种教学模式地集中展示活动

积极搭建交流展示平台，组织教师观摩已引入大通县的各种教学模式，通过观摩、学习和借鉴，让更多地教师感受这些新教学模式，结合自己学科教学进行有机的转化和吸收，进一步提升农村教师的教学能力。

（四）进一步加强送教团队建设

选拔更多的优秀教育人才加入羚羊车送教团队中来，尤其要加强优秀送研、送培教师的储备工作，对现有送课教师采用多种方式进行补充和更新。

坚持立德树人、全面发展的教育理念，立足"德育共育"，创新活动方式，丰富德育内容，搭建共育平台，促进城乡学生在知行教育、文化体验、文艺体育、学习交流等方面的互动与认知，引导未成年人"扣好人生第一粒扣子"，形成"携手并进、快乐成长"的集团德育共育格局。

德育共育共促
立德树人 全面发展

丰富德育新内涵

实现德育共育品牌再延伸

为深入学习领会习近平新时代中国特色社会主义思想和党的十九大精神，贯彻落实《中小学德育工作指南》和《关于推进青年志愿服务工作改革发展的意见》等文件精神，进一步在广大学生中培育和践行社会主义核心价值观，引导学生将研究性学习与社会实践相结合，不断增强学生的社会责任感、创新精神和实践能力，同时，传播志愿者服务理念、营造文明校园、幸福西宁新风尚。基于此，自2018年以来，以弘扬"奉献、友爱、互助、进步"志愿精神为主线，秉持"传承、开拓、奋进、创新"理念，同时结合青海省、西宁市地域文化特色及一中文化特色，积极着手打造了一支因地制宜、锐意创新的志愿服务特色品牌，即西宁市第一中学"1913·夏扬"志愿服务队。经过两年来的探索实践，西宁市第一中学"1913·夏扬"志愿服务已初步形成品牌特色，不仅有效丰富了德育新内涵，也逐步实现了向西宁市第一中学教育集团各校的德育共育再延伸。

一是西宁市第一中学教育集团"1913·夏扬"志愿服务品牌特色已有专利 logo、吉祥物（夏夏和扬扬）等文创产品。其中，Logo 寓意为：数字"1913"意指西宁一中建校时间；汉字分别取"夏""扬"二字。"夏"意指"华夏、夏都""扬"意指"传承、发扬、弘扬"；英文"Summer Young"本意即夏天、青春，意指青春活力。其中，绿色底板和蓝色条纹象征"绿水青山就是金山银山、大美青海、幸福西宁"之意；太阳设计意指"华夏，夏都，夏天，热情，青春"之意。中心两个白色娃娃代表西宁市第一中学教育集团的每一名朝气蓬勃的志愿者，娃娃胸前悬挂"1913"标志，以示百年老校之精髓在传承开拓、奋进创新。

二是依托西宁市第一中学教育集团"1913·夏扬"志愿服务这一品牌特色，积极组织城乡结对学生共同开展理想信念教育、绿色环保志愿、结对研学等诸多丰富多彩的实践活动。截至目前，已有计划、有目标、有类别地开展了系列志愿实践活动，主要涉及"扬温暖""扬绿色"和"扬传统"三大类别。其间，统一组织来自集团城乡各校共计1200余人次开展了主题丰富的结对研学活动。先后赴刚察沙柳河湿地、青海湖鸟岛湿地、互助南门峡湿地、青海省自然资源博物馆、青海省西宁市野生动物园等多处自然教育基地开展绿色研学实践活动；一起走进西宁市区、西宁市人民公园等处与结对伙伴切身感受西宁近些年来的变化发展，在结对家长的带领下走进夏都大街小巷、同吃火锅、共度佳节，有效引导城乡学生在相处中介绍自己、学校以及当地的历史文化，感受家乡的变化，增进相互了解，加深彼此友谊，互相学习，共同进步。

截至2020年7月，先后组织集团各校师生参加各类别志愿服务活动共60余次。期间集团内团员、学生志愿者全员参与，党员、青年教师、家长志愿者覆盖率达到80%以上，全年参加志愿服务时长≥90小时，其中仅"扬绿色"环境保护类志愿实践多达35余次，系列研学活动也尤为精彩纷呈。

三是探索制定了西宁市第一中学教育集团《"1913·夏扬"好少年争章手册》。该手册的制定，旨在通过优化激励机制，进一步提高中学团组织的吸引力、凝聚力，更好地调动各中队、团支部活力，鼓励他们积极参加各类丰富多彩的课外活动，以进一步为凝聚青少年、完善学校素质教育拓宽渠道，为学生综合素质评定提供参考依据。

四是延伸成立"1913·夏扬"环保社，提升吸引力和凝聚力。2018年10月，在前期已开展的"扬绿色"环保公益活动基础上，积极筹备延伸成立"1913·夏扬"环保社；2019年3月，"1913·夏扬"环保社正式成立。社团的成立旨在将志愿服务与研学实践、社团活动有机结合，以更加科学、系统地开展生态研学类实践活动、培养具有一定环保技能的中学生"夏扬小卫士"。2019年10月，阿拉善SEE三江源项目中心（青海省宝源生态保护中心）向"1913·夏扬"环保社颁发"守三江水·护万物源"99公益日活动感谢函。2019年1月，在"湿地日"环保宣传活动期间，社团30余名"夏扬小卫士"先后出色完成宁湖湿地公园和西宁湟水国家湿地公园环保宣讲任务。

五是积极打造西宁市湿地学校建设范例，助力实现德育共育品牌再延伸。以西宁市第一中学教育集团"1913·夏扬"志愿服务队为核心团队，作为省内第一个致力于湿地保护和自然教育的中学生团队，不仅得到了全校师生、家长的支持和参与，也得到了社会各界相关单位的大力支持。2018年11月，夏扬绿色环保志愿服务项目荣获青海省志愿服务项目大赛二等奖；2019年3月，延伸成立"夏扬环保社"，同时由西宁湟水国家湿地公园授牌"西宁市湿地学校"，成为省内首个环境教育试点，更加有效地把湿地保护、自然教育等实践活动从学校延伸到了家庭和社会；2019年12月，在西宁市中学共青团品牌观摩交流展示活动中，"1913·夏扬"志愿服务品牌也获得团省委、团市委和市教育局一致好评，同月，"1913·夏扬"志愿服务队被共青团西宁市委志愿服务部聘为"西宁市青年志愿者协会单位会员"。2020年5月，在校内建设"湿地景观自然教室"专项工程也正式立项，进一步有效实现了在把师生带出校园开展绿色实践活动的同时，也以耳濡目染、潜移默化的方式营造了校园内自然教育的浓厚氛围，为集团各校师生提供了开展自然教育的又一新平台，丰富了德育共育新内涵。

校园小天地　戏剧大舞台

　　戏剧综合实践活动已经成为西宁市第一中学教育集团实施素质教育的突破口，每年的主体和内容都在变化，从以往的"走进校园""走进剧场""走进农村""走进军营"，到近几年，认真学习贯彻党的十九大精神和习近平总书记的系列讲话精神，我集团校的戏剧大舞台综合实践活动与集团化办学紧密结合将戏剧大舞台活动延伸到集团各校。第十七届戏剧大舞台继续以弘扬优秀文化为主线，以民族优秀传统文化走进校园为手段，以"戏剧大舞台"的品牌活动为学校传承优秀传统文化搭建平台，目的是加强与改进未成年人思想道德建设，提高学生综合素质，提升集团各学校教育教学质量和品味，营造欢乐、和谐的校园氛围，促进集团各项事业发展。

　　2019年，为发挥集团办学优势，我们联合集团内各校，在集团总校西宁一中举行了第十七届戏剧舞台综合实践活动，开启了集团化戏剧大舞台综合实践活动先河，成为集团化办学特色亮点之一。具体活动如下：

一、观摩"戏剧"校本课活动

　　在活动期间，集团各校师生代表了解和观摩戏剧校本课的教学过程，共同研究和探讨戏剧文化进校园的相关问题，交流戏剧校本课多年来的经验，并开展了戏剧大讲堂活动。

二、开展"春蕾戏苑剧社"校园戏剧社团活动

　　校园戏剧社团作为学生社团活动中重要的组成部分，在省剧协的大力支持和专业演员的指导下，多年来一直坚持开展活动，极大活跃和丰富了学生在校生活，为培养和提高学生综合素质作出了积极的努力，活动在总校西宁一中"春蕾戏苑剧社"每周活动一次的基础上，积极向集团各学校

延伸和推广。

三、开展办戏剧手抄报、戏剧脸谱、戏剧知识竞赛与戏剧相关的美术、书法优秀作品展览等活动

以弘扬中华民族精神、传承中华优秀传统文化、宣传普及戏剧知识和庆祝"西宁一中教育集团第十七届戏剧大舞台"活动为主题，开展了以学生手抄报、书法和绘画作品为主要表现方式的竞赛活动。活动以集团各校班级推选、集团内统一评比展出为形式，内容丰富多彩。

四、第十七届"戏剧大舞台"综合实践活动成果展演

本届戏剧大舞台演出活动以"我们的中国梦"为主题，组织学生编排一些反映当代社会正能量，特别是反映青少年社会主义核心价值观的小品，集团各校分别推选两件作品，在集团各校老师的指导下，让学生组织团队自编自导自演中国传统戏曲唱段京剧、豫剧、秦腔、平弦、黄梅戏等参加展演活动，期间，集团内乡村学校入选作品提炼由总校负责安排省剧协专业老师赴乡村学校排练。

五、集团校其他节目展演

2019 年 6 月 28 日，西宁一中教育集团第十七届戏剧大舞台综合实践活动走进湟中县海子沟乡大有山学校，举办戏剧专场演出，集团总校和大有山学校 100 余名师生共同演出节目，大有山学校师生和大有山村民 500 余人观看演出。

自 2003 年起至 2019 年的十七年的"戏剧大舞台"综合实践活动，在全省乃至全国都是走在了前列，为国家倡导的"戏剧艺术进校园"做出突出贡献。这十七年来，学校"戏剧大舞台"综合实践活动的开展空间得到极大地拓展，目前，以集团化办学为契机，将传统文化的传承与多项学生社会实践活动有机结合，使其真正成为集团内各学校传承优秀中华文化、锻炼提高学生综合实践能力的特色活动平台。西宁一中教育集团广大师生在习近平新时代中国特色社会主义思想指引下，历届戏剧专场演出在青海省剧协及省演艺集团京剧院老师们一如既往地支持和辅导下，前后有京剧、黄梅戏、现代豫剧、眉户、秦腔、京剧武戏、京歌以及经典诗文朗诵和传统武术表演等节目得到传承和发扬，本届活动充分体现了集团德育工作"共建、共享"原则。

"暖心计划"点亮乡村孩子人生之路

一、背景介绍

2017年9月，西宁市沈那中学、西宁市城北区朝阳学校与地处大通县的乡村学校——朔北藏族乡中心学校组建成立为西宁市沈那中学教育集团，以圆朔北学校城乡一体化办学之梦，让农村孩子享受与城市孩子一样公平而有质量的教育。集团自成立以来，致力于乡村孩子的健康成长和全面发展。

2019年3月，根据西宁市宁教基〔2019〕9号文件要求和《沈那中学教育集团集团化办学城乡儿童互助相伴快乐成长暖心计划》的安排，三校领导多次召开联席会，推敲细节，最终作出了符合三校学情的计划，分别于本年5月份及10月份在城市及乡村搭建平台，让城乡儿童开展手拉手研学交流，让城乡学生在互帮互助、互动体验中感受生活，幸福成长。确定学生学习内容和形式是以城乡交流活动，心愿交流活动，学法互助活动，捐书赠物活动和书信交流活动为主。

二、实施原则

教育集团成立工作领导小组，将此次活动作为集团化办学精准帮扶的一项重要内容来抓，本着就近就便的原则精心策划活动方案，切实让农村家庭困难的优秀学生参与结对，形成长期、稳定的结对帮扶关系。

集团总校和朝阳学校本着学生与家长自愿的原则，在各班向孩子们征集有活动意愿的学生和家长，并做好相应学生信息及家长信息的录入工作，并统计男女生人数。

三、活动准备

三校开展工作宣传和家长动员。召开报名学生的家长会，通过会议协商相关生活日常安排事宜。组建和谐帮扶结对家庭，保障好交流的孩子的一切生活所需。并签订好相关责任及细则协议书。

学生动员和前期教育。三校班主任做好交流学习接待学生的思想工作。如何与他人相处、如何处理分歧、如何学会与他人分享等前期的心理辅导工作。

活动安排和实施准备。集团总校制作班级活动计划，做好活动记录。针对后续开展的不同的活动做出更详细的内容安排，从迎接工作、上课安排、交流心得体会，到感恩交流分享等。在每次活动中做好文字及视频记录，从迎接到欢送的整个过程，做好各班学生的活动、交流、点滴进步的记录。让此次教育行动实践活动尽可能多的促进乡村学生发生改变。

学生安全问题保障。充分考虑和调研活动开展过程中可能出现的安全隐患，制定安全预案。保障参与活动的学生的安全，也使活动能够顺利开展和完成。

经过前期细节化的准备，最终确定城乡共 84 对品学兼优、家庭贫困的学生参与此项活动。

四、活动实施

集团总校确定的暖心计划分两个阶段：

第一阶段开展城乡学生学习交流、学法互助活动。

2019 年 5 月 20 日，朔北中心学校的 84 名学生乘大巴赴沈那中学和朝阳学校进行为期一周的学习、体验活动。在学校，他们与结对学生一起深入对应年级的课堂完成每天学习任务，并和城市学生结成互助学习小组。

在班队会上，班主任组织结对学生展示互助小组成员的生活片段、爱好、读书分享等活动，鼓励互帮互助同学进行心愿交流与分享，并在活动中建立良好与长久的友谊，体会分享与互帮互助的快乐。

每晚，朔北分校学生入住城市结对学生家庭，在家交流、互助、陪伴、和谐相处。共同参与家务活动，增进孩子们之间的情感交流与默契，最终达到在生活与学习中团结互助、取长补短、共同进步。

同时，城区学校还组织结对学生一起走进社区、科技馆、道德实践基地、爱国主义教育基地，进行参观、交流、学习，使朔北分校学生感受到城市教学资源的丰富和教育活动的快乐，为他们心中留下刻苦学习、走出大山和改变家乡的信念。

第二阶段开展乡村互助帮扶和实践活动。

承接5月活动，2019年10月12日，沈那中学、朝阳学校84名结对学生到朔北学校进行为期一天的乡村互助帮扶和实践活动。让乡村贫困学生的心里"暖"起来，让城乡家庭之间的联系"多"起来，让学生在爱心传递中体会分享的快乐。

当天，朔北分校组织了联谊活动，结对学生带领同伴参观朔北分校，共同享用午餐，交流陪伴、和谐相处；课余，开展心愿交流活动、捐书赠物活动、书信交流活动增进彼此的了解和友谊，互相学习，共同进步；校外，一起参与乡村实践生活体验——挖、捡洋芋。一起走进乡村、走进自然、走进田间，城市学生感受乡村自然的美丽、劳作的艰辛，为他们心中留下刻苦学习、改变未来的理想。

五、活动总结

此次暖心活动，为城乡学生搭建更加广阔的互助交流平台，让乡村孩子走出山村，让城市孩子感受农村生活，让孩子们在体验中感悟，在互帮互学中成长。他们建立了相互信任、关心、帮助的友情，帮助孩子们放大人生成长格局，让公平而有质量的教育为所有的孩子带去深切的获得感。

活动过程改变学生日常的学习环境，在互动体验中感受生活。让学生体验不同的生活环境和学习背景，通过这种反差和变化，促进学生思考，发现自己的不足，突破自己认知上的局限性。发挥少年儿童在家庭中的小主人翁作用，带动家庭及社会参与教育帮扶行动，丰富学生的阅历，培养乐于助人，团结友爱的健全人格，做到珍惜日常所拥有的学习资源，让农村孩子享有公平而有质量的教育。在活动中，城市孩子们学到了农村孩子的独立醇厚的品质，懂得感恩，学会满足，成就更好的自己。乡村孩子感受到了城区孩子自信乐观、积极向上的人生观和学习观。

通过这项计划的实施，尽可能地缩短了城乡教育的差距，在朔北分校孩子的人生成长之路添上了浓墨重彩的一笔，让他们的成长之路更有目标和方向。

"八一行动" 共育高原 "最美格桑花"

2016 年，随着《西宁市城乡义务教育集团化办学指导意见》的出台，大通县朔北藏族乡中心学校有幸成为集团化办学的试点学校，与西宁市沈那中学、西宁市朝阳学校结成教育集团，共谋发展。朔北藏族乡中心学校作为乡村薄弱学校，受到西宁市沈那中学和朝阳学校的帮扶。城乡德育共育是促进和提高同一集团内学生思想水平、道德水平以及文明素养的重要举措，而"格桑花开—1234531"德育工作体系又是朔北中心校德育工作的亮点和特色，因此，西宁市沈那中学教育集团总校在制定"圆朔计划"（圆朔北藏族乡中心学校的梦）时，将集团德育主题定为了"格桑花吐蕊计划"，两校德育处共同商定了德育共育方案，制定了德育共育月度主题，即"格桑花开吐蕊计划之八一行动"，以及一学期一次的"城乡儿童手拉手，格桑花暖心计划"，形成了集团内"最美格桑花"三级荣誉申请制。

一、"格桑花开吐蕊计划之八一行动"促进学生文明素养

3 月份：做一个文明礼貌，道德高尚的人。狠抓学生养成教育和文明礼仪教育，通过"四大文明"：舌尖上的文明；指尖上的文明；足尖上的文明；发梢上的文明。让学生成为凸显"行为美、语言美、心灵美"的载体，成为展现学校养成教育成果、提升学校声誉的最美使者，成为当代中学生精神风貌的最美体现，成为展示集团校教育发展的代言。

4 月份：做一个强身健体，努力拼搏的人。认真贯彻《中共中央国务院关于加强青年体育，增强青少年体质的意见》精神，落实学生每天一小时锻炼时间，在各集团校开展"快乐大课间"活动。坚持"人人健康、健康第一"的指导思想，丰富学生课余生活，为学生每天能有体育锻炼时间创造良好的条件，促使学生主动参与体育活动，培养学生参与体育活动的兴趣和爱好，形成坚持锻炼的习惯和终身锻炼的体育意识，增强学生的体质，培养学生良好的心理素质和道德品质。

5月份：做一个有责任心，知恩感恩的人。唤醒学生的感恩意识，让学生认知父母的养育之恩、教师的培养之恩、他人的关爱之恩，激发学生学习的动力。让学生学会对父母、老师心存感激，理解、尊重他们的劳动，积极构建良好的学习环境。让学生感悟到真情回报，不只是对父母、老师、帮助自己的人简单的物质与精神上的回报，重要的是以自己成人、成才来回报父母、老师、祖国和社会，从而增强学生社会责任感、培养学生的健康心态、进而塑造学生的健全人格。

6月份：做一个诚实守信，善学乐思的人。加强学生诚信教育，教育学生不迟到、不早退、不旷课，尽可能珍惜时间。强化课堂纪律，做到专心听讲、不做小动作，不开小差，积极思考，大胆发言，认真记笔记。强化作业检查管理，做到字迹工整，按时上交。积极开展班级间、班级内各种学科竞赛，推动学习氛围。开展"一帮一""多帮一"等学困生结对帮扶活动，全面提高学习成绩。

9月份：做一个遵章守纪，行为规范的人。开学第一个月，利用班会组织学生认真学习贯彻《中小学生守则》《中学生日常行为规范》《西宁市沈那中学教育集团学生在校一日常规管理办法》，相关处室将利用不同形式进行检查。通过对学生集中进行行为规范系列教育，强化训练，培养学生自我约束、自我管理的能力。通过具体的强化训练，充分发挥学生的主体作用，让学生自主组织活动、管理评价，逐步使学生从"要我这样做"转变为"我应该这样做"，使良好的行为习惯内化为自觉的行动，重视良好学习习惯的养成教育，让学生终身受益。

10月份：做一个热爱祖国，有益于社会的人。深入抓好爱国主义教育系列活动，对学生进行"四爱三有"教育。通过丰富多彩的各项活动，提高德育工作的实效。针对国内外的重大事件，及时宣传和教育。引导学生观察、分析、讨论并参与社会，从而更有力地抓好爱国主义和传统美德教育。各项活动要充分发挥学生的自主管理，让学生来组织和编排活动的开展。

11月份：做一个不怕挫折，心理健康的人。心理健康教育是新形势下必须重视的重要内容，要开展好学生的心理健康教育、青春期教育。做好学生心理的疏导，教师要积极创设良好的课堂氛围和保证学生心理健康发展的人文环境。充分利用集团学校心理健康教育咨询室，保证心理健康教育活动的正常化、规范化，促进学生身心健康发展。

12月份：做一个知法懂法，守法用法的人。充分利用法制教育报告会、政治课、班会课、校会、国旗下讲话等进行普法教育，增强法律意识和法制观念，使学生知法、懂法、守法。通过学生自我教育、自我管理，使学生树立安全意识，教育和引导学生不参与有害身心健康的电子游戏、不到网吧上网，重视学生的交通安全教育，加强防范意识教育，创建安全文明的校园。

二、城乡儿童手拉手——"格桑花暖心计划"初见成效

为优化城乡德育共育措施，关注乡村留守儿童的身心健康和学习生活，以城乡孩子结对交流，互助相伴，共同学习、共同生活、共同体验与进步、增进友谊、快乐成长为目的，西宁市沈那中学教育集团根据西宁市宁教基〔2019〕9号文件要求和《西宁市沈那中学教育集团集团化办学城乡儿童互助相伴快乐成长暖心计划》的安排部署，2019年5月20日，集团总校举行了"格桑花暖心计划"的启动仪式，我校84名学生分别到西宁市沈那中学和朝阳学校进行了为期一周的城市学习、生活和研学交流活动。孩子们学到了与现在学校不一样的学风与老师的教学方式；从城里学生身上和家庭里学到了很多以前不知道的知识与很多文明的生活习惯。

2019年10月12日，集团总校又开启了"格桑花暖心计划"第二阶段实践活动。本次活动由西宁市沈那中学教育集团主办，朔北分校承办，西宁市朝阳学校和沈那中学的84名学生来到朔北藏族乡中心学校与结对伙伴共同度过了美好而充实的一天。此次活动不仅让他们重温了友谊，城里孩子还感受了乡村校学生的学习环境，也体验了学习之外的生活——劳动实践。

2020 年上半年由于新冠肺炎疫情影响，暂停了"格桑花暖心计划"城乡儿童交流活动。

三、"三级荣誉申请""最美格桑花"吐蕊绽放

每位学生在学期开始，均可申请以下任——种荣誉，由班级一周一次投票，学期末达标者则符合荣誉申请，成为相应荣誉获得者。"格桑花"三级荣誉如下：

一是"美丽格桑花"，学生在感恩父母、尊敬师长、礼貌待人、讲究卫生、遵守纪律，管理分得 10 分，获得所有其他荣誉的起点与基础，是美丽的朔中人，是礼貌的朔中人，是文明的朔中人，是规矩的朔中人，是一朵"美丽格桑花"。

二是"七彩格桑花"，有学科达人，是每学期学科最高分获得者；有活动达人，是各类竞技活动中的冠军；有星级达人，是班级评比优秀者，如：劳动之星、贡献之星、团结之星等，可获"七彩格桑花"奖牌。

三是"最美格桑花"，是乡级最高荣誉。学期末每个班只有一名学生可获得，是班级、年级佼佼者，是在品德、行为、班级贡献突出及学习成绩优异者之间评选得出的，他们是最美朔中人，他们是高原上盛开的最美"格桑花"！

三年的集团化办学工作，三校在德育共育方面收到了良好的效果，不但探索出了固定有效的德育共育模式，而且城乡学生在结对交流中，彼此增进了友谊，开阔了视野，农村孩子纯真、热情、不怕苦、不怕累、不怕脏的品质影响着城市孩子，城里孩子在文明素质、生活习惯、学习方法和见多识广等方面影响着农村的孩子；通过集团校教师的送教、讲座等，农村孩子享受了城市优质教育资源。在西宁市沈那中学教育集团"格桑花吐蕊计划之八一行动""格桑花暖心计划""格桑花三级荣誉申请制"德育共育的模式下，朔北中心校德育工作得到了各级领导充分肯定和媒体多次相关报道，2019 年，朔北中心校先后荣获了西宁市"平安示范校园"、大通县"德育改革先进单位""平安校园"等荣誉。

打造书香校园　促进德育建设

苏霍姆林斯基曾经说过，学校里可能什么都足够多，但如果没有为人的全面发展极其丰富的精神生活提供所需要的书，或如果不热爱书和冷淡地对待书，这还不算是学校。相反学校里可能许多东西都缺乏，许多方面都可能是不足的、简陋的，但如果有永远为我们打开世界之窗的书，这就是学校了。因此，西宁市第七中学教育集团集多方力量致力于书香校园的建设和发展，并进行了多方面的尝试。

一、创设读书环境

集团总校领导寻求多方资源，为集团校打造了读书走廊、图书角，让学生们在课余享受读书盛宴。总校依据改建方案，让墙壁说话，让天花板出彩，设置楼道墙壁文化特色，各班教师也设计了具有班级特色的文化氛围布置教室。

二、引导教师读书

一方面引导教师学习教育专业知识，学习新课程标准，新课程的功能结构、模式、评价等方面知识，学习做专业的教师校本教研，掌握较系统的专业知识；另一方面倡导教师们读教育类名著，为青年教师购买《教师不可不知的哲学》《多元智能新视野》《读懂孩子》等书籍，并搭建展示平台，青年教师每月根据阅读要求进行主题阅读，月末分享自己的阅读感悟，阅读内容广泛、分享形式灵活，这些精彩纷呈的活动让初入职场的教师们共享教育故事、共诉教育感悟，共探教育之路，也为集团化办学助力。除此以外，每年假期教师自选篇目阅读，开学进行读书分享，每年开展教学心得随笔征文，德育经验交流征文，教研论坛等活动，每学年评选一次优秀征文结集成册，这些都是教师们的亲身经历，具有十分感人的教育力量，通过开展教师读书活动营造了浓郁的校园文化氛围，让好书伴随着教师们进步、完善、成长、成熟。

三、指导学生读书

学校开展学科特色活动，语文学科开展专门阅读活动、读书演讲比赛、课本剧表演、书香校园手抄报评比活动等，并鼓励亲子阅读，将读书活动从学校向家庭延伸。

集团总校为了激发师生读书的兴趣，培养师生良好的读书习惯，持续开展书香校园读书活动，各校联合推出了"我是读者""第五届红领巾读书节""书香情""我的一本课外书"等读书系列活动，这些活动贴合实际、关注热点，活动规模逐年扩大，参与的人数逐年增加，形式更加丰富多彩。

2020 年，集团校开展了"书润人生，繁花与共"主题读书活动，在活动中结合疫情，设置了"抗疫情，显真情"知识竞答以及"守初心，砥砺行"朗诵活动，活动拓宽了师生的视野，开启了学生智慧，点亮了学生的心灯，同时也让城乡教师同台竞技，共享知识盛宴。

通过这些活动，让师生在书的世界中受到洗礼，在活动中秉承人文精神，按照形式多样，鼓励创新，持之以恒的工作要求开展活动，收到了良好的效果。

"三礼"同行伴成长 "界碑"教育显成效

为深入落实《西宁市城乡义务教育集团化办学指导意见》，按照"城乡统筹、以城带乡、学段对应、以优带潜"的原则，西宁市第八中学教育集团全力推进以"九统一"为主要任务的"四互四共"集团化运行模式，南大街小学充分发挥德育工作优势，以"三礼"教育成型经验为引领，带动土门关小学、加汝尔小学进阶提升德育专业化水平，达到全市城乡义务教育一体联动、抱团发展、同步进阶的集团化办学目的，初步探索形成以"界碑"为主题的德育品牌。

一、背景介绍

儿童成长过程中的素质教育非常重要，素质教育的灵魂是德育教育，它以"提高国民素质"为根本目的，以培养"社会责任感、创新精神和实践能力"为重点，以培养"具有国际视野、德智体美劳全面发展的合格公民"为要旨。土门关小学、加汝尔小学位于青海省湟中县，地处偏远、交通落后，部分家长为生计选择外出务工，留守儿童较多，很多儿童长时间处于真空教育下，导致农村儿童心理问题日趋凸显，与提升国民素质的目标背道而驰。南大街小学积极探索破解这一难题，以集团化教育为切入点，合理地开展"互动式""情景式"仪式教育，把入学礼、成长礼、毕业礼"三礼"作为孩子们成长的界碑，为他们的生命成长指明方向。不断提升家长和学生在实践活动中的体验与感悟，呼唤家庭教育回归良性发展轨道，促进家庭教育、学校教育与社会教育融为一体，以交流互动提升家庭教育水平，最终促进农村儿童的全面发展，提高其核心素养，达到育人目的。

二、主要做法

（一）精进学习，聚力"三"合

一是内容上互通融合。土门关小学、加汝尔小学深度查找自身问题和短板，坚持问题导向、目标导向和结果导向相统一，精选骨干教师到南大街小学虚心求进，学习少先队活动阵地建设、少先队鼓号队的训练、少先队活动议程、"三礼"活动等内容，了解活动内容及德育和先队工作的创新方法。二是队伍上互动磨合。为达到求其神而非求其形，从程序、效果、思想上达到高度统一，土门关小学、加汝尔小学派德育主任、辅导员等人员，全程参与南大街小学举办的"入学礼""成长礼""毕业礼"，力求在发展思路上同步、在设计策划上同步、在统筹安排上同步、在活动流程上同步。三是内容上互相整合。由南大街小学德育处组织开展德育教研活动，针对观摩及实践操作时出现的困惑，现场进行答疑，解决工作中出现的实际困难，提高工作的实效性。

（二）生动实践，聚效"两同"

一是落实协同。运用网络媒体优势，创建西宁市第八中学教育集团德育"QQ"群，发挥集群效应，采用"线上讨论＋线下实践"相结合的形式，协同推进"三礼"教育在农村扎根结果。二是效果协同。在集团校小学部的共同努力下，土门关小学、加汝尔小学先后立足学校实际，智能删减打造品牌，形成了具有乡村学校特色的"三礼"仪式教育。3年来，两所学校先后开展了3次毕业礼、2次成长礼、2次入学礼，让成长的界碑铺就了生命的底色。

三、取得成效

一路探索，一路收获。通过"界碑"德育品牌的实施，全体师生都加深了对"三礼"的认知，让"礼貌、礼仪、礼节"素质教育扎根心田。一是促进师德修养融合。通过"三礼"教育活动的开展，在"三礼"教育中融入社会主义核心价值观，提升了全体教师的文明礼仪、教育理念和师德水平，也构建了和谐文明的校园。二是促进育人理念融合。以仪式教育为契机，推进集团化办学同向同行的目标，激发学生积极向上，强化家长和教师的角色意识，增强归属感和责任心。三是促进家校教育融合。通过为德育教育加水施肥，让家长与孩子共同进步，共同经历一次深刻的情感交流，感受一次别样的心灵洗礼，为家长和孩子、家长和老师、家长和学校提供了交流平台，也促进了父母家庭教育观念的不断改变和提高。

城乡携手共育德育之花

一、背景介绍

2017 年，对于湟中县大才乡大才学校来说是不平常的一年，这是大才学校历史发展中的转折点。自此，大才学校由一个单一的九年一贯制学校转变为西宁市第十一中学教育集团学校，不仅仅是名称的变化，而是学校格局和办学模式的变革。

转折，既是机遇，又是挑战。自西宁市第十一中学教育集团成立以来，在集团校的引领下，集团校全体教职员工满怀共同的教育理想，勇于探索，敢于创新，在转折中砥砺前行。大才学校紧跟集团校城乡骈进的步伐，德育工作有了新的思路、新的起点。

二、主要做法

集团内以"全面、创新、联动、包容、共享"为德育互育理念，积极组织文化交流、活动交流、劳动交流、资源交流、生活交流等活动，集团内部师生平等参加，达到教育资源的共享。为了实现我们共同的愿望，大才学校与集团总校开展了一系列的城乡德育共育活动，让两校的师生在丰富的活动中增进友谊、了解彼此，进而让两校的德育工作互为补充、互为促进，并实现长足有效地发展。

2018 年 10 月 22 日，虽已入秋，但阳光明媚，天气暖和。大才学校七年级 15 名学生，怀着激动、喜悦的心情，来到西宁市第十一中集团总校参加"城乡手拉手，师生心连心"为主题的体验活动，并在西宁市第十一中学度过愉快又难忘的一天。

来到西宁市第十一中学，在政教处刘小虎副主任的带领下，大才学校的师生参观了十一中学的校园、教室及各功能室。之后，在操场上参加了升旗仪式，并进行结队。活动中，两校结队的学生互赠了礼物，学生代表进行了发言，表达了彼此的心声。升旗仪式结束后，大才学校的 15 名学生和结对的 15 名同学进班听课，感受十一中的课堂教学，在学习中建立了友谊。午饭时间，大才学校的 15 名同学进入结对家庭共进午餐，感受十一中学生的家庭生活。下午一点半，十一中学的老师带领两校学生前往西宁市浦宁之珠，感受改革开放 40 周年来西宁市经济的发展。参观活动结束后，十一中集团总校和大才学校的师生在浦宁之珠前留影，那一张张灿烂的笑脸，一对对互牵的小手，无不流露出相扶相携的温暖和相互之间的友谊!

大才学校的学生们零距离体验十一中学生一天的学习和生活，为彼此的成长和学习留下了美好的回忆，增进了彼此间的友谊。当日已偏西，人影在地之时，也到了两校师生分别之时，虽然只是短短的一天，但同学们却收获满满。临别之时，十一中师生也希望有机会能到大才学校去看一看，大才学校的师生也诚挚地邀请十一中的师生到大才学校来。

2018 年 11 月 12 日下午，应大才学校邀请，西宁市第十一中学的同学和老师们带着憧憬，带着期待，来到湟中县大才学校进行学习交流活动。当天下午两点半，活动在大才学校梦想教室拉开了帷幕。这次活动中，大才学校的四位同学代表为大才初一年级师生展示了精彩的演讲。其中，十一中两位同学交流了自己的学习心得，和大家分享了学习方法等，给大才同学带来了新的收获。在接近尾声时，两校学生展开了别开生面的讨论活动，增进了两校学生间的感情，拉近了距离。

会后，由大才学校的团委书记李玉兰老师带领着十一中学校的孩子们参观学校环境、各学科功能室，使十一中学校的师生了解大才的学校环境和教学设施。

为了答谢十一中同学们对自己的关爱，大才学校的孩子也盛情邀请十一中的同学到他们家里做客。当十一中的同学们踏上去往这些农村孩子回家的路时，他们的眼里充满着新奇，时不时还要在半路上要求带队的老师停下来，去看那些牛羊，并要逗牛羊玩一玩，他们的脸上充盈着开心的笑容。十一中的同学还到大才学校的同学家里看一看农家院，吃一顿农家饭，和大才学校的同学及他们的家人聊聊天，询问一些他们不知道的农村的新奇的事，了解农村孩子上学的艰辛。

通过这两次手拉手活动，大才学校的学生们更真切地感受到了十一中学师生的热情，感受到了十一中学学生们的努力拼搏，同时，也感受到了西宁市经济发展的迅猛和市区建设的日新月异。同学们纷纷表示，他们将带着十一中学广大师生的热情和对乡村学校的关爱，更加努力地学习，拉近城乡之间的距离，为改变家乡的面貌而努力。十一中的孩子们纷纷感慨大才学校的师生的学习生活条件的艰苦，孩子们也认识到要珍惜现在的学习生活。通过此次活动，让大才学校和十一中师生更深入地了解彼此的学习、生活，让孩子们真正成为未来成长道路上的小伙伴……

集团校已然成了一个大家庭，两校师生也已建立了深厚的友谊，这两次活动只是见证我们的友谊的镜子，让我们彼此有了更深的了解。集团校的建立已逾三年，我们两校在已有成绩的基础上，就"城乡德育共育，拉近城乡距离"的路上，携手并肩，共同迈向更加美好的明天！

七彩德育促城乡学生共成长

一、背景介绍

为坚持立德树人根本目标，凭借西宁市第十一中学教育集团共青团、少先队组织动员优势，以"小手拉大手"的形式，发挥少年儿童在家庭中的小主人翁作用，带动家庭及社会参与教育帮扶行动，建立青少年、家庭、学校、团队之间互助服务体系，帮助引导农村青少年群体全面认识社会，共享教育改革发展成果，西关街小学以"七彩德育"为载体，通过"以城带乡、以强带弱"培养广大青少年乐于助人、团结友爱的健全人格，让农村孩子享有公平而有质量的教育，助力我市城乡义务教育一体化改革发展工作。大力弘扬社会主义核心价值观，关注乡村留守儿童的身心健康和生活学习，实现西关街小学与前沟学校的"城乡学生"德育共育。

二、具体做法与成效

（一）城乡对话交流，手拉手结对谱新曲

为融合城乡教育资源，实现城乡学校的互联互帮、融合共进，西关街小学与前沟学校每学年结对42人，三年多来，共结对近100多名学生，开展结对暨家庭体验活动。通过互换联系卡、做游戏、学生代表表演节目、收集"微心愿卡"等方式，结对小伙伴们互相认识彼此，拉近了两校学生之间的距离，增进了友谊。仪式结束后，结对伙伴们进行了学校、家庭体验活动。他们徒步往返上学之路，共进简单午餐，参观家庭小院；接着返校进班上课、交流学习、共读一本书、一起跑步、玩跳皮筋等感受着不同的学习之旅。

（二）"添彩中国梦，童趣学生放飞科学梦"六一活动

为深入推进十一中集团校各项工作，帮助城乡学生过一个快乐、有意义的"六一"国际儿童节，每学年"六一"前后，西关街小学邀请前沟学校农村学生，联合青海省科学技术馆青少年工作室共同开展庆"六一"主题队日活动暨科技节开幕式，让农村学生感受科技的魅力。孩子们纷纷表示，集团化办学让我们有机会走出山村看到了外面精彩的世界，近距离感受科技的力量，我们要继续加油，用知识改变自己、改变家庭、改变家乡！

（三）线上线下少先队活动指导与交流

西关街小学与前沟学校，三年来共开展线上及线下少先队录播课、交流课、展示课五次。2019年5月通过"录播平台"线上交流这种方式，进行了少先队活动课的展示与观摩，学生积极参与设计活动过程，充分发挥了小队员的自主性。10月西关街小学组织开展了"凝心聚力，共绘美好明天——辅导员有约少先队活动观摩"，西关街小学全体中队辅导员和前沟学校大队辅导员及中队辅导员代表参加了此次活动。少先队活动具有组织教育性、自主性、实践性、娱乐性和创造性等特性，通过形式多样的活动，为城乡学生搭建展示个人才艺与能力的平台，让城乡学生在活动中去体验、总结，以达到教育的目的。

（四）丰富多彩的研学活动

为贯彻落实习近平总书记关于加强全民国防教育和传承红色基因的系列重要讲话精神，深入开展爱国主义教育和国防教育，促进十一中教育集团学生、家长之间交流与互动，通过体验式活动向师生、家长传输"理解、沟通、欢聚、合作"的理念，培养团队协作意识、自律意识、自理能力、沟通表达能力，拓宽视野；同时，继续深化"四爱三有"主题教育活动，两校之间进行了丰富多彩的研学活动。"七彩研学路，深深'人防'情"之西小、前沟学校党团队之家校研旅活动，两校师生代表、家长代表参观了青海省"人防"基地；"沙画课堂增乐趣，团结协作见真情"未成年人成长驿站活动，以及参观西宁市城中消防大队，接受消防安全教育，提高了农

村学生的防火意识，对消防的重要性有更进一步的认识。丰富多彩的研学活动让每一个农村孩子，充分感受到十一中教育集团校的关爱，搭建共享平台，充分享受教育公平。

（五）"情暖童心，相伴成长"关爱留守儿童

西关街小学联合前沟学校举行了"情暖童心，相伴成长"关爱留守儿童活动。汇聚爱，结对学生开展"点亮微心愿"活动。活动分为征集"微心愿"、甄选"微心愿"、认领"微心愿"、圆梦"微心愿"四个环节。前期通过结对小伙伴一对一的形式认领微心愿，在六一儿童节到来之际，结对同学向小伙伴赠送了书包、书籍、故事书等，圆梦微心愿让留守儿童感受到学校、社会的温暖，帮助留守儿童健康、快乐成长。

传递爱，开展"多彩周末"城乡儿童结对共度周末活动。以集团化学校为主平台，以学校党团队组织为主渠道，以一对一的形式开展城乡儿童结对，利用周末时间开展"多彩周末"活动，结对同学通过共同前往德育实践基地，如科技馆、天文馆、南山公园等开启自主研学之旅；共做一件有意义的事，如练习书法、参加社区活动、手工 DIY 等，共同感受幸福西宁城市发展和变化。通过形式多样的周末生活，进一步增进结对双方学生感情，引导乡村留守儿童健康成长，引导主动结对学生学会关心他人，养成乐于助人的良好品质。

改革历经 3 年，乡村学校德育共育工作得到有效推进，学生精神面貌发生了巨大变化，改革成效得到广大家长和市、区领导充分肯定，学生活动在《西海都市报》《青海日报》《今日头条》等各级各类媒体进行了相关报道或推介。

加强民族团结教育　共享和谐民族之花

一、背景介绍

湟源县日月藏族乡中心学校，是一所九年一贯制寄宿制学校。学校占地面积为 20356 平方米，建筑面积 10973 平方米。学校现有 17 个教学班，其中小学部 10 个班，中学部 7 个班。教职工共 89 名，专任教师 62 名，其中党员教师 20 名，少数民族党员 9 名，占党员人数的 45%，少数民族教师有 16 名（藏族），占全校教师人数的 26%。在校学生人数 610 名，其中少数民族学生 420 名，占全校学生人数的 69%。2011 年 9 月建为九年一贯制寄宿制学校。辐射周边 17 个村庄。自 2016 年 9 月以来，学校加入了西宁市第十二中学教育集团。在集团总校的引领下学校实现从"学有所教"到"学有优教"的转变，快速提升了民族地区乡镇学校办学水平，推进西宁城乡教育一体化均衡发展和民族地区基础教育的快速发展。

二、具体做法与成效

（一）统一思想认识，精心安排部署

为全面落实民族团结进步先进学校的创建工作，日月乡中心学校成立了以党总支书记为组长、支部书记为副组长、各处室主任和班主任为组员的民族团结进步先进学校的创建工作领导小组，下设办公室，有专人负责开展日常工作，并进一步建立和完善各项工作责任制度。根据上级部门的安排意见，结合本校实际制订了《日月藏族乡中心学校创建民族团结进步先进学校实施方案》，为有效开展创建民族团结进步先进学校提供了组织和制度保障。

作为全县唯一的民族乡，学校时刻注重民族团结教育，积极创建民族

团结进步先进学校。2014年7月2日在中心校成功举办了西宁市民族团结进步先进区创建工作现场观摩交流会，学校被评为"湟源县创建民族团结先进学校""西宁市民族团结先进集体"；2015年1月荣获"湟源县教育系统目标考核实绩突出奖"。2018年7月19日、2019年5月13日，国家民委督查司创建处孙副处长一行两次来学校视察民族团结工作，2018年9月18日西宁市政协马主席一行视察学校民族团结工作。领导对我校的关爱和对我校工作的肯定极大地推进了我校民族团结进步创建工作再提升。

（二）加强宣传教育，增强民族团结意识

学校充分利用校园广播、电子屏、黑板报、手抄报、班级墙报等宣传平台，切实加强民族团结宣传教育；利用国旗下的讲话、民族团结教育主题班队会，开展尊重民族习俗，了解民族文化等系列活动，有效传播了民族团结知识、宗教政策；开展专题讨论活动，教育全校师生牢固树立中华民族是一个大家庭的思想，人人争做民族团结的维护者和促进者；开展"小手拉大手"活动，通过学生向家长宣传党和国家的民族政策，进一步增强了社会成员的民族团结、遵纪守法、社会责任意识。

（三）开展创建活动，促进团结维稳工作

在教育、教学管理中，学校始终坚持把师生的德育工作摆在各项工作的首位。充分发挥党支部、政教处、团总支和少先队职能作用，结合德育工作，积极开展创建民族团结进步先进学校活动，让"三个离不开"（汉族离不开少数民族、少数民族离不开汉族、各少数民族相互离不开）思想、"五个认同"、"五个维护"、"四爱三有"等为主题的学习教育渗透到学生和家庭中。同时，认真开展涉藏维稳思想教育引导宣讲活动，引导师生树立正确的世界观、人生观和价值观。定期开放图书室，引导学生阅读民族团结方面的图书，组织师生观看民族团结、维护稳定教育视频，尊重各民族宗教信仰和生活习俗。通过开展师生在网上解答有关民族团结和反邪教的知识答题和学生征文比赛等活动，促进了民族团结和维稳工作的开展。

（四）充分利用校本教材，强化家乡民族文化教育

学校中、小学分年级编写的《日月风情》《民族团结一家亲》《社会主义核心价值观》校本教材，以家乡名胜古迹（日月山）、汉藏联谊的佳话（文成公主进藏）、文明礼仪、十二中集团校"民族团结一家亲"等为教育内容，来教育学生传承中华民族大家庭的优秀文化，尊重少数民族风俗习惯，互相学习，和谐相处，共同发展。

（五）弘扬民族文化，打造特色校园

学校是全县唯一藏族乡学校之一，学校的基础设施、校园文化建设凸显了藏族特色，学校在校园内开设了"民族团结教育"专栏，学校门牌、校园永久性的标语，突出了藏族文化，楼道文化宣传栏体现了民族团结知识。2018年春季，学校编排了一套具有藏族特色的校园锅庄集体舞，每天上、下午课间操时间，全校师生一同舞蹈，彩带飞扬，师生激情满怀，既锻炼了身体，又彰显了藏族学校文化特色。同时，学校积极开展国学经典诵读，让学生在一生记忆力最好的时候，获得传统文化和善美教育的熏陶和培养，增强博大精深的民族文化底蕴，提升师生文化品位。利用每周星期二下午的少年宫活动中学生进行绘画、剪纸、书法、舞蹈等的练习，增强了学生的基本技能和手工操作的能力。另外，全校每个班级门牌上用二维码展示自己班级喜欢的少数民族基本情况及班级各种活动的图片，通过扫描了解到各班喜欢的民族情况。目前十二中教育集团校投资修建的民族宣传长廊正在施工之中。

（六）关爱留守儿童和寄宿生，体现温暖情怀

学校充分发挥现有的电子白板的功效，安排好寄宿生在校活动，每天晚自习组织学生观看新闻联播，让学生多了解些国内外大事。每周三晚组织学生观看爱国主义和民族团结影片，了解我国各民族优秀传统文化，使寄宿生不仅学得好、吃得好、住得好，而且使他们玩得好，把学校当成了自己的家。

（七）开展与少数民族学校进行手拉手活动

学校积极响应西宁市团委与"心系藏族聚居区学校手拉手"活动精神，和囊谦县民族藏文二中七年级、八年级近180名藏族学生进行了通书信、捐书活动。活动让孩子们彼此畅谈理想，相互鼓励，共同进步！

同时，学校加强对少数民族留守儿童的教育，制订具体工作计划，各班认真调查研究，摸清少数民族留守儿童的家庭情况，建立了留守儿童的专门档案。2018年爱心人士给全乡学生捐助衣服每人一套；2019年4月，44名留守儿童得到了西宁市交警支队和西宁市关工委的帮扶（捐助书包及学习用具）。

（八）积极改善办学条件，完善学校帮扶机制

学校继续加强义务教育宣传的力度，与家庭积极沟通，争取社会的支持，提高家长送子女入学的法律意识，保证学生入学；落实各项扶贫助学措施，确保贫困学生能完成九年义务教育。通过不同渠道寻求社会各界爱心人士的资助，到目前为止，全校已有二百多名学生得到了资助，共争取助学款近百万元，其中少数民族学生占三分之二以上，受到了社会和家长的好评。在上级部门的大力关心支持下，学校近年来深切感受到了来自中国人民解放军76集团军的深情厚谊：2017年10月，由76集团军捐赠总价值为20万元的40台计算机建成"助学圆梦"计算机教室一间；2017年12月由76集团军资助学校60名贫困生，其中7名特困生，资助金额为特困生每生5000元，其他贫困生每生3000元，合计为194000元。他们的一系列帮扶举措，为藏乡教育的蓬勃发展奠定了坚实的基础，提供了有力的保障。2018年爱心人士捐助我校学生60多人次，捐助金额达80000元。友谊的善助让许多孩子在"同一蓝天下"共同成长。

（九）取得的殊荣

2014年学校被评为"全省未成年人思想道德建设工作先进单位"；2015年5月评为"第十三届青海省民族团结先进集体"；2016年4月评为"西宁市创建民族团结进步先进区示范单位"；2016年10月评为"西宁市

民族团结进步示范校";2017 年 11 月评为"青海省教育系统维稳工作先进集体";2018 年荣获"西宁市民族团结进步示范点"。

三、主要经验

（一）结合学校所处优越地理位置，结合历史佳话，重构学校办学理念：崇德向善文成致美；

（二）结合本校实际制订了《日月藏族乡中心学校创建民族团结进步先进学校实施方案》；

（三）分年级编写校本教材《日月风情》；

（四）设置学校班级二维码标识牌，提高学生了解民族知识的兴趣；

（五）校园文化、楼宇文化、班级建设彰显民族教育特色。

四、存在的问题

（一）学校校本课程形式单一；

（二）学校民族教育第二课堂还有待充分挖掘。

五、今后的设想

（一）继续挖掘本地民族文化，开设形式多样的校本课程；

（二）依据当地丰富的旅游资源，学校在原有的基础上开设第二课堂，如：小小导游班、民族服饰班、民族工艺班。

探索学校德育新人举措

培养学生发展自信心

几年来，西宁市第十三中学教育集团始终坚持探索更适合学生年龄与身心特点、更适合社会发展规律的德育新举措，注重"三品"（有品格、有品质、有品位）德育课程的开发，使德育工作真正落实到学生的学习生活中，并先后开展了各种德育系列活动。

一、开展"成长教育"系列活动

西宁市第十三中学教育集团开展"离队入团仪式暨初二年级十四岁集体生日"活动。青少年是春天，是寄托，是未来，是希望，更是中国梦的践行者和实现者。每年"五四"之际，西宁市第十三中学以"十四岁集体生日"为载体，将少先队员离队仪式、新团员入团仪式、青春宣言三大内容衔接融合，举办"离队入团仪式暨初二年级十四岁集体生日"活动。

活动邀请逊让中学、祁连路小学的师生代表参与。并通过在线直播的方式连线，让三校的师生在庄严的国旗、团旗与队旗引领下，共同见证同学们重要的成长时刻。

二、开展城乡"暖心计划"系列活动

西宁市第十三中学教育集团开展"城乡儿童互助相伴，快乐成长暖心计划"系列活动，大力弘扬社会主义核心价值观，优化城乡学生德育共育措施。

（一）城乡交流活动

在每年4月、6月、9月、12月西宁十三中校团委组织集团各校师生开展农耕系列实践活动，体验劳动教育，让城乡师生通过此平台联系多起来，让学生在劳动教育中体会分享快乐。

（二）心愿交流活动

西宁十三中各中队、团支部和祁连路小学满足乡村学生的微心愿，力所能及帮助完成乡村孩子的微心愿。

（三）捐书赠物活动

祁连路小学，西宁十三中学生拿出自己的零用钱购买图书或者文具等学习用品送给结对小伙伴，引导学生通过力所能及的小事奉献爱心，学会分享、体验分享。

（四）义卖献爱心活动

西宁十三中每年开展两次义卖活动，学生将闲置学习用品在校园开展义卖。义卖所得善款用来帮助十三中教育集团逊让中学生活困难的学子。发扬新时代好少年的博爱精神，懂得爱和分享，深刻体会到雷锋精神在新时代强大的生命力、感召力与重要意义。

（五）书信交流活动

与结对小伙伴通过书信、QQ等，介绍自己、学校以及本地历史文化，感受家乡的变化，增进彼此的了解和友谊，互相学习，共同进步。

三、开展心理关怀、价值培养、文化熏陶系列活动

为进一步加强与推动学生心理健康教育工作，利用丰富多彩的形式展示学生内心世界，创建健康多彩的校园环境，西宁十三中教育集团每年5月开展校园心理画、心理剧比赛。活动展现了西宁十三中教育集团中小学生的青春风采，探索了健康教育视角下心理学科与其他学科不同方式的结合，为更好地开展教育集团中小学生心理健康工作作出了新的探索。

"践行核心价值观，同心齐唱一首歌"校园歌曲传唱活动。为大力培育和践行社会主义核心价值观，深入贯彻习近平总书记关于弘扬社会主义核心价值观的重要讲话精神，西宁十三中教育集团校举办了社会主义核心价值观主题歌曲传唱教学活动，活动选定的歌曲《携手前行》由我校青年音乐教师严玲老师创作，其旋律轻快优美，歌词简单易记，歌曲在集团校课间播放，提升了集团校广大师生的文明素养，广受好评。

传唱经典，诵读华章"经典诵读活动。诗文、汉字彰显着华夏文明，国学经典滋润、涵养了一代又一代学子。为传承中华民族灿烂文化、发扬中华民族的传统美德，提升集团学生文化底蕴，增强民族自信心和自豪感，每年6月，十三中集团校举行"传唱经典，诵读华章"经典诵读比赛。活动中，三校学生尽情诵读历代文人墨客抒写下的脍炙人口的诗篇，展示自我风采。优美的音律缭绕在校园，四处洋溢着浓郁的诗意氛围，诵读活动为集团校师生营造了浓浓的国学氛围，广大师生在诵读的过程中获得诗词经典的熏陶和修养，传承经典。

四、开展"七彩之星"系列活动

在集团校帮助下，逊让乡中心学校秉承"儒雅之风做七彩少年君子"德育理念，精心完善"七彩之星"评价体系，并从土族服饰上七色纹饰得到启示，将评定的品德、礼仪、学习、纪律、劳动、体健、心健等之星，分别用赋予评价指标的白、蓝、红、黑、绿、黄、橙等色彩代替。

"蓝色"代表礼仪之星，因为蓝色犹如蓝天，蓝天具有纯净、深奥、本真的特点。寓意逊让学子要懂礼仪，做诚实守信之人。"黄色"代表体健之星，因为黄色犹如麦垛，麦垛是成熟的本色，成熟预示健康。寓意逊让学子体质健壮，行动有力。"七星"评定已成为评价学生行为习惯的"标尺"和反省思想行为的"镜子"。培养"谦逊友善、诚信敬让、敬学善思、守纪公正、身强体健、刚毅乐观、爱党爱国"的"七彩"逊让学子，便是学校教育的目标。

以"七彩之星"德育评价体系为依托，重视学生行为习惯养成，提高学生道德修养水平，加强学生自我管理能力。通过开展七彩之星评定活动，进一步推进学校的评价制度改革，培养孩子们良好的行为习惯和道德品质，鼓励学生发展特长。发挥榜样示范、教育作用，在全校学生中创设积极向上的学习氛围，激发学生勇于争先的进取精神，形成良好的学风、校风。

加强班级常规管理、大力推进学校德育工作的展开。保证学生德智体美劳全面发展，培养良好的学风、班风、校风，促进德育工作"三三三"的开展，为学校的教育教学工作营造良好的环境，培养班集体的向心力、凝聚力，每学期在班级各方面表现的综合考量基础上，以年级为单位，考核选拔一个优秀集体为"彩虹部落"，予以奖励。

五、以德育课程和活动为载体，培养德智体美劳全面发展、身心健康的社会主义建设者和接班人

（一）开学第一课

学习《社会主义核心价值观》《中小学生守则》《七彩之星评价标准》《一日常规儿歌》《学生违纪处理办法》等，让学生明确努力的方向、奋斗的目标。

（二）社会实践活动

继续开展农耕活动（春种、秋收、夏护、冬藏系列活动），研学活动，"彩虹之星""七彩之星"社会实践活动，远足活动等，磨炼学生刚毅乐观的品格。

（三）国防教育

通过队列队形训练及比赛，国防教育知识宣传，明确国家安全的重要性，培育学生爱国情怀。

（四）加强心理健康教育

认真贯彻教育部《关于加强中小学校学生心理健康教育的若干意见》，加强心理健康教育。开展丰富多彩的心理健康教育活动，邀请专家进行心理健康讲座，请求学校安排专任的心理教师，真正发挥好心理咨询室工作，让学生既拥有健康的体魄，又有健康的心态，正确面对学习、生活中的矛盾，坚毅、阳光，充满七彩少年的朝气。

（五）抓好学生法制安全教育

加强对学生的交通安全、饮食卫生安全、网络安全、防盗抢、防拐骗、防勒索及"五防"安全教育，积极利用社会资源开展法制教育、生命健康教育等，组织全校师生开展紧急疏散演练等活动、强化学生的安全意识和自我防范能力。

六、借助社会力量，发挥平台优势，推进德育教育

充分利用西宁十三中教育集团、城北区第一教研联盟等社会资源，通过各种社会实践活动及讲座、培训等活动，对学生进行多方面、多角度教育，形成教育的合力，提高德育实践活动的实效性和多样性。

同时，充分利用西宁十三中教育集团和城北区教研联盟的资源优势，通过十三中教育集团和城北区教研联盟这个平台，互相交流切磋，加强师生交流，进一步提升班主任的业务水平，调动学生参与活动的积极性，营造良好的德育氛围。

通过一系列德育活动，城乡德育初步取得了一些成效："七彩"评价助力了学生全面发展。德育处每月组织"七彩之星"参加社团交流、参观气象站、动物园、博物馆、科技馆等活动，真正开阔了学生的眼界，树立了"我能行，我很棒"的自信。

集团筑梦　虎台先行

一、背景介绍

2016年11月，西宁市委市政府根据国务院《关于统筹推进县域内城乡义务教育一体化改革发展的若干意见》（国发〔2016〕40号）和青海省人民政府《关于统筹推进县域内城乡义务教育一体化改革发展的实施意见》（青政〔2017〕26号），围绕"构建普及、均衡、优质的城乡教育体系"工作目标，以"乡村教育提质"为核心，将城乡义务教育一体化、均衡化发展与教育扶贫攻坚紧密结合，专题研究制定《西宁市城乡义务教育集团化办学指导意见》，整合城乡教育资源，打破校际、城乡、区县、优劣、管理、行政等多重界限，按照"以城带乡、以优带潜"的形式，组建城乡跨界教育集团，以城区优质教育资源直接下沉乡村学校进行教育提质帮扶发展的形式，开启了"西宁模式"的城乡义务教育集团化办学改革试点。

虎台中学教育集团以虎台中学为总校，下辖虎台小学及行知小学两所城区校，对点支援湟源县巴燕中心校与波航中心校两所乡村分校，集团围绕包括学校党建、规范管理、教学教研、学生发展、文化共建等为重点的"九统一"工作任务，以"管理互融、师资互派、教学互通、学生互动及党建共抓、资源共享、文化共育、质量共评"的"四互四共"集团运行模式，积极探索推进城乡教育均衡化、一体化发展的有效路径，努力提升基本教育公共服务能力和城乡教育一体化发展水平，取得了一定成效。

二、具体做法

（一）管理互融，带动农村学校管理升级

建立集团总校上级党组织领导下的理事会制度和集团理事会领导下的

校长负责制,构建集团办学关于师资建设、经费保障等"1+9"制度框架体系,开展了"团队式"管理帮扶,虎台集团总校按照自身的德育管理团队及管理方式结合行知小学及虎台小学的德育管理特点对湟源县波航、巴燕两所乡村校作出建议及指导,引导乡村校改变自身德育管理结构,使其更加完善,有力地带动了乡村学校德育管理升级。

（二）养成互承，更新观念筑梦坚定前行

德育建设需要有提纲挈领的规范遵守作为指引性指导,乡村校的德育建设首先需要扎实贯彻落实新修订的《中小学生守则》及《中小学生日常行为规范》。集团校通过征文、手抄报、主题活动等形式,使《守则》和《规范》的要求深入到学生头脑中,内化为自觉行动,引导学生养成良好的学习、生活和文明行为习惯,加强学生的养成教育。在总校引领下,开展城乡"手拉手"活动,让农村的孩子们走进城市学校和家庭,共同参与运动会、一起开展科技小制作、你我书画比拼、见证"十岁成长礼"和"十四岁集体生日"等活动。集团办学关注的是对每一位孩子的思想教育,利用集团校这个平台,引导孩子们了解国情,认知社会,培养他们的集体主义精神,学会团结协作以求共同进步,让孩子们明白了"独行快众行远"的道理,携手前行,城乡共育,放飞梦想；实践研学,丰羽助梦,"亲近自然和谐共存""科技引领,自强不息"等系列行走活动,一起走进科技馆等实践活动,让农村孩子怀揣梦想,腾飞启航。

（三）疏心重育，启发乡村家庭智慧教育

德育工作的重要一项内容就是切实能充分发挥家校共育的作用,从而增强学生身心健康发展。虎台集团总校与行知小学及虎台小学定期组织开展"心理教育"下乡村,由总校学生教育处联合心理咨询室对乡村校的学生进行心理关爱及疏导,帮助乡村留守儿童,对他们给予心理和生活上的关爱。虎台集团总校联合行知小学及虎台小学分校对乡村校定期召开家长会,探讨家庭教育的方法与技巧,尽显家庭教育的智慧。进一步加深了家长和学校的联系,有利于学生的进一步健康成长,同时对教学的提高也是一种促进。发挥家长的参与作用，组织家长观看全国家校共育数字化平台专家讲座，并邀请乡村校一同观看三"he"家长系列课程，成立了家长委员会，定期召开钉钉家长会，集团总校优秀家长以"人是能教得好的，好人是教出来的，坏人也是教出来的，可见家庭教育的重要性。"为主线，引导乡村家长注重自身言行，为孩子做榜样，为孩子的健康成长营造良好家庭环境。

（四）学生互动，助力城乡学生健康成长

坚持立德树人，培育和践行社会主义核心价值观，以德育共育方式将城区学校的"四爱三有"、文明创建、经典诵读、戏剧舞台等思政教育和主题教育活动与乡村学校同安排、同部署、同组织。虎台中学教育集团联合巴燕、波航两所乡村学校开展了一系列联合活动，如每学期一次的少年宫观摩活动，让城乡学生互相深入了解，丰富多彩、规范有效的校园活动帮助城乡学生"扩眼界""提境界"，让城市学生对拥有的优越条件不再认为理所当然，让乡村学生对自己未来人生的发展开始重新定位和思考。

（五）文化共育，提升乡村学校办学品位

针对乡村学校文化建设定位不准、文化内涵挖掘不够、校园文化品位不高的短板，各教育集团在对农村学校文化尊重和认同的基础上，本着和而不同、各美其美的原则，立足乡村学校地域文化特点，积极推进乡村校园文化共建共育，深入挖掘中国传统文化、民族团结进步等文化元素，安排专门资金帮助农村学校实施校园环境提升工程，形成了富有特色的乡村学校主题文化，实现了"一校一品"特色文化建设，校园文化"润物细无声"的教育魅力不断彰显，乡村学校文化建设逐渐步入高品质、特色化发展的轨道。

三、主要经验

（一）集团化办学实施模式

1."四互四共"集团运行模式：管理互融、师资互派、教学互通、学生互动、资源共享、文化共育、党建共抓、质量共评；

2．"一个集团、多个校区、统一管理、融合发展"集团办学模式。

（二）已形成的集团校特色模式

1．总校助力乡村校家庭教育家长教育理念更新；

2．总校重乡村校学生心理辅导，加强青春期教育及毕业年级心理疏导。

四、存在问题

（一）教育集团管理融合有待加强；

（二）乡村学校教师专业提升发展的激励机制还需健全，乡村学校教学质量评估体系还需完善；

（三）乡村学校家庭教育薄弱或缺失。

五、工作设想

时光飞逝，但我们的初心永远不变，虎台中学教育集团将一直走在教育均衡的最前线，认真学习贯彻习近平新时代中国特色社会主义思想，特别是习近平总书记关于"高度重视农村义务教育，推动城乡义务教育一体化发展"的重要指示精神，在推进全市城乡教育均衡化、一体化发展的重大使命中，砥砺前行！

多彩德育　多彩人生

一、背景介绍

德育是学校教育的灵魂，是学生健康成长的保障。积极建构德育共育课程的目的就是为了帮助学生们更好地培养优秀品德，促使相关教学工作的顺利落实，而德育课程是实施德育的载体，其质量状况直接影响着德育的成效。集团化办学背景下，城乡学校的教师拥有了更多交流教学经验和想法的机会，各种教学资源可以高效共享，这些都使学校的德育教育资源得以不断地丰富和发展。因此，西宁市青藏教育集团晓泉小学和大通青山中心学校把德育共育工作摆在重要位置，牢固树立以德为首、立德树人的思想，致力于学生思想道德素质的提高，致力于学生艺术素养的形成和发展，积极追求德育的个性化、特色化、品牌化。

二、多彩德育课程的构建及成效

（一）开学季课程奠定成功基础

九层之台，起于垒土。良好的开端才能奠定成功的基础，为了让刚入学的一年级小学生真切感受到入学是人生中的一件大事，在集团化办学背景下，晓泉小学将开学季课程——开笔礼仪式带到了大通西山中心学校。作为古代人生四大礼之一，开笔礼仪式包括正衣冠、朱砂开智、击鼓明智、敬拜先贤、写人字等颇有传统意义的环节。每一个环节都富有寓意，譬如"先正衣冠，后明事理"，学生们在其中认识到衣冠不仅仅意味着遮羞，更重要的是反映人的精神面貌。

"点上朱砂，就意味着你要开始上小学了，以后要好好读书。"老师们悉心叮咛，手执毛笔轻轻一点，一抹红色便呈现在同学们的额头中间。浓厚的仪式感，流淌在校园中，对知识的敬畏与渴望，浸润在学生们的心中。通过古韵飘香的开笔礼仪式，大家领悟到中华民族尊师重教、知书达理的传统文化精神。

（二）行走的课程成就学生品格教育

千里之行，始于足下。经历是最好的学习，研学是最美的相遇。行走的课程是通过让学生自主选定旅行主题、参与活动计划与组织管理，在自然和社会生活中亲自体验与感悟，从而丰富学习内容，提升学习效果的体验式课程。我们希望学生们在旅行中研学，重构新型学习方式；研学中旅行，培养学生核心素养。在集团化办学背景下，晓泉小学和大通青山中心学校结合两校实际，积极开展"行走的课程"研学活动。比如：每年夏天，青藏教育集团晓泉小学和大通青山乡中心学校会积极组织两校学生开展以"同在蓝天下，成长手拉手"为主题的野外实践活动。

根据不同年龄段学生的特点，两校组织学生走出学校，通过亲近自然、参与少先队活动、场馆活动和综合实践活动，参观爱国主义教育基地等，获得有积极意义的价值体验，对于学生认知能力的提升、情感体验的丰富、价值观念的构建以及主体性的形成有着重要的教育价值。该课程关注知行合一、回归生活世界和注重综合学习的理念，同时凸显了真实性、综合性、整体性等特征。

（三）成长季课程

在集团化办学背景之下，两校开展了以"童年·成长"为主题的成长季课程，把社会主义核心价值观的培育嵌入成长季课程的始终。如组织集团校内学生开展互帮互助手拉手活动、经典诵读诗歌朗诵会、知法守法小公民活动……整体建构、深度思考、多维合作，为多彩童年增添精彩回忆。

总之，集团化办学背景之下，学校的德育教育迎来了更多的发展契机，如德育资源更加丰富，教学评价体系得以不断地完善，这些都为德育课程的建构增添了新的活力，但是不可否认的是在德育教育中依然有诸多不成熟的地方，为了更好地提升德育教育质量，提升学生的综合道德素养，学校应当抓好抓实集团化办学的契机，开展好德育共育课程。

各美其美　美美与共

党的十八大报告明确指出，"把立德树人作为教育的根本任务，培养德智体美全面发展的社会主义建设者和接班人"。立德树人不仅要传授知识、培养能力，还要把社会主义核心价值体系融入国民教育体系之中，引导学生树立正确的世界观、人生观、价值观。

西宁市第二十一中学教育集团斜沟乡中心学校是一所农村学校，学生来源比较复杂，有的来自周围的村庄，有的以前是留守儿童，有的一直不在父母身边，有的一直接受隔代教育……成长环境的不同，家庭文化素养的差异给学校德育工作带来了很大的困扰和挑战。二十一中学教育集团认真考察研究，结合实际，确立了以"美"为中心的德育共育理念，将"美"的校园、"美"的学生、与"美"的课堂建设、"美"的教师建设和"美"的家长有机结合起来，完善文化特色体系，构建"德育共育"圈，用"美"文化引领学校发展，培养德智体美劳全面发展的社会主义建设者和接班人。

一、建设"美"的校园，营造德育共育氛围

校园文化是社会文化的一种亚文化，社会的政治、经济、文化观念通过这一中介影响并决定着学生思想品德的形成，具有强大的育人功能。其中，加强学校道德教育，是校园文化建设的重要内容。良好的德育能促进校园文化的健康发展，丰富而高雅的校园文化又是实现德育目标的重要途径。

2018年集团校投入24.4万元，在传承优秀传统文化的基础上，结合斜沟乡中心学校的育人"美"文化，设计装饰，让墙壁"说话"，在潜移默化中让学生接受什么是"美"。以一楼中厅为核心，分楼层展示"美"的楼道文化。一楼呈现了仪容仪表和气质美，引导同学们关注文明礼仪；二楼则

是创造之美，作品形式多样，有脸谱、粘贴画、水晶画、书法、摄影作品等，展现了本校社团和集团校同龄人的创造之美，引导同学们用自己的眼睛和双手去创造属于自己的美；三楼则是劳动之美和语言之美，教育同学们多读书，从书籍文字中去欣赏美，从劳动实践中去创造美；四楼则是文字发展史和书画丹青之美的展示，通过书画作品和文字发展去感受传统文化的博大精深。让学生成为创造校园文化的主体，楼宇中处处是学生作品的点缀，引导学生感受美、理解美、鉴赏美、表现美，并按照美的规律去创造美，发挥主体性，实现创造性，最终调动主动性，实现学生的主动发展。

学生下课信步其中，会不由自主地驻足观看、思索，被"美"主题故事所吸引，相信"美"主题故事字里行间所透露出来的行为准则、做人之道一定感染着他们，古代先贤的故事一定会助力学生健康向上心灵的养成。假以时日，在经典故事的浸润中，学生逐渐会规范自己的行为，成为一个符合社会道德规范的人，成为一个具有高尚情操的人。

在加强校园德育环境建设的同时，学校积极改变校园物质环境，为"美"锦上添花。2019年10月，在市、县委领导的关心下，在市县教育局的积极筹措下，投资280万，占地5240平方米，标准的200米跑道，中间设4个篮球场的塑胶操场竣工并投入使用。塑胶操场的建成，在为孩子们带来无限快乐的同时，也是学校改善办学条件，校容校貌的有力举措，为学校"美"的校园文化锦上添花；操场的投入使用，极大地改善了师生的体育运动环境，深受学生和家长的好评。

二、优化"美"教师，做好德育共育引领

陶行知说过："千教万教教人求真，千学万学学做真人"，都说什么样的老师就会有什么样的学生，教师的言行在育人中起着关键作用。因此，二十一中教育集团不断优化"美"的教师。要求教师全面贯彻党的教育方针，认真落实全国教育大会精神和党中央关于师德师风建设文件精神，把教师思想政治素质和职业道德水平摆在首要位置。

通过开展师德师风专题学习、讲座培训、演讲征文等方式，要求教师时刻以"四有"好老师标准激励自己，培养教师的炽热情怀，加强师德师风建设;通过城乡教师结对、骨干教师下乡支教、乡村教师进城跟岗等形式,加强城乡教师之间的交流;通过定期开展网络教研、送教下乡、同课异构、备课组考核、以赛促教等活动,提升教学水平,促进教师专业素养的发展。

三、打造"美"课堂,发挥德育共育主阵地

通过各学科德育渗透,实现全学科德育、全过程德育和全员德育。德育不仅仅是思品课、班主任的事情,每个学科、每位老师都应承担德育的职责。学校将德育纳入每位教师教学常规的考核中,并加强过程督导。查看教学方案中是否设计德育,课堂教学中是否落实德育,教学活动中是否渗透德育,每堂课都是德育的阵地。

开展主题性活动。为围绕着某一个特定主题开展的德育学习综合实践活动。如讲尊重师长与父母,开展了母亲节"无言的爱"、父亲节"父爱如山"、教师节"神圣的使命"等主题活动;讲爱岗敬业,开展了"同龄人的记忆""路在脚下"等主题活动;讲爱国精神,开展了"恩情与价值""国旗下我长大了""学会为自己鼓掌"等主题班会活动,让学生终身受益。

编制教材,实现知识润德。《斜沟乡中心学校德育教材》是由集团校老师自己编制的一本校本课程用书。它切合了学生的心理特点,有的放矢分阶段进行审美教育。从举止文明、诚实守信、守时惜时、尊重他人、勤俭节约、遵守秩序、讲究卫生等各个方面进行礼仪常规、道德规范的教育引导,引导学生明辨是非、识别美丑,提高道德认知能力。把礼仪教育和审美教育有机结合在一起,注重内在修养的提升。该项活动有效地升华了学校行为规范教育,有力地加强了未成年人思想道德建设,以具有开放性和富有情趣性的德育活动促进了德育工作的开展,使德育更具有生命力。

四、深化"美"家长,扎实德育共育根基

父母是学生的第一任教师,家庭对学生德育的影响不可忽视。伴随身体与智慧的成长,学生的思想、品性日趋成熟,道德观、人生观也会逐渐完善。俗话说:"身教胜于言教",这就需要家长率先垂范,以身作则,时刻正确引领,把学生带到德智兼备的人生轨道上来。

二十一中学教育集团以"城乡互助手拉手"活动为依托,通过创办"美的家长"学校,组建一批高素质家长委员会成员,打造一支高绩效家庭教育指导团队。集团校所有家校活动旨在引导家长适时督导学生养成良好的生活习惯和行为准则,形成"做最美的事""做最美的人"的良好理念。通过举办"家长开放日"、"组织家校共建活动"、评选并表彰优秀"美的家长"等活动,提高集团校家庭教育的总体水平,保证城乡学生健康成长、全面发展。

五、争当"最美"斜沟娃,实现德育共育目标

在集团校的指导下,学校借鉴二十一中"智慧币"德育模式,形成了自己的"最美斜沟娃"德育综合评价体系,将爱国爱校、课堂表现、学业成绩、遵规守纪、文明礼貌、仪容仪表、学业成绩等纳入体系管理,对同学们进行全方位立体化的美育教育。根据学生的表现赋分,利用积分制开展"最美斜沟娃"的评比活动。用身边典型人物的事迹感染学生、教育学生,引导学生崇尚美德、践行美德。

凡是德行操守有口皆碑的孩子,举止彬彬有礼的孩子,热爱生活的孩子,乐将生活的感悟倾注于笔端的孩子,对艺术执着追求的孩子,立志以自己的发明创造、巧手妙思去改善生活、美化生活的孩子,都可以成为"最美"斜沟娃,成为学校"最美斜沟娃"荣誉墙上的"最美"明星。

在德育实践活动中,"最美"明星不仅成就了他们自己,也为全体学生树立了榜样。当其他学生在"最美"荣誉墙边徜徉时,当他们仰望一个个"最美"明星的笑脸时,谁都会坚信:在一次次的学习生活和竞赛实践活动中,德育的种子已经深入了学生心中。

"美"的校园、"美"的学生、"美"的课堂建设、"美"的教师建设、"美"的家长,各美其美,美美与共。"美"的校园文化、"润物细无声"的教育魅力不断彰显扩大,斜沟乡中心学校校园文化建设逐渐步入高品质、特色化的发展轨道,乡村孩子享受公平而有质量的教育梦想逐步实现。2018年11月16日斜沟乡中心学校作为大通县"德育示范校",召开了大通县德育现场观摩会,这正是"美的文化"得到有效的体现。

拓展集团文化内涵　创新集团德育共育

青海昆仑中学教育集团坚持立德树人、全面发展的教育理念，坚持城乡统筹、以城带乡，加强德育队伍建设，优化育人环境，优势互补、共同发展，以学生交流为平台，加强学生养成教育，培养学生自主学习和自主管理的能力，以资源共享、互助互动、优势互补为途径，开展集团内的德育活动，不断提高思政教育质量，努力缩小城乡差距、校际差距，积极为城乡学生交流互动搭建平台，共同开展好学生德育共育，探索城乡学生德育教育的新途径。

一、促校校之间互动体验式交流，共谋德育发展

开发德育共育平台，教育集团及各成员校之间，利用大型节庆活动开展德育主题教育活动、心理健康教育、关爱留守儿童、城乡结对帮扶、仪式教育（升旗、团、队集会、退队入团）结合社会主义核心价值观教育，渗透中华优秀传统文化教育，利用"我们的节日"为活动载体建立稳定的交流互动长效机制。并结合本集团实际，开展经典诵读比赛活动、防震应急疏散演练活动。

二、搭建班班之间德育共育平台，创新德育形式

为加强青海昆仑中学教育集团校班主任工作的力度，弘扬学校班主任工作中的典型事迹，给班主任创造更多交流展示的平台在互相交流、学习、借鉴中，促进班风学风建设，提升班级工作管理水平，提升班级工作品味，在集团总校德育处的组织和安排下，开展了"花开有声"班主任主题沙龙活动。与此同时我们应时代而变，昆仑中学教育集团杨家庄小学开展了卓越教师成长计划班主任专业化发展"线上直播课程"的学习培训，形成了

新时代集团校的德育新特色。线上直播课程与班主任微信实现对接，每周四晚八点开始直播，老师们也可在其他时间观看回放，打破时间区域限制，实现教研活动的及时化。

三、搭建社团之间德育共育平台，以团建促发展

充分利用校园文化艺术节等德育活动开展集团校城乡社团之间的交流展示活动，拓展社团活动的范围，开阔学生的视野，不断丰富社团的内容，形成各具特色的教育资源，开展各类文艺节目的汇报表演，通过元旦、清明、"五一""六一""七一""十一"等重大节日开展活动，为学校特色建设奠定基础。

四、搭建生生之间德育共育平台，建关系提成效

支持城乡学生之间开展校园学习、家庭互访，通过学法互融、网络交流、互赠图书等活动，开阔城乡学生的视野，让城乡学生在交流中取长补短，获得丰富的人生态度与情感体验。关注学生的行为习惯教育，从点滴做起，努力提高学生的礼仪修养，每年九月共同举行"新时代好少年"表彰活动，树立榜样，提升素质。

五、搭建完善家庭交流共育平台，互探教育方式

以"家长学校培训"为活动形式，交流家庭教育、开展家庭教育培训、分享优秀家风家教及家庭教育成功案例，积极将学校家庭教育工作融入集团化办学中，切实解决城乡家庭教育中遇到的瓶颈问题。定期组织城乡学生到对方的学校、家庭中进行一定时间的学习、生活体验，切身感受不同的学习条件和生活环境，激发城乡学生的责任感、进取心，形成善于沟通、互相帮助、共同进步的个性品质。

文而化之内化于心　明德笃行外化于行

一、背景介绍

桥头第一小学创建于 1949 年，是大通县县城所在地桥头地区办学史上成立的第一所学校。在近 70 年的办学历程中，一代又一代桥小人励精图治，在深入挖掘学校内涵发展和人文积淀的基础上，提炼出"教育，为每一个孩子筑起通达的桥梁"的办学理念，旨在倡导教育回归本真、教育回归本源，实现学生全面发展。2018 年 4 月，是桥头第一小学 70 余年历史发展中的转折点，在上级教育部门的统筹安排下，学校由一个直属小学转变为桥头第一小学教育集团中的一员，这不仅仅是名称的变化，而是学校格局和办学模式的变革。

桥头第一小学教育集团共有 3 所小学，在校学生 2900 人，教职工 151 人（其中总校学生 2350 名，教师 126 名，留守儿童 44 名；大煤洞小学学生 175 名，留守儿童 2 名，教师 9 人，6 个班；白崖小学学生 376 名留守儿童 8 名,教师 17 名,8 个班）。三所小学发展不均衡，尤其是两所乡村学校，教师年龄偏大，在德育理论、经验方法、少队成长等方面相对薄弱。三所学校有一定数量的留守儿童，他们正处于成长发育的关键时期，无法享受到父母在思想认识及价值观念上的引导和帮助，成长中缺少了父母情感上的关注和呵护，极易产生认识、价值上的偏离和个性、心理发展的异常。

桥头第一小学教育集团总校以帮扶带进步，聚焦德育资源共建共享，结合集团校办学理念和"明德至善、笃行致远"的校训，提出了"明德笃行、阳光自信"的培养目标，旨在通过小学六年的启蒙教育让学生的德性、智性、灵性得到通达，养成良好的习惯和品德，为以后学习和发展打下坚实基础，实现为每一个孩子筑起通达桥梁的目标。积极努力探索"帮扶一所、带动一片、造福一方"的联动发展新模式，在促进城乡共进、助力教育均衡方面取得积极成效。

二、具体做法

（一）加强校园文化建设——文化育人

处处留心皆文化。集团校注重校园环境的美育功能，处处将育人置于无形当中，充分发挥环境的熏陶作用。走进总校校园，德育长廊、楼道文化、班级展示台、宣传橱窗、校刊队报、校园电视台等都成为德育一景，尤其是德育长廊，将集团校的德育目标、争章评价体系一一呈现，让学生在感受中华传统文化的同时潜移默化地影响教育。

（二）强化学校制度建设——管理育人

制度是学校德育工作正常开展的可靠保证。集团校制定了一系列用以规范班主任工作和学生行为的考核评价制度，不断加强师德师风建设，建立了校长全面负责，各年级分管领导监督检查，班主任、科任教师全员落实的德育工作体制，强调全员育人、管理育人、服务育人。根据学生身心发展的规律和特点，分层次开展活动，分级实现德育目标。"明德笃行"争章评价体系注重训练过程与激励机制的有机结合，形成了完整的德育工作网络，并积极推广到两所分校，惠及全员，服务老师和学生。

（三）依托校本课程建设——课程育人

集团校加强德育课程建设，除了将德育内容细化落实到各学科教学目标中，融入渗透到各学科教育教学全过程外，还努力将德育校本课程由单一化向多元化转变。一是丰富班会课形式，贴近学生的生活实际和心理需求。二是在原有文明礼仪课、根基品格课的基础上，进行争章课，少先队活动课，以课程促进学生的品行。各中队少先队活动课形式多样，内容丰富，从制定活动方案到汇报到总结反思，少先队活动课较为系统，还请来集团分校的师生、家长朋友参与到队活动中，既增添了队员展示的积极性，也达到了德育资源的共建共享。三是在集团总校42个班开设梦想课，在梦想课"全人教育"的理念"问题比答案更重要、方法比知识更重要、信任比帮助更重要"的指引下，探索孩子"自信、从容、有尊严"的未来。四是开设阅读鉴赏课，引领学生博览中外名著，提高人文修养。五是依托社团活动课程，开发校本教材。学校开设了四十多个社团，包括体育类、书画类、艺术类、科技类、语言类、综合实践等类别，呈现了"全员参与、自主双选、轮换走班"等特点，既丰富了学校的文化生活，也可以给学生提供一个自主发展的时间和空间，发展学生兴趣与特长，培养学生的团队精神、合作意识，促进学生身心健康、全面发展。现在，集团总校已经开发并使用校本教材《美图绘》《巧巧手》《我爱我》《国学经典》《幸福大通我的家》等，并推广到两所分校进行使用。

（四）丰富德育活动形式——活动育人

集团校将社会主义核心价值观教育作为学校德育的核心，把日常文明养成教育作为德育工作的重点，以活动体验为途径促进少年儿童道德养成。一是少先队品牌活动特色化。升旗仪式每周全校范围内评选升旗手和护旗手，表扬道德养成方面有突出表现的学生，事迹宣传让全校孩子学有榜样，行有示范；开展了致敬大国担当、世界命运共同体、民族团结、我们的节日、崇廉尚洁、节约用水、一年级队前系列教育等主题活动，成为辅导员和少先队员们以活动体验为主要途径的爱国主义教育和道德养成教育的活动阵地；学校是全市分批入队试点校，今年的入队仪式以30%的学生第一批入队，其余学生下学期入队的分批方式进行，在大队部的组织带领下，一年级各班抓住分批入队这一教育契机，给孩子们设置入队需要达到的小台阶，让孩子们努力进步，"六一"期间，完成了第一批入队，同时让大部分孩子经历了一次挫折教育。二是线上活动放异彩。受疫情影响，很多活动从线下聚集转为线上开展，如红领巾致敬逆行者手抄报绘画评比、抗疫小达人风采展示、给钟爷爷写封信、大队委线上竞选投票、庆"六一"专题视频集锦、小课间微游戏创意设计征集大赛等活动，不受时间、空间限制，形式新颖，喜闻乐见，学生参与面广。线上家长会保证了疫情下家校协同育人交流、合作不间断。三是常规活动不缺席，开展了学习园地主题布置、最美教室评比、流动红旗班级评比、大队委竞选、班主任例会、庆"六一"活动、优秀学生表彰、校园花木班级认养等形式多样、内容丰富的常规德育活动。四是利用传统节日组织开展"我们的节日"活动,弘扬传统文化。如端午节、中秋节、重阳节"尊老爱老"活动, 让学生了解我国传统节日习俗, 增长见识, 增强学生的爱国情感和民族精神。9月28日孔子诞辰日举行"四爱三有"新生开笔礼活动, 以此来弘扬我国的传统文化, 期待孩子们在圣贤思想的感召和传统文化的浸润中, 增强民族精神和家国情怀。众多教育主题活动的开展, 让学生在活动中受到教育, 得到锻炼, 在实践中成长。

（五）拓宽德育活动渠道——实践育人

1. 以争章活动为契机, 进行丰富多彩的研学实践活动。集团校充分发挥获得红领巾章、火炬章、校长章后的相应承诺, 在满足学生心愿的基础上, 带领获得星星火炬章的学生参加由学校政务处组织的社会研学实践活动, 目的在于丰富学生的生活, 开阔学生的眼界, 激发对科学、生物等知识的兴趣, 同时, 激发学生积极获章的热情, 以争章活动促进学生良好行为习惯等道德养成。组织学生进行红色革命研学——清明节到城关烈士陵园祭扫烈士墓、参观爱国主义教育基地——青海西路军纪念馆；绿色农业研学活动——组织学生赴东峡农业研学基地、云杉基地进行种植体验研学活动；绿色生态研学——参观科技馆、青海省高原野生动物博物馆等。学生在活动中收获颇多, 也能切实感受到争章活动对自己的成长起到的作用。更令人欣幸的是学生的自律意识更强了, 他们在寻找身边的榜样并努力学习着优秀学生的行为, 期待着自己的进步, 并且将这些期待内化为素质, 外化为行为。

2. 与综合实践活动课程相结合, 充分发挥学生的调查、搜集、综合实践能力, 开展"我身边的环保""家乡的变化"等活动。社团中的综合实践组开展"寻访幸福大通"活动, 先后赴景阳古方城、娘娘山、广惠寺、城关文庙、良教砂罐制作中心、清平乡大哈门村柴总兵墓、将军沟等了解文化, 感受变化, 寻找民间艺人了解皮影艺术、学习剪纸、学唱花儿等。

3.组织学生参观消防队、地震局、科技馆、高原博物馆等，让学生学习科普知识，增长见识，还带领学生与太阳村的孩子进行手拉手关爱活动，到敬老院关爱老人，给老人们带去舞蹈、欢乐，帮老人们打扫房间、铺床等，从小学会关爱他人，敬老爱老。积极组织学生参与校园卫生清洁，楼道卫生实践，还带领学生参加学雷锋志愿服务活动，并要求学生在家里做到自己的事情自己做，主动帮父母干力所能及的家务劳动，让学生感受父母的不易，劳动的快乐。

（六）建立"三位一体"网络——协同育人

为更好地促进学生的发展，集团校加强了与家庭、社会的联系，形成共同抓好德育工作的合力，有效提高德育教育效果。通过召开家长会、家庭教育讲座、家访、电访、信访、网上联系平台等形式，及时沟通学生在校及在家情况，和家长一起做好学生的思想工作，落实行为习惯的常规要求，使学生在教师、家长的指导下，健康快乐地成长。同时，我校将争章活动延伸到学生家庭中，延伸到社会中，向家长发放明德笃行好少年家庭卡并说明家庭教育指导细则，由学校定章，家长评章，再由学校颁章，因为家庭卡的内容紧贴学生生活，便于家长操作，所以争章活动受到家长的广泛好评，同时，将家校教育合力最大化，真正做到 5+2>0。

集团校重视学生的心理健康教育，开设心理健康课，组织心理辅导活动、"5·25"心理健康日活动，充分发挥"心联小屋"的作用，为学生和家长搭建平台，尤其通过留守儿童与家长通话、视频聊天等活动，引导学生拥有自信、健康的精神状态。

三、主要经验

（一）德育管理形成体系

近年来，集团校的德育工作在县教育局的正确领导和亲切关怀下，秉承"教育，为每一个孩子筑起通达的桥梁"的办学理念，以立德树人为根本任务，以培育和践行社会主义核心价值观和中国梦教育为核心，确立了"全面推进立德树人、全面深化特色建设"的德育工作思路。从六个育人途径着手，注重抓实过程管理，做强德育品牌，以德育课程与主题活动为载体，整体构建了学校"五个一"德育体系，即营造一种氛围——浓郁的育人氛围；开展一项训练——学生行为规范训练；凸显一项特色——阳光自信特色；形成一个网络——全员德育网络；建立一套体系——争章评价体系。在全校师生不懈努力下，德育工作的整体效果有所提高，逐渐走出一条德育教育特色发展之路。

（二）完善德育评价体系

集团校的争章评价体系"明德笃行好少年争章"，注重训练过程与激励机制的有机结合，以"高原好少年"争章为基础，以争章数量为依据，实行递进式争章，将争章机制与各学科评价有机整合，过程性评价和形成性评价有机结合。以争章活动为载体，将学生的文明礼仪、道德素养贯穿于始终。将德育的过程和结果量化，通过对学生的勤奋学习、民族团结、体魄强健、热爱劳动、文明礼仪、知法懂法、高原雷锋等综合德育通过争章的方法来实施。本学期，以团中央、全国少工委《关于构建阶梯式成长激励体系，增强少先队员光荣感的指导意见》为依据，进一步完善《桥头第一小学教育集团"明德笃行"好少年章争章活动实施办法》，进一步丰富了基础章数量，调整了进阶顺序，与《红领巾奖章实施办法》相融合，将常规行为习惯教育和德育过程量化，从基础章到红领巾奖章四级分阶设章，组织获章学生参加研学活动，让少年儿童在阶梯式成长中不断获得成功感，形成良好的行为习惯和道德品质。

（三）争章活动初见成效

1.争章活动为学校全员育人的德育途径找到了突破口。开展争章活动转变了教师队伍的育人观念，变"教"为"导"、变"漠视"到"参与"，老师们更多地关注孩子们的全面发展，当老师们带着微笑给孩子们发卡时，孩子们是那样的幸福，慢慢地全校师生之间、同学之间越来越和谐了，教师的全员参与也使学生多方面获得道德认知的发展。

2.争章活动促进学生养成良好的行为习惯。经过一年多的实践，我们发现很多孩子越来越有礼貌了，学生文明用语脱口而出，文明行为随处可见，让座的孩子、拾金不昧的孩子、主动拾捡垃圾的孩子越来越多，这些小举动告诉我们，学校的德育活动在发挥着功效，尤其是争章活动对孩子们良好的行为习惯起作用了。

3. 学生参加各项活动的积极性越来越高。在各项活动、各项比赛中涌现出的小明星非常多，我们会在全校学生面前给孩子们颁星星火炬章，让孩子感受成功的喜悦，增强自信，在一次次活动中，孩子们越发努力、越能感受成功、越来越阳光自信了，而这些恰恰是我们培养的目标。

4. 我校申报省级德育课题《争章评价体系在促进小学生道德养成中的实践研究》，在课题中实践，在实践中发现问题、解决问题，在学生道德养成方面切实找到一条途径、一个抓手，提升我校德育改革实效，本课题现已顺利结题。

四、存在问题

（一）教育集团教师专业提升发展的管理办法、激励机制有待进一步完善；

（二）德育实践活动在更大规模惠及集团分校师生方面有待提升。

五、工作设想

（一）积极探索城乡德育实践活动的新途径、新方法。如微型德育课"一事一教育，遇事就教育"，以"日常生活"为支点，"立足于小、着眼于内"，"大教育，小切口""小阵地，大作为"，让师生体验真实的教育情境，切实提升德育的实效。尝试给学生留德育作业，让学生在实践中体验、感悟等。

（二）继续拓宽德育实践基地，充分引用分校、家长、社会等更多资源，让学生有更多的机会实践。进一步完善家庭卡的内容，加大对家长的培训，期待家校共育的最大化。

（三）继续加强集团校教师队伍建设，加强学习、培训，提升教师的德育理论水平及管理水平，进一步完善德育评价体系及德育制度。

（四）积极开展德育教研活动，大力研发城乡一体化德育课题，引导教师从分散的、零碎的德育问题思考转变成有明确目的的德育教科研。

　　集团校扎实的德育工作收到了良好的效果，得到了家长、社会、上级部门的普遍好评，被列为首批大通县德育示范学校之一，德育工作取得的实效获得关工委领导的一致认可和赞誉。当然，德育工作中也存在有一些不足和问题，今后，我们将继续全面学习贯彻习近平新时代中国特色社会主义思想和党的十九大精神，在全国教育大会精神指引下，落实立德树人根本任务，进一步解放思想、拓展思路，积极探索新时期集团校德育工作的新途径、新方法，不断丰富学校内涵，让共生共创共荣的观念渗透进每一个成员校的教师心里，让我们跨越无形中的学校之墙，凝聚在一起，努力把桥头第一小学集团校办成学生、家长、社会广泛认可的教育品牌学校。

德育文化共育共建　助力城乡学生成长

　　为进一步加强集团各校之间的交流，丰富校园文化生活，努力营造和谐向上、健康文明的校园文化氛围，积极推进城乡德育文化共育共建，助力城乡学生成长。城东区教育局分别与大通县良教乡中心学校、大通青山乡中心小学开展了校园文化建设交流互导工作。交流互导工作坚持整体性、特色性、继承与发展的原则，确保校园文化建设符合党和国家的教育方针，围绕学校中心工作，密切联系社会实际，体现时代精神，而且内容丰富、形式多样，体现浓厚的学校文化底蕴和办学特色。

　　校园文化的创建，既丰富了校园文化，又锻炼了学生的才能。富有创意的校园级文化布置，彰显着内涵，展示着每个班级的品牌文化，营造出健康向上、富有成长气息的班级文化氛围，给学生一种美的享受、爱的熏陶，潜移默化地影响着每一个学生，对学生产生"润物细无声"的教育和启迪，有利于促进学生健康成长。

一、共同打造教育集团文化

（一）领导重视，保障组织规划建设

　　各学校都成立了校园文化建设领导小组，将校园文化建设纳入了学校总体规划，并制定了详尽可行的实施方案，召开专题会议研究部署，形成了校长亲自抓，分管领导具体抓，各部门细致抓的工作机制。

（二）资金支持，提供足够的经费保障

　　安排专项经费投入校园文化建设，校园环境建设有创意，班级文化建设有特色，校园环境教育性强。同时，根据学校的办学理念和特色对校园人文环境量身营造，在校园规划上从整体性、生活性、人文性、开放性、

多样性和时代性等方面充分考虑，和谐统一人文环境和自然环境，适合少年儿童年龄特点，以此完善基础设施。

（三）空间利用，让每一面墙会说话

学校利用校园的每一处环境，营造良好的德育氛围。校园文化墙渗透民族团结、安全、法制、礼仪、国学等富有童趣的宣传画及标语展示。学校校园干净、整洁、美观、高雅大方、有序。

二、以丰富多彩的活动为载体

（一）乡村学校联合开展"红领巾小书虫"动感中队展示活动

活动紧紧围绕习近平总书记对当代少年儿童提出的"立志向、有梦想""热爱党、热爱祖国、热爱人民""从小学习做人、从小学习立志、从小学习创造"等一系列希望和嘱托，充分发挥少先队组织教育、自主教育、实践活动的特点和优势，坚持少先队思想性、先进性、自主性、实践性，开展主题鲜明、生动活泼、丰富多彩的队活动，共同创建自主、平等、友爱、向上的少先队中队集体。通过"红领巾小书虫"动感中队读书活动，不仅开阔了孩子们的视野，还增长了知识，提高了孩子们的素质。同时，鼓励中队集体自主创造性开展故事汇、图书推荐、阅读分享、经典诵读、情景表演、好书漂流等各种形式的读书活动。

（二）开展集团学校德育经验交流会

城东区教育局选派集团校冯登燕教师进行德育经验交流分享，冯老师做了以《众人划桨催奋进》为题的经验分享，分享中处处流露出冯老师对学生的真爱，处处凸显出冯老师班级管理的智慧，冯老师从任课老师间的协作、家校携手以及班干部的培养进行了分享。分享结束后，在座的班主任就工作中遇到的情况进行了交流，老师也各自分享自己在教育教学上的经验，大家相互沟通，相互交流。本次活动拉近了城乡学校的距离，也促进集团校班主任的管理艺术水平。活动不仅推进了集团化学校德育工作，同时通过优秀班主任的丰富案例，让大家对管理经验和问题处理技巧有了互相的交流、学习。相信在集团化办学的指引下昆仑中学教育集团校的德育工作会有新的发展和突破。

（三）开展卓越教师成长计划——班主任专业化发展课程学习

开展"线上直播课程"，组织城东区教育局集团校杨家庄小学 37 名班主任和良教乡中心学校的十位班主任每周四晚八点参加学习，两校的班主任老师领取了各自的网络账号学习码。本次课程设置将通过培训，帮助班主任明确新时期班主任工作的新特点、新要求，建立先进的教育理念，学习先进的班主任工作经验，掌握当代学生思想政治工作和思想道德教育的基本方法，提高班主任工作艺术水平，促进学生的健康成长。根据目前疫情的影响，第一次课程将安排心理教育为主题的内容。相信通过此项网络平台的学习，坚持理论与实践相结合，从班主任实际工作和班主任实际需求出发，两校老师进一步明确班主任的职责和义务，以高度负责的态度，严肃认真地做好班级管理工作，为全面提高教育教学质量而努力。

（四）开展队前教育交流活动

为加强少先队基本知识教育，帮助少先队员了解党对少年儿童成长的希望和要求，教育引导少先队员按照党的要求全面发展、健康成长，增强少先队员对少先队组织的光荣感、归属感，提高少先队组织吸引力、凝聚力，为实现中国梦做好全面准备，具有十分重要的作用。城东区教育局集团校杨家庄小学联合大通县良教乡中心学校在录播教室举行了一年级小学生入队前的知识教育，取得了良好的教育效果。现场组织学生观看《我爱红领巾》的活动给学生一个形象的记忆。当学生听到雄壮的国歌声，看到鲜艳的五星红旗升起来，少先队员行着标准的队礼时，孩子们也不由自主地站起来，举起小手学着他们的样子，行起队礼来。在看的同时，告诉小朋友队旗上星星火炬象征的意义，队长的职责，以及红领巾的含义。激荡起他们内在的情感，潜移默化地将小朋友带入少先队活动那种愉快活泼的氛围之中。让孩子们了解，记住队名，戴上红领巾后，就加入了少先队组织，成为了一名光荣的少先队员。丰富、新颖的队前教育直观形象，深入浅出，感染性强，教育性强，又有一定的实践性，会给孩子们留下深刻的印象，达到事半功倍的效果，有利于少先队工作的进一步开展。

三、存在的不足

（一）德育课程设置偏理论，实践课程少

德育是一门与实际生活息息相关的课程，在生活中的许多案例都可以成为德育教育的素材，教师也能够从中体验出德育知识点。在德育教育工作开展中，主要将其与实际生活紧密地联系在一起，才能真正地展现出德育的魅力和价值所在。然而，在集团化办学背景下，学校出于学生安全以及其他因素的考量，所设置的德育课基本上还是以理论为主，实践课程相对比较少。

（二）德育途径单一，吸引力不强

集团化办学背景下，虽然为德育教育提供了更加多元化的途径，许多实践活动可以同时进行，有效地节约了教育资源，但是在学生安全以及文化课知识学习的多重压力下，70% 左右的德育活动依然是在课堂上完成的，课堂教学仍然是学生获取德育知识的主要途径，社会及家庭参与德育教学活动的机会并不是很多，德育教学不注重生活实践、缺少体验以及自我评价等。

（三）学校与家庭未形成合力，德育效果不足

德育教育并非学校单方面的责任，良好的家庭教育对于学生个人成长及发展也有着较为积极的促进作用，但是当前家庭参与到学校德育活动的比例并不高，学校与家庭之间始终未能形成有效的合力，德育教育力量单薄，因此德育教育效果也不是十分的理想。

四、建议和意见

（一）丰富德育资源

校园内的中小学教师拥有了更多交流教学经验和想法的机会，各种教学资源可以高效共享，这些都使得学校的德育教育资源得以不断地丰富和发展。如有的德育教育资源既可以给小学生使用，也可以给初中生使用，甚至可以多次循环使用，这些都使得德育教育能够更加顺畅地开展。

（二）完善德育评价体系

多元化的德育教育评价体系，能够使教师感知到自身在教育教学中存在的不足，同时能使学生不断地完善自我，在客观公正地评价下发展前进。当然，德育教育评价体系还存在一些不健全和不完善的问题，今后，我们将继续努力改进。集团化办学背景之下，多种教学资源汇集到了一起，社会及家庭也纳入到了体系中，这样可以将多方面的内容纳入德育评价体系中，形成有效的合力，真正地实现全员育人、全程育人和全方位育人，有助于多元化、多维度的德育模式形成。

集团助力家庭教育　家校合作共同发展

家庭是人生的第一课堂，父母是孩子的第一任老师。教育是树人之本，家庭教育为教育之源。家庭教育在造就人才的启蒙教育和指导人生的终身教育中，具有无可替代的独特作用，家庭教育成功与否不仅关系到孩子的前途与家庭的幸福，而且直接影响社会的精神文明建设与国家的兴旺发达。目前乡村家庭教育存在缺失，"不知道怎么教"，甚至任其发展，主要问题有家庭教育责任严重缺位等，针对这些问题，集团总校在东峡乡中心学校家庭教育方面做出分析及援助。

一、东峡乡中心学校家庭教育存在的问题

（一）家庭教育责任严重缺位

东峡乡中心学校是一所九年一贯制寄宿学校，大部分孩子都是一周才回家一次，个别学生为走读。几乎大多数父母外出务工，其孩子由爷爷、奶奶或外公、外婆监护，致使他们对孩子的教育存在不同程度的缺失尤其是在精神、道德上的引导。而父母一般认为自己长期在外，无法照顾孩子，觉得欠孩子太多，因而在金钱上就尽力满足孩子的需要，久而久之，孩子养成了奢侈、浪费等不良行为习惯。

（二）家长教育观念落后，对孩子教育不重视

通过和东峡乡中心学校教师交谈，了解到部分家长对孩子的学习漠不关心，不管不问，甚至有些家长连孩子的确切年龄和所在年级都不知道。一些家长认为孩子的学习能力是天生的，与后天的培养没有多大关系，有出息的不用教育也会有出息；没有出息的就算再花多少功夫也是白费劲。一些家长认为"病要大夫看，孩子要教师教"，孩子的教育是老师的事，与

己无关，他们只负责从经济上、生活上满足子女的需要，把教育子女的责任完全推给了学校和老师。班里有很大一部分家长对孩子小学时期的教育很不重视，特别是良好的习惯培养方面，许多孩子根本就是空白。那些学困生他们的智力水平不差，关键是学习习惯差，学习态度存在问题，而习惯却是靠家长和学校一起培养才能有效养成的，正确的学习态度也是在家校联合的逐渐引导中形成的，但是很多家长都习惯性地把教育孩子的包袱完全地甩给了学校。

二、解决乡村家庭教育存在问题的对策

（一）集团方面

集团化办学援助乡村家庭教育，提高家庭教育质量。为进一步加强对集团学校乡村家长关于家庭教育的指导帮扶，增强乡村家庭教育工作的实效性、提高广大乡村家长育子水平、提升乡村学校办学质量，我校对东峡乡中心学校家庭教育给予了很大的援助。近年来先后邀请西宁市未成年人心理健康辅导中心的袁青教授、青海师范大学周密教授赴东峡乡中心学校开展家庭教育讲座，为乡村学校家长带去了孩子教育问题上的思想洗礼。通过讲座，侧重培养家长掌握现代家庭教育理念，家庭教育知识和家庭教育方法，让家长们进一步深刻认识到了家庭教育的重要性，从而提高家长们积极引导孩子健康成长的意识，让家长懂得如何在平时的一点一滴中以正确的方法教育孩子，让孩子在良好的家庭环境下健康成长。

（二）学校方面

办好家长学校，切实提升家长素质。东峡乡中心学校每学期要召开家长会，通过家长会向家长宣传学校的中心工作，让家长了解学校要求，有的放矢地指导教育孩子，做到与学校教育保持一致。同时要办好家长学校，定期开展家教知识讲座、家教经验交流会、家长园地、家长开放日等活动。通过上述活动，使家庭、学校形成合力，真正做到普及家教知识，传授科学教子经验，优化家庭教育环境，促进少年儿童健康成长。

（三）家庭方面

改变教育思想，提升家庭教育能力。家长要改变过去狭隘的教育观念，要改变子女必须无条件服从家长等传统思想，积极培养孩子的科学民主、自立自强、公平竞争与合作等现代意识；要改变重智轻德体，重知识轻能力的观念，重视良好心理素质的培养和人际关系协调能力的发展，促进孩子的全面发展。家长还要不断提高自身素质，一言一行、事事处处为孩子做出表率，使孩子受到良好的品德熏陶。要紧跟时代发展，不断吸纳新思想、树立新观念、研究新方法，做智慧型的家长。要建立良好的家庭关系，让孩子从温馨和睦的家庭环境中去感受生活的美好，促进孩子身心健康成长。

总之，我们将以家庭教育改革创新为动力，紧紧围绕新时代西宁教育行动计划，以集团乡村学校为主阵地，以关注学生全面发展和健康成长为主题，以品德教育和行为规范为主要内容，对家庭教育工作进行指导，切实提高家长素质，优化农村家庭教育，充分发挥农村家庭教育的作用，并把家庭教育、学校教育与社会教育融为一体，发挥教育的整体效应，促进乡村学生的全面发展，提高乡村学生的整体素质，实现育人的目的，促进社会的发展。

集团化办学对乡村家庭教育的指导与帮助

一、背景介绍

西宁市第十一中学教育集团，通过集团成员校之间实现资源共享、研训联动、文化共建、质量共建，不断扩大和延伸优质教育资源，促进区域基础教育均衡优质发展。但在家庭教育发展方面依然存在差距，农村家庭教育的缺失是集团化办学深入发展的瓶颈，为破解发展瓶颈，针对乡村家庭教育集团办学给予家庭教育工作方面的帮助与指导。

农村小学家庭教育主要存在隔辈教育、重书本、轻道德、家长嗜好不健康、观念传统等问题。家庭教育需要通过家庭教育者来实施。因此家庭教育者的自身素质，地位等因素也会对受教育者的教育质量产生影响。家庭教育者自身因素对家庭教育的影响，主要有以下几个方面：

（一）职业因素

家庭教育者的职业背景对子女的家庭教育有重要影响。这种影响不仅在日常生活中的言谈举止上直接发生，而且职业习惯也影响他们的教育方式和教育内容。在一些做生意的家庭中，当孩子在学习或其他方面取得一定进步时，父母常常给孩子"经济鼓励"，少则二三十元，多则一百几百，却无暇对这些钱的用途进行适当的安排和监管，这些钱往往会成为孩子们在台球室、网吧里放任自流的"原始资本"，这使孩子滑向了厌弃学习和逍遥混日的歧途，同时这些行为也滋养了孩子们唯利是图、金钱至上的不健康的财富观和享乐主义人生观。

（二）文化因素

家庭教育是一门科学，家庭教育者的教育经验不仅来源于前人的教育经验和自身的生活体验，还需要从各类途径汲取经验教训，运用实例，将其转化为自己的行动。而很多农村家庭教育者文化素养与文化程度相对较低，这就使得家庭教育出现了一些问题，进而影响教育质量。

（三）与学校的合作态度

教育合力的形成需要家庭教育、学校教育和社会教育的共同努力。家庭教育与学校教育的联合及合作关系在很大程度上取决于家庭教育者对学校教育的合作态度。农村家庭教育观念并未真正形成，家长不善于与学校配合沟通，家庭教育与学校教育不协调。"重养轻教、重智轻德、重智力因素轻非智力因素、重身体健康轻心理健康"情况严重。家庭教育者不能有针对性地进行家庭教育，进而不能形成有效的教育合力。

（四）家庭教育方法过于简单

农村家长因为接受教育的水平普遍较低，导致家庭教育方法过于简单。有的家长对待孩子轻则抱怨、重则训斥、更有甚者动辄打骂，采取棍棒教育。尤其是对于那些学习不好或不爱学习的孩子，要么听之任之、放任自流；要么态度粗暴、打骂训斥。时间长了，摧残了孩子的身心，抹杀了孩子的个性和创造精神，增加了孩子的逆反抵触情绪，致使相当一部分孩子对学习无兴趣、产生厌学心理。有的家长对孩子过分溺爱、纵容迁就。还有的家长对于孩子疏于管理、不闻不问，与孩子之间的感情淡漠，无法真正走进孩子的内心世界。

（五）家庭教育氛围缺乏和谐

家庭环境对孩子的成长非常重要，起着潜移默化的作用。但是一些农村家庭人际关系紧张或父母离异，导致孩子长期生活在不安定的环境中。这些孩子悲哀、忧虑、紧张，感受不到家庭的温暖，学习状态不好，学业成绩不佳。有的家长平时忙于农活，农闲时也很少有健康的文化娱乐活动，很少与孩子沟通交流，孩子缺乏温馨和睦的生活氛围，不利于孩子健康人格的形成。

二、具体做法

（一）改变家长教育观念

必须使家长们认识到良好的家庭教育对孩子的重要性。十一中教育集团指派家庭教育讲师团成员定期召开家庭教育讲座，介绍新的教育观念，改变滞后的观念，接受素质教育思想统照下的新型家庭教育思想，让家长们充分认识到：父母面对孩子的教育问题，不但不能推卸责任，还应努力配合学校教育，社会教育，使其"数长成参天巨木"，让"杂草野藤"无处存生。

（二）介绍正确的教育方式

1. 与孩子真诚地沟通，深入了解孩子。了解孩子的长处，并尽可能地积极引导。在家庭中，家长和孩子因共同生活而接触密切，家长要充分利用这一优势，对孩子进行不间断的细致观察，发现孩子的特长、弱点，帮助孩子发挥优势、弥补不足，并及时发现孩子的变化，表扬和鼓励进步，批评和纠正错误，防微杜渐，防患于未然，保证孩子健康成长。

2. 转变科学的教育方式。尊重孩子的选择，不要打击孩子的自信心。避免用专横的态度对孩子进行体罚，让孩子去接触社会生活的影响，包括社会积极作用和消极作用甚至是敌对作用的影响，父母应该指导他们去跟不好的影响进行斗争，从而增强孩子的抵抗力。

作为家长要顺应社会发展的需要，积极创设民主、和谐的家庭氛围，认真当好孩子的第一任老师，使孩子在家庭中愉快、健康地成长。为此，家长要努力做到：提高自身素质，能为孩子树立良好的榜样；有一套能被孩子接受的家规；为孩子提供丰富的生活内容；做孩子学习上的助手，指导和帮助孩子完成力所能及的事；利用一切机会锻炼和培养孩子的自理、自立能力和耐挫力。

3. 与学校和老师及时沟通。及时与学校取得联系，了解孩子的在校表现情况。通过与学校教师的沟通，可以深入了解孩子的真实情况，发现孩子身上更多的兴趣爱好和个性品质。通过家长与老师的联系，不但可以加深家长和老师之间的相互理解，也使教师和家长之间的教育相辅相成，便于孩子得到更好的教育。

"当孩子身上出现问题的时候，我们做家长的常常很生气，光认为是孩子的不好，没想到孩子的这些毛病和我们家长的教育方法有关系，看来想要改变孩子，我们要先改变自己的教育方法，今天的讲座我们收获很大。"前沟小学一名家长在认真听完家庭教育讲座后这样说。

（三）进行个案辅导

每次家庭教育讲座后，都有许多家长围在讲师周围，想要得到具体的指导，讲师耐心倾听他们讲述和孩子们之间发生的事情，给予具体的指导。

有位家长说自己的孩子不爱说话，很内向，问她问题，她不理你，问的次数多了就哭，哭起来就哄不下来。平常也不爱和同学交流，都是自己一个人玩，上课也从来不举手回答问题，容易和同学生气。家长说过她很多次，不见效，对孩子的状态很发愁。

讲师与班主任一起分析原因：发现造成孩子内向性格的主要因素是家庭背景所引起的，孩子的父母在外打工，与孩子缺乏沟通，忽略对孩子的家庭教育，一味地让孩子吃好、穿好、把孩子送到学校就认为这就是家长所要做的。孩子的家庭教育往往比学校教育更为重要，家庭教育和学校教育是相辅相成的，缺一不可。

指导方法：要解决这个问题，不仅需要老师走进孩子的内心，用爱关怀他们，更需要家长从多个角度地来分析孩子的行为，了解孩子的心理，并用切实可行的方法来帮助孩子，教育孩子，使孩子能够健康、快乐地长大。首先，要让孩子感受到家长对她的爱，在家里家长要帮助孩子建立起更多的自信心，多给孩子一点信心，做孩子成长的强有力的后盾。家长在生活中应当对孩子多一些鼓励少一些指责，当孩子表现得很优异或孩子在某一方面有进步时，千万不要吝惜自己的表扬和赞美之辞；当孩子遭遇失败或孩子行为有过失时，也不要对孩子全盘否定，把他说得一无是处，更不能盛怒之下对孩子拳脚相加，这种做法不但于事无补，而且会伤害孩子的自尊和自信。

经过几次的帮助与指导，家长反映与孩子的关系亲近后，孩子慢慢地和家里人说起话来，脸上也有了笑容。

三、主要经验

（一）具体指导家长的教育行为

可以建议家长这样做：经常与孩子亲近，爱而有度，严而有格；关心孩子的思想和学习，乐于帮助孩子解决学习、生活中的一些困难；善于和孩子交流和沟通思想感情；家庭中有明确的"公约"，使孩子有规矩可循；尊重孩子的兴趣和爱好；按照孩子的程度，给孩子提出合理的目标和要求；致力于创造一个和谐、欢乐的家庭氛围。

（二）讲座案例贴近农村实际

（三）对典型案例长期关注

四、存在问题

（一）家庭教育指导还需要多调查，多反思，积累经验；

（二）多与家长沟通，了解具体家庭教育需求；

（三）欠缺心理学教育学知识，要多学习。

五、工作设想

要深刻理解新时代下家庭教育所面临的变化，在农村家庭教育帮助和指导的活动的广度和深度上下功夫，继续深化教育集团关于家庭教育的指导工作，持续突破集团化办学瓶颈，提升集团化办学改革的整体效益。

集团化办学下的乡村家庭教育援助

新时代背景下，社会发展速度不断加快，大众对优质教育的需求与日俱增，而集团化办学是促进义务教育优质、均衡发展的一项重要举措。为充分发挥优质教育资源的辐射引领作用，扩大家庭教育援助的覆盖面，推进义务教育优质均衡发展，实现优势教育资源共享，提高集团化办学成员校家庭教育水平。城西区教育局未成年人校外心理健康教育辅导站为湟源集团校开展了一系列乡村家庭教育援助活动。

一、线上家庭教育知识宣传

利用城西区校外心理健康咨询群为湟源集团校的师生及家长提供一个学习家庭教育知识和自我发展的线上线下交流互动平台，通过每周发布心理健康、家庭教育、亲子关系等相关内容，引导家长积极关注未成年人心理健康，进一步推进湟源集团校的家庭教育工作发展。

二、线上家长课堂活动

城西区教育局未成年人校外心理健康教育辅导站开展了"家庭教育中亲子沟通的重要性"线上家长课堂活动。活动以线上网络课堂为主，教师通过案例分析，从"亲子沟通存在的问题""如何正确开展亲子沟通"以及"亲子沟通的重要性"等方面入手，详细讲解亲子沟通的技巧，帮助家长了解孩子的心理需求，掌握正确的亲子沟通方式，了解亲子沟通的重要性，进一步提升家庭教育水平，促进未成年人身心健康发展。

三、网络微课共享

城西区未成年人心理健康教育辅导站组织全区优秀心理教师，结合一到六年级学生不同的心理特点和发展规律，每位老师对应一节专题，进行有针对性的录课，内容包括"疫情下，如何合理宣泄情绪""亲子沟通""情绪管理""注意力训练""积极思维"等方面，为湟源集团校的学生及家长普及心理健康知识，讲解负面情绪的调节方式以及如何建立良好的亲子关系。引导家长在做好个人防护，保持规律健康的生活作息的同时，调整好自己的心态。

四、家庭教育情况问卷调查

城西区未成年人校外心理健康教育辅导站组织湟源集团校36所学校共14000余名家长参与调查，调查涉及小学、初中、高中及中等职业学校四个阶段。通过对问卷数据进行综合分析，全面深入了解湟源集团校的家庭教育情况，针对此次问卷调查中家长们普遍关注的问题，我们将在以往开展家长课堂活动的基础上，进一步创新心理健康教育模式，通过心理咨询服务热线、微信公众号、西区校外心理健康咨询群、未成年人校外心理健康教育辅导站等线上线下交流学习平台，开展一系列家庭教育活动，帮助家长有效解决家庭教育中出现的问题，全面提升家庭教育水平，培养孩子形成良好的行为和习惯，使孩子健康地成长发展。

五、一周网络家长课堂

结合"5·25心理健康周"，城西区教育局未成年人校外心理健康教育辅导站开展了一周网络家长课堂活动，借助"西区校外心理健康咨询群"平台发布家庭教育、心理健康教育系列课程等内容，普及心理健康、家庭教育等方面的知识，全面提升家长家庭教育水平。

集团化办学是深化教育领域综合改革，促进基础教育优质均衡发展的重要举措。城西区教育局未成年人校外心理健康教育辅导站通过知识宣传、家长课堂、课程共享以及问卷调查等一系列家庭教育援助活动，从学生心理健康教育、家庭教育情况等方面入手，有效扩大家庭教育援助的惠及面，在加强学生心理健康教育的基础上，进一步提升湟源集团校家庭教育水平，缩小城乡差距，逐步实现义务教育阶段基础教育均衡化。

制定出台《教育集团整体发展评估考核评价办法》《集团化办学改革的日常工作推进考核办法》，建立集团内统一的教育教学质量、教师业务水平和校园管理等为主要内容的考核体系，采取"日常月考核＋政府教育督导"的捆绑考核形式，加强对县区教育行政部门和教育集团的日常改革推进工作，评估结果作为县区教育工作目标和集团学校领导班子绩效考核的重要依据，使教育集团城乡学校成为协同发展的共同体。

发展督视评估

督导考核　质量共评

专题视导问诊教学　精准把脉做实帮扶

一、指导思想

以习近平新时代中国特色社会主义思想为指导思想，以"教学教研视导"活动为载体，整合教育资源，从课堂教学、校本教研、教学常规落实、精细管理等方面入手，多角度、多层次调研集团湟源两校校情、教情和学情、教学教研的状况及存在问题。并以此为突破口，增进集团三校教师的相互学习，进一步构建适应乡村学校发展的教育教学应对措施，提升教育教学质量，建立视导长效运行机制，实现各校资源共享，推动优质均衡发展，实现双惠双赢。

二、视导流程

（一）对于前期视导反馈整改情况调研，视导小组听取各校教学主任汇报教育教学管理情况，了解两校的常规教研开展情况，教学质量提升的措施，查看教学常规管理制度的规范性等。

（二）视导组对相关学科进行听课及教学视导（若活动当天相关学科无课，承办校负责调课）。

（三）查看教研组、备课组教学工作计划、总结、活动开展情况，"网络主题教研活动""网络每日教研二十分活动"安排的科学性、合理性、有效性，集团大教研组、大备课组集体备课、教学研究的实效性。

（四）看作业布置是否科学规范，有无分层；能否严格控制作业时间、作业量，是否全批全改。

（五）定单式精准送教活动调研。

（六）视导组根据视导情况形成视导报告向被视导校进行汇报。

三、特色亮点

（一）精准视导找问题。理科引领提质量——初中学段"理科专项教学教研视导"活动。活动以"理科教学教研视导"为载体，从理科组日常教研、集团学科组教研二十分、集体备课、课堂教学等方面入手，多角度、多层次调研集团湟源两校初中理科教情和学情，集团化办学理科教学和实验教研的发展及存在问题。并以此为突破口，实现集团分析理科教学质量的发展。

（二）以学定考视导交流。迎接挑战共谋发展——高招制度改革中考新增科目"教学教研视导"活动。活动从学校管理、课堂教学、校本教研、教学常规落实、精细管理等方面入手，多角度、多层次调研集团湟源两校高招制度改革中考新增科目的校情、教情和学情、教学教研的状况及存在问题。

活动中，虎台中学视导小组各学科教师深入分校课堂、备课组，了解学科基本情况、学科建设中的亮点特色、存在问题，与分校学科教师共同探讨进一步构建适应本学校高招教育教改革的应对措施。同时，视导组也听到分校更多的对集团办学的声音，为后续集团教学教研有针对性的帮扶工作提供了实践的思路，活动实现双惠双赢。

（三）问题导向抓实思政教学。学科建设落实主题教育——初中学段"不忘初心、牢记使命"思政课专项教学教研视导。活动以"思政课教学教研视导"活动为载体，从学校思政课建设，日常教研、集团学科组教研二十分、集体备课、课堂教学等方面入手，多角度、多层次调研集团湟源两校初中思政学科校情、教情和学情，打造集团思政课教研文化，实现集团内教育资源互补，增进集团三校教师的相互学习，进一步构建适应本学校发展的课堂教学、学科教研模式，切实提高集团各校教育教学质量，实现双惠双赢。

（四）专项视导分析问题。科学备考细指导——初中学段体育中考教学专题视导活动。活动以"体育中考备考"为载体，从九年级体育被视导学科组日常教研、集团学科组教研二十分、集体备课、课堂教学、学业水平考试备考等方面入手，多角度、多层次调研集团湟源两校校情、教情和学情，切实帮助集团体育教师帮助学生把握九年级学生体育中考迎考现状、促进学生备考紧迫性和积极性，使学生能够基本了解体育中考基本流程，明确现场考试各项目评分标准，并以此为突破口，实现集团体育学科教学质量的发展。

四、问题梳理

（一）学科条件不足制约学校的发展。两校教师均对新课程理念有一定的认识和肯定，并在课堂教学中渗透较好，对于自主合作，探究的学习方式等有效教学方法能够灵活应用于课堂，课外注重辅导。但随着城镇化的推进，教师结构呈现老龄化，结构性缺编比较严重，学科教研滞后成为制约学校再发展过程中瓶颈之一。

老师们都认为教学反思有利于教师个人专业成长，能促进学生学习。但绝大部分教师的反思形式较为随意，主要通过与同事简单讨论聊天、脑中回顾进行，很少形成文章进行课后反思。原因主要是缺乏写作表述能力，缺少专业化指导。由于学科教师少，所以部分教师跨学科教学。在日常教学教研中缺少合作交流教师；年龄结构偏大，没有时间精力也是教研效果不理想的原因之一。教研动力、资料的缺乏、信息闭塞也使得教研活动的开展极大受限。教研组受编制的限制（小学科都是兼职教师）学科教研活动的开展或多或少存在流于形式的现象，教研活动不能做到及时有效，持续性较弱。由于人数的限制，备课组教师之间的交流与研究能力较弱，集体备课存在缺失。

（二）教育教学质量反馈监控制度需进一步完善。教学质量分析已取得很大进展，但量化统计和质性分析还缺乏一定的科学性。学校虽然从各层面、全方位进行教学成绩分析与反馈，但仅限于成绩即数字化的展示，在更深层次、归因分析、有效措施等方面还不够深入和全面，通过集团联考等活动，进一步研究探索适合学校发展的质量分析与监控的办法和制度。

（三）对课程标准的理解不到位。大多数教师的教案规范，环节完整，也都是详案，有教学目标的设计，但通过听课与查看教案发现，教师对课程标准和教材的研读不够深入，没有充分内化到课堂教学中。在制定、分解教学目标时缺乏针对性和实效性，目标确定的笼统、抽象，没能细化到每一节课具体的学习目标中，忽略了从学生现有的知识经验和生活经验出发，忽略了学生这一主体。目标与知识点没有完全对接，注重教学目标的达成情况的评价，很少关注目标本身是否合理正确，是否适合本节课的教学，这不利于目标的达成，更不利于学生能力的培养。

五、督视导建议

（一）重点研究课堂教学策略。通过教学案例进行经常性教学反思；通过研读课标、教材，依照学情制定科学的教学设计。

（二）加强青年教师培养，不断优化教师结构。加大青年教师培养力度，通过开展各类教学竞赛（解题大赛、思维导图大赛、教学设计大赛）提升青年教师教育教学能力。

致力集团大教研团队建设，规范网络教研，加强大学科组建设；推进同步课堂，提升教学有效性；切实发挥定单式送教实效，做好精准帮扶工作。

通过"听""看""访"形式下的教学视导途径，总校更明晰地了解了湟源两所学校教学的实际情况以及各学科教师的基本情况与教学现状。一路走来，学习与服务齐步，收获与反思并存，感悟与设想同行。通过各类教学教研视导，我们坚信只要我们潜心教研，持之以恒，走创新实践之路，虎台中学教育集团的教育教学工作一定会再上一个台阶！

包干团队下乡送教

一、背景介绍

西宁市沈那中学教育集团为促进集团教学、教研、党建、校园文化建设等各项工作规范有序开展，集团视导室根据集团办学精神，对集团管理和教育教学进行指导，发现问题向教育集团总校报告情况，并向集团相关理事校有关部门提出意见，帮助集团各理事校找到解决问题的方法，并督促整改，充分发挥视导室在集团办学中的督视导作用。

二、案例描述

西宁市沈那中学教育集团朔北中心学校，地处大通县朔北藏族乡，距离大通县城5公里，生源主要以藏族学生为主，学校教学比较薄弱，是集团总校帮扶的对象。朔北中心校初三年级的复习备考教学工作是集团帮扶工作的重点之一，集团总校采用包干团队下乡送教形式进行帮扶。

考虑到朔北的学生基础普遍较弱，沈那中学的送教教师的教学方法及教学内容是否适合朔北的学生，送教教师能否根据学生实际及时调整教学策略，学生能否适应，送教活动的开展是否能取得预期的效果……这些都是视导工作的主要内容。为此，2019年5月17日，西宁市沈那中学教育集团视导室对集团总校开展的包干团队在朔北藏族乡中心学校进行中考专题复习讲座的过程进行了全程的督视导。通过听送教教师的专题复习讲座、与朔北分校主管教学校领导交流以及与送教教师、朔北相关学科教师座谈交流，发现此次活动存在几个问题：

（一）送教教师对朔北学校情况不了解，尤其对乡村学校学生实际认知水平缺乏了解；（二）对朔北学校学生来讲，送教教师专题复习讲座所选教学内容的容量以及难度过大，对灵活的教学方法和备考策略适应；（三）由于送教教师对朔北的学生学情不了解，导致教学效果不理想，跟预期有较大出入。

发现问题后，视导室将整理出来的问题向集团总校分管副校长做了汇报，并要求：

（一）集团办要提前将朔北学校的概况介绍给选派教师；（二）送教教师在备课时，要充分了解乡村学校学生的学情及特点，降低教学难度，减少教学容量；（三）送教教师在选择授课内容、难度以及设计教学方法时，既要符合学科特点及课程标准的要求，也要符合乡村学校学生的实际。

听了视导室的汇报后，集团总校主管集团工作的副校长非常重视，2019年5月20日召集集团办、教研室、视导室及教务处等相关处室的主任开会，专门研究如何解决此问题。会议决定：（一）由集团办将乡村学校朔北分校的基本概况整理成文；（二）由教务处确定本学期的送教教师名单，并将朔北分校的基本概况以纸质版资料的形式发给送教教师；（三）教研室要对送教教师提出具体的备课要求；（四）下一次送教下乡活动视导室跟踪视导整改落实情况。

针对整改问题，2019年6月13日沈那中学教育集团总校安排"格桑花班级和学科帮扶包干团队"一行6人前往大通朔北中心学校开展本学期最后一次毕业班年级的带教帮扶活动，视导室进行了跟踪视导。本次活动均按照整改后的方案进行。活动进行前一天，集团办根据教务处提供的送教教师名单，召开送教教师会议，会上集团办李生金主任介绍了朔北中心学校的基本概况，教研室王颖主任对备课作出了具体要求。本次活动开展了送教包干教师进班开班会、中考复习示范课、送教教师给朔北教师讲《微课的制作》讲座等，内容、方法策略等都比较契合朔北学校的实际，使朔北学校师生收获颇大，活动取得了很好的效果，使下乡带教帮扶活动更有意义。

三、案例分析

因为集团成立时间不长，集团办工作缺少经验，沈那中学作为总校，对乡村学校校情缺乏了解，集团开展下乡带教帮扶活动都是尝试进行的，因此，难免有诸多不足和欠缺，也会有诸多问题存在。西宁市沈那中学教育集团在视导室的协助下，最终有效地完成了送教任务。虽然经历了失败的过程，但正是由于及时发挥了视导的作用，通过发现问题、分析问题、解决问题，最终充分发挥了城区优质教育资源的辐射、示范和带动作用，扎实推进城乡义务教育集团化办学工作。督查视导的介入，更加有利于问题的解决。

四、案例反思

三年多来，通过视导室的督查视导，集团总校、分校相关部门及相关教师对督视导工作及作用有了一定的认识，也使视导室成员对"督视导"有了更深的理解。督就是要帮助集团各校、各相关部门在集团办学工作中发现问题；导就是要帮助集团各校、各相关部门分析问题的原因所在，协助集团总校、分校的相关处室找到解决问题的方法。

这就要求视导室成员要多深入到各部门、班级中去视导，使视导更加全面，了解问题更加具体，掌握内容更加丰富，使分析材料更完善。从发现问题到帮助大家认识和分析问题，提升了问题解决的效率，使督视导真正起到催化剂的作用。

沈那中学教育集团逐步建立"以制度体系为框架，以规则程序为纽带"的集团运行机制，逐步形成"一个集团、多个校区、统一管理、融合发展"的办学模式和"四互四共"运行模式，作为视导室的成员，要本着"为集团办学服务、为集团发展献计献策"的心态，注重深入现场，注重实地考察，注重跟踪督察，注重掌握最真实的数据，发现最实质性的问题，同时和集团各理事校共同寻找整改办法，跟踪整改效果，直到问题得到有效解决，为稳步提升农村学校教育教学质量，努力实现城乡教育一体化发展的梦想而做出更多的贡献。

"共建共享"创造城乡教育新气象

一、党建共抓——党建联盟"132"工作模式

为充分发挥学校党组织战斗堡垒作用和党员先锋模范作用，推动城乡集团工作、党建工作统筹发展，2017年4月，西宁市第七中学教育集团成立了党建联盟。采取"党政同责、分抓共管、成果共享"的思路开展工作。经过四年的时间，探索出"132"党建工作评价体系，即"一个章程统领，三个方面发展，两个层面评价"。较大限度地将党建工作与日程业务工作协同促进，做到党建引领促业务，推动集团各成员学校党建和思政工作，形成厚重的校园文化积淀和清新的校园文明风尚，为做好素质教育样本校、办好人民满意教育提供坚强的思想保证、政治保证和组织保证。

（一）一个章程统领

西宁市第七中学党建联盟成立以来，各成员校高度重视党建引领在城乡一体化办学中的重要地位。集团以《西宁市第七中学教育集团党建联盟章程》为统领，通过每月召开党建联盟理事会的核心领导方式，促进学校工作的交流，建立好联盟基础工作。联盟形成了常态长效的党建工作议事机制，联盟总校协调联盟成员校通过民主平等、协商互动的方式，共同研究讨论，推进党建联盟的建设工作。西宁市第七中学教育集团党建联盟按照"一联盟一特色和共建共用"的原则，推动联盟内协调联动。

（二）三个方面发展

一是理论学习为基础。自党建联盟成立以来，集团重视并认真学习贯彻习近平总书记系列重要讲话精神与省市党代会精神，通过开展远程党课、专题讨论、先锋论坛、演讲比赛、红色研学、共读红色书籍等活动，用习近平

新时代中国特色社会主义思想武装头脑，指导党建实践，教育引导广大党员不断强化党员意识，敢于担当。截至目前，共开展"学习十九大精神""四爱三有"等主题党组织书记讲远程党课8节，开展"不忘初心、牢记使命"等专题讨论5次，共读红色书籍7期，举办党员先锋论坛1期，赴小高陵精神展览馆红色研学等活动260人次。二是阵地建设为保障。建好学校党组织活动阵地，是增强基层党组织凝聚力、战斗力和服务党员能力水平的有力保障。四年的集团化办学进程中，西宁七中总校牵头给和平乡中心学校、东峡乡中心学校党支部重新建设了党员活动室、少先大队活动室，在总校建立建成马克思书院，并在校园、楼道、活动室内营造红色宣传氛围，通过共建党员教育培训基地让党建联盟有思想教育的阵地，有传授知识的课堂，有议事参政的场所；实现以阵地建设为重要抓手，实现线路党支部组织活动场所规范化。三是业务共促为目标。西宁市第七中学教育集团党建联盟切实以党建促业务，以业务促党建，实现党建与业务两手抓、两促进、两提高。1.开展党员"菜单式"资源送教服务。根据两所乡村学校个性化的需求，每月派遣城区学校骨干教师赴乡村学校进行学科送教，特别是心理、美术、体育、音乐等乡村学校师资匮乏的学科，充分发挥了党员教师的先锋模范作用，更大限度地将党建工作和教育教学工作有机融合。截至5月，共开展中考前团体心理辅导、初三学生数学、物理冲刺课程等党员送教41节次。2.开展党员"先锋课堂"远程录播课程。鉴于以送教形式进行资源共享较为耗时耗力，党建联盟在后期以集团远程录播系统为媒介，鼓励党员带头开展"先锋课堂"远程录播课程共达100余节。3.举办教师岗位大练兵活动，城区学校牵头，每学期安排党建联盟内青年党员教师参加学科岗位大练兵活动，实现"以赛促练，以赛促学"的目的，提升教师专业能力，促进教师队伍的发展。4.举办中层干部业务培训。为了进一步提升乡村学校干部队伍的综合素质，提高中层干部的工作能力和管理水平，三所城区学校每学期通过中层论坛、远程培训等形式对乡村学校党员干部进行日常管理、教学教研、教师队伍、学生德育等方面的培训，现已举办7期。

（三）两个层面评价

一是凸显党员先锋模范。党建联盟各支部对照"星级党员"考核标准每季度对党员学习、工作情况进行阶段性考评。每年通过"七一"表彰，对联盟内优秀党员、党务工作者进行表彰和年度总结，通过这种方式树立典型、表彰先进、弘扬正气，充分发挥共产党员的先锋模范作用，切实当好实践活动参与者、践行者、示范者。二是发挥支部堡垒作用。联盟以"星级支部"考评为抓手，为9个支部建立党支部规范化建设档案体系，通过各支部阶段性交流互查、集团总校年终督导检查的方式，加强各学校支部规范化和标准化建设切实增强西宁市第七中学教育集团党建联盟的凝聚力、战斗力。

二、资源共享——集团化办学视域下的"三科"教研工作

为了深入贯彻教育部关于中小学教材使用工作部署，进一步落实立德树人的根本任务，帮助集团校教师用好国家统编义务教育《语文》《道德与法治》《历史》"三科"教材，切实发挥教学研究在教材使用、教学实践过程中的引领作用。同时，在集团化办学视域下，紧密结合集团各校开展"三科"教学的工作实际，西宁市第七中学教育集团于2020年11月18日在七中文博校区举行国家统编"三科"教材教学研究工作启动仪式。

长期以来，受多方因素的制约，集团乡村学校存在一人兼带多学科教学的实际，道德与法治、历史学科经常由非专业老师任教，为了落实"三科"教学实效，提升课堂教学的质量，应集团各校要求，在牵头校的引领下及时开展活动，为新形势下的大思政教学提供示范案例。

活动由来自西宁市第七中学张晶、马姣月、胡若曦三位老师以"诫子书"为主题从不同学科的角度展开同课异构研讨课，三位老师从"诫子书"中暗含的三国文化史料出发，紧密结合各自学科特性，深入挖掘教学素材，为大家展示了精彩纷呈的现场课堂，同时也为后期做好"三科"融合、落实统编教材课程理念搭建了交流与借鉴的平台。

党的十九大以来，习近平总书记关于教育的重要论述中都突出强调思政工作的重要性，正如此项活动中西宁市第七中学教育集团总校朱永才校长总结的一样：做好思政教育应坚持从思政教育的目标与社会主义办学方向、思政教育的实践与学校党建工作、思政教育课堂与社会发展、思政教育内容与未成年人思想道德教育、思政教育的成效与师德师风建设、思政教育课程与全学科育人、思政教育内涵与学校先进文化七个方面相结合展开，进而全面阐述在多元文化激荡的当今社会，加强学校思政教育的重要性和紧迫性。

围绕立德树人根本任务的落地生根，此次活动的引领和示范作用是显而易见的，顺应新形势下的大思政教育，"三科"教师要一如既往地努力宣传习近平新时代中国特色社会主义思想，广泛开展学生思想理论教育与价值引领工作，不断提升学校思政教育实效，为培养社会主义合格建设者和可靠接班人努力奋斗。

三、文化共育——润物无声德育花开

"把立德树人作为教育根本任务""办好人民满意的教育""努力让每一个孩子都能享受公平而有质量的教育"，这是党的教育方针和新时代对教育事业发展的要求。为此，西宁市第七中学教育集团秉承"让教育理性精神成为自觉"办学理念及"走进孩子的心里，用心与孩子对话，让西宁市第七中学成为所有孩子都向往的乐园"办学思想，充分发挥课程在人才培养中的核心作用，在课程改革中坚持德育为先、能力为重、全面发展的教育理念，为学生提供公平而有质量的教育。

在西宁市第七中学集团化办学进程中，探索德育新途径，尝试德育新方法，拓展德育新领域，使德育工作充分沐浴在人文的阳光之下，不断增强德育工作的针对性、实效性和主动性，逐渐形成独具特色的集团化办学人文德育。

众所周知，帮助学生树立正确的价值观、人生观，培养学生良好的道德品质，进而锻炼学生坚强的意志，养成良好的行为习惯。仅靠宣讲规章制度、靠课堂教学是不够的，为此，西宁市第七中学教育集团始终坚持"人人都是德育工作者"的理念，将思想政治融入教育教学的每一个环节，形成处处有德育、事事皆德育的育人氛围。为促进学生全面发展，在西宁市

第七中学的指导下，湟源县和平乡中心学校和东峡乡中心学校根据中学生学习生活的需求和身心发展的特点，携手省、市、区家庭讲师团，有目的、有计划、有步骤地开展工作。集团组织班主任论坛、班主任沙龙、家长学校培训、庆国庆系列活动、七中金秋艺术节、师生徒步拉练活动、校际学生及家长互动交流活动、迎国庆系列（教师、学生）教育活动、主题团课、关心留守儿童生理卫生知识讲座活动、优秀少年宫交流等系列活动，通过德育活动进一步为城乡孩子"共沐阳光，共享蓝天"搭建了平台，为城乡学生创造了共同成长的机会，让孩子们在活动中相互了解，相互帮助。

通过定期举办讲座加强对学生的思想教育和学法指导，引导学生树立正确的思想观念，养成良好的学习习惯；通过咨询交流和心理辅导，加强对学生的心理辅导，帮助学生解决情绪调节、人际交往、意志锻炼等方面产生的心理困惑，培养其积极阳光的生活态度和健康的心理品质。依托人生规划教育，为初中学生进行人生规划提供依据和指导并对学生的发展进行跟踪指导。邀请西宁市未成年人指导中心袁青老师，为教育集团的青年教师进行了主题为"教育教学中的心理学应用"的专题培训讲座、邀请青海师范大学周密教授赴湟源县东峡乡中心学校开展家庭教育讲座，为乡村学校家长带去了孩子教育问题上的思想洗礼。同时，还努力携手企业、高校、社会各方面的力量，通过学校、学生和社会的互动，发挥社会力量，增强初中学生人生规划教育的效果。

经过几年的努力，西宁市第七中学教育集团在一定层面改变了湟源县和平乡中心学校及东峡乡中心学校的面貌，这些成就的取得，诠释了"一所好的学校需要一个好的领导集体，一个好的领导集体一定能打造出一所好的学校"的深刻内涵。基于此，西宁市第七中学教育集团把优良传统教育作为"立德树人"的重要途径，始终坚持"行为良好、品德高尚、人格健全"的学生作为学校德育工作的目标，立志将中华民族的美德代代相传。学校从人的主体性、社会性和文化性三个维度来对德育进行思考，基于全方位提升学生的核心素养为出发点，进一步完善大生态德育体系。

西宁市第七中学教育集团的经验突出地体现了党和国家提出的"立德树人"的发展战略。将"德育教育、教师队伍建设、校园文化"作为特色发展的重点，积极探索"德育校园、名师校园、文化校园"的特色内涵。并计划通过3-5年的努力，争取把西宁市第七中学教育集团创办成省内外的德育教育示范基地、名师培养的摇篮学校，文化底蕴深厚的学校园区。

四、质量共评——城乡学校同测同评工作

多年来西宁市所辖的湟源县因教育发展不充分，教师队伍力量薄弱导致较城区优质学校差距较大。集团办学有望实现缩小城乡义务教学差距。西宁市第七中学教育集团作为第一批试点学校，经过不断的实践探索，在带动乡村学校教育教学成绩提升方面积累了一些有益经验，同时也发现了一些值得继续探索的新路径。

教育集团的两所农村学校位处湟源县农业区内，教育经费的短缺、生活环境的落后使得乡村学校无法吸引到更多的师资，其本质原因：一是区域文化的差异，包括民风民俗、教育期待、家庭素质等；二是教师长期形成的劳作方式的差异，包括劳动强度、劳动质量、劳动竞争、劳动态度等；三是教师结构的严重失衡，包括年龄结构、知识结构、学科结构等；四是教学教研活动的严重缺位，包括同学科教师少导致的缺位、教师多科代课导致的缺位、教师发展平台不足导致的缺位。长此以往导致乡村学校教育教学质量难以提升。集团化办学又无法完全从教师队伍建设方面完全改变这一现实性问题，这就要求我们另辟蹊径寻找切合实际的方法解决，来提升乡村学校教育教学成绩。

集团初期学校通过教师互派的方式对两所乡村学校进行教学过程支撑，但由于城乡学校都存在师资紧张的情况，城市学校也无法全学科、全学段地对乡村学校进行帮扶，个别学科、个别教师的帮扶力度也是有限的，为了更加全面地对乡村学校教育教学成绩进行提升，集团校决定在城乡学校间进行全学段、全学科的同测同评工作。经过多年探索，集团校的同测同评工作稳步开展，在实践中解决了问题也发现了问题，目前同测同评工作

也在不断变化发展着。

　　起初，西宁市第七中学教育集团同测同评工作主要依托学期期中考试与期末考试进行。经过实践，在同测同评过程中逐渐暴露出了不少问题：一是城乡学生学习能力差异较大，教学进度很难达成统一。城市学校由于学生基础能力较好所以在教学进度方面明显快于乡村学校，乡村学校为了保障教育教学质量又无法跟上城市学校。二是城乡学校之间作息时间无法达成一致。两所乡村校均是乡村中心9年一贯制学校，其中和平乡中学学校还有部分寄宿学生，集团校初中阶段每日作息很难形成统一。三是由于办学所处地域的不同、教育资源的不同、学术能力的差异导致同测同评工作在试题难度设置和数据分析时都存在难度。由于以上原因的限制，并未让同测同评的作用得到完全发挥。

　　中期，伴随着实践的过程，集团开始实行"九统一"管理模式和"四互四共"的推进策略。从制度上将时间、进度不一致的问题从根本上进行了解决。在解决了教学进度、作息时间不一致等问题后，集团校的同测同评进入了第二阶段。这一时期，教育集团从结对帮扶、专家指导、互任互挂、长期支教四个方面对集团校从教学管理到教学实践进行了全方位的指导，为深入开展同测同评工作打下良好基础。

　　各校在各学段中进行同测同评的数据深刻揭示了成绩差距在不同学段和不同年级的特点和规律。比如，小学段同测成绩呈现出一至六年级随着从一年级到六年级的年级增长，乡村学校学生的学习成绩与城市优质校差距逐渐拉大。比如语文，一、二年级基本持平，差距不大，平均分差距在1到3分之间，而五、六年级差距最大，平均分差距在15到20分之间。实质反映出的是随着年级增长和教材难度的增加，城市优质校教师驾驭教材和业务能力比较强，而乡村教师驾驭教材和业务能力出现了严重的瓶颈。这就要求集团必须采取行之有效的办法提高乡村学校学科教师的教学水平。这一时期两所乡村学校教育教学质量均得到了大幅度的巩固和提升，两所乡村校的教育教学成绩已经超过湟源县城部分学校，位列全县前列。

现阶段，由于学生的能力提升不是一蹴而就的事情，所以同测同评工作依然面临着"众口难调"的问题。为了解决这些问题我们将在接下来的工作中"化整为零、化繁为简"地开展同测同评。具体来说就是将以往的每学期两次同测同评分解到每一个教学单元或者知识点；将以往标准试卷的检测内容调整为以单元或以知识点为单位的测试内容上，这样就极大地缓解了在进度、作息、难度等方面存在的矛盾，让同测同评工作更加灵活，更有时效，更突出重点。

教育集团质量提升工作是一项长期的、艰巨的任务，七中教育集团在毫无可借鉴、可复制经验的条件下，发挥主观能动性和创造性，解决了一些跨地域、跨管理的实践难题。当然在解决问题的过程中总伴随着新问题的产生，可是正是"敢为人先、实干善成"的精神让我们化解了一个又一个的问题。

值得我们高兴的是，集团办学后的湟源县和平乡中心学校就有 39 名学生从城市回流到乡村学校上学。为我们解决城市学校"紧"，农村学校"空"的困境探索了成效的途径。

五、特色亮点——建设微优坊织密教研网

为了促进集团化办学更进一步发展，西宁市教育局集团办借鉴省市名师工作室的优秀经验，在西宁市属集团校成立了集团优师工作室。优师工作室以促进集团校教师专业发展为目的，切实缩小城乡教育差距，努力实现集团优质化教师队伍的持续性发展。

西宁市第七中学教育集团优师工作室下设 17 个微优坊，覆盖面广，涉及教育教学、党建师德各个方面，着力打造一批师德高尚、理论扎实、业务精湛，具有较强发展意识和实践能力的骨干教师。建成专业引领、学习互助、研究交流、资源共享的合作发展平台，以教师的专业成长带动教育质量的提升，真正为织密集团教研网创设了基础条件，为促进集团整体发展创造了极为有利的条件。

优师工作室队伍庞大，七中教育集团为使其有效运行并达到预期目的，精心筹划，提前预设。首先从思想认知入手，召集相关人员进行多次会议，说明此项工作实施的重要意义及对学校和个人发展的重要意义。定期为成员购置或推荐阅读书目，采取集中学习和分散自学相结合的形式，督促成员自觉积淀丰厚的文化素养，提高对工作的认识；其次细致介绍集团的发展状况和发展目标，对优师工作室微优坊的工作做出具体明确的要求——优师工作室成员根据自身基础和发展潜力，制订个人发展规划，明确自身追求目标，并进行合理分解；集团成员以公开教学、现场指导、专题研讨、课题研究等形式广泛开展活动。再次各个微优坊完成各自的学期工作计划和行事历，集团办依据集团三年内涵发展规划负责审核并提出建议，进行协商和修改，推进微优坊的工作顺利有序进行。到目前为止，微优坊中蓝调坊的感悟音画话党史活动、格物坊辅导农村学生物理、化学学生实验活动、星移坊制作地理模具模型活动、翰林坊的阅读活动等都让农村教师和学生受益匪浅，感受到不一样的学习氛围。

微优坊为更多的老师提供了成长、展示自我的平台，前期虽然经过了筛选，但良莠不齐的现象依然存在。如何充分发挥微优坊的作用、激发教师的积极性需要做出更多认真地思考和努力。

六、存在问题

（一）党建共抓：落实党内监督责任方面，监督执纪工作方法较为单一，还需进一步提升和加强；

（二）资源共享：乡村学校同样存在优质资源，乡村学校特色资源还可以进一步发掘为城市学校与乡村学校提供优质资源。

七、工作设想

今后的督视导工作中，西宁市第七中学教育集团将对实际督导过程中发现的问题进行修改完善，使得考评细则更加完善，更有利于督导工作的开展；集团党建联盟总校将进一步加强对党建思政工作和党风廉政工作的统筹和整体安排，推进党建联盟各项工作更上一个台阶；资源共享方面在东峡乡中心学校设计规划建设"学生劳动基地"，为城乡学生提供劳动教育辅助；集团优师工作室下设的微优坊全面铺开，扩大影响，增强辐射面。

资源共享找差距　拓宽思路抓质量

一、背景介绍

西宁市第八中学教育集团成立以来，城乡学校教育教学发展不均衡是集团校面临的首要难题。为落实集团校在教学管理工作方面的改进措施，发挥教学质量监控考试与考查的导向功能，夯实七年级学生数学、英语学科的基础，提高计算能力和英语拼读能力，从集团校成立以来每学年组织两次期中联考，七年级新生每学年组织 2~3 次数学有理数过关考试和英语音标过关测试；通过城乡学校同测同评平台提高教师素养、提升教学质量，推进城乡义务教育一体化发展。

二、案例描述

（一）用同测同评平台，找教学差距

为建立西宁市第八中学教育集团初中部成绩基础数据库，了解城乡学校每学期学生的学习情况和教师的教学效果，西宁市第八中学和土门关初级中学每学期都举行期中联考活动，期中联考结束后两校会利用远程录播系统召开集团校期中成绩分析会，通过联考及时发现教师教学和学生学习中存在的差距。

（二）用同测同评平台，找教学不足

11 月两校分三次组织了七年级有理化过关考试，通过统一命题、统一组织考试，力争让每个学生具备独立的运算能力，为数学学习打下坚实的基础，通过测评反映出城乡学校教学质量的差距和数学教学中存在的不足。

（三）用同测同评平台，促教学相长

9 月集团校安排张冬梅老师进行一次以"音标教学"为主题的送教下乡

活动，对七年级新生进行音标发音培训，11月、12月进行两次英语音标过关考试活动，力争让每个学生具备独立的认读音标能力，让所有学生能够从中获益，为以后英语学习打下坚实的基础，力争乡村学校和城市学校学生在英语学习上都站在同一起跑线。

三、案例分析

（一）用平台，发挥教学质量监控的导向功能

联考活动严格按照《西宁市第八中学教育集团中学期中考试方案》执行，期中考试工作规范有序，考纪严格，考风端正，取得了良好的效果。集团校通过联考活动，搭平台，找差距，整机制，提质量，增效率。有助于集团联盟领导、老师和学生们及时发现教学和学习过程中存在的问题和不足，并寻找解决问题的有效途径，查漏补缺，为下一阶段的教学工作指引正确的方向。同时也给教师们提供相互交流学习的平台和机会，集团校领导及教师们通过集团校中学联考活动不断总结教学中的得失，相互学习，取长补短，终将实现集团化办学的初衷，使乡村学生享受城市优质教育。

（二）用平台，发挥以评比促提高的激励功能

通过两次数学有理化过关测评结果，最终评选出优秀奖、进步奖，以评比促进教师教学能力的提高，以评比激发学生学习数学兴趣的提升，与此同时我们也发现了城乡学校教学质量的差距，总结出数学教学过程中存在的不足，并对数学教师今后的教学提出以下建议：

1.加强有理数基础知识的记忆及理解；

2.平时多练习计算题，对于学生在计算中出现的问题老师要及时针对错题做出纠正，并做出强调；

3.建议布置课堂作业，老师尽量做到面批面改，一盯到底；

4.有理数混合运算的运算顺序一定给学生强调先将乘方运算完，再计算乘除和加减；在加减的混合运算中一定是统一成加法的形式，进一步通过省略加号，括号，得出简单的书写方式，并在此形式下进行加法运算；

5.让学生熟记1到20的平方，1到10的立方，便于应用。

（三）用平台，发挥提升教学质量的联动机制

两次音标过关测试的结果显示 20% 学生能够快速流利地认读音标；30% 学生能够较流利地认读音标；30% 学生能够认读音标；20% 学生不能准确地认读音标。测试结果表明七年级学生通过两个月对音标的集中学习，80% 的学生已经初步形成了独立拼读的能力，但是也有部分学生不能准确认读音标。对于这部分学生，教师应该更加关注，在以后的音标教学中不断改进教学方法，使音标教学落到实处。12 月中旬再进行第二轮音标过关测试，争取让每个学生具有独立认读音标的能力，为以后的英语学习夯实基础。

四、案例反思

集团通过开展城乡学校同测同评活动，力争让城乡学校学生提高应对各种考试的能力和遇到问题，分析问题和解决问题的能力，让所有学生能够从中获益，为以后初中各科目的学习打下坚实的基础，助力乡村学校和城市学校学生在各学科学习上都能站在同一起跑线，加快实现城乡义务教育一体化发展和城乡义务教育的均衡发展。

督导中学习　学习后改变

一、背景介绍

为深入贯彻落实国家《教育督导条例》，强化督导责任，促进督导工作常态化，制度化，系列化，进一步有效履行督学职责，扎实做好责任督学挂牌督导工作，全面推进"集团化"办学教育现代化建设和教育优质均衡可持续发展，提高督导效果，西关街小学在西宁市第十一中学教育集团"集团化"办学的工作安排部署下，组织责任督学于 5 月对前沟学校开展了集中督导。看制度、看过程、看落实、看成效，在"看"的过程中发现问题，针对问题提出改进的方案，为前沟学校提供案例和范例，提供制度与做法。实施有效的教育教学质量监控，形成一整套切合学校实际、可操作性较强的提升教师队伍、教学质量的教学监控措施。完善三个组织建设，提升备课组长关注教学常规的规范与过程质量监控的能力；提升教研组长开展研训与教师培训的能力，提升教师队伍建设的实效，关注经验传承、智慧分享的方式方法，提高前沟学校常规管理的水平和能效。

二、案例描述

前沟学校，始建于 1946 年，至今已走过了近 70 年的风雨历程。占地面积 18371 平方米，学校共有 23 个教学班 1058 名学生，专任教师 52 名，本科以上的 51 名，学历合格率 100%，23 个教学班平均班容量为 46，是全乡规模最大、设备齐全、功能完善的一所九年一贯制学校。本次督视导，我们从教学常规管理、教研活动、教师成长等方面，以"五三"工作模式进行专项督查。在前沟学校领导和老师们的理解、支持和配合下，我们顺利完成了督查任务。

加大对前沟小学教研组备课、学科"大组教研活动"等校本教研活动的督查，以规范教学行为为提高质量的落脚点，深入教研组，加强对教学流程的督视导，根据前沟小学及《西关街小学教学常规实施细则》，要求教师对于教学目标、教学设计、练习设计以及二次批改等方面予以关注，树立目标意识，体现班级学生特点，倡导反思的实效性。在督导过程中，重点对学校教师的听课记录、教研活动记录手册以及兰青结对工作进行了检查，在检查过程中，发现以下问题：一是教研活动缺乏计划性、系统性，随意性较强，教研组活动手册记录不够详实，有为了完成任务而写的迹象；二是听课笔记多数为记录教师的课堂实录，没有自己的思考，旁边的意见或建议一栏几乎为空白，最后的总体评价有的老师没写，写了的老师多数也是泛泛而谈，没有根据听课的目的和要求，进行有效的点评；三是支教教师与学校骨干教师进行了蓝青结对，但蓝方教师在指导青方教师方面有待改进，听课节数偏少，应该增加听课指导节数，并在教案修改上有所体现；四是教研活动内容仅仅局限于学习文章，或是针对疑惑问题的探讨，不足以体现校本教研的实效性。

三、案例分析

一是教学研讨活动欠成效。教研活动缺乏整体的顶层设计和有效的方式，致使前沟学校校本教研活动流于形式、内容单一。应充分利用学校"开放教室"机制，充分利用"远程录播同步课堂"教室，通过课例展示，进行"童心课堂"研讨活动，提炼方法、关注策略，提升校本教研的实效性。

二是缺乏深入思考、钻研的意识。大部分教师习惯于照抄教案、照搬课例，没有自己深入研读教材、解析教材的能力，将教案搬家至课堂的现象十分普遍，听课时没有针对课堂的教学重构。

三是缺乏自主学习、自我成长的意识。前沟学校教师结构化缺编严重，教师队伍年龄偏大，"等、靠、要"的思想严重，不思进取、得过且过，没有积极进取的意识和自主成长的意愿，学习应付差事、流于形式。

四是缺乏自我反思、研究学生、研究教学的意识。老师们的课堂教学方法陈旧，满足于完成教学任务，高效课堂、有效教学成了不可企及的"水中月""镜中花"。

四、案例反思

督视导不仅仅是对学校工作问题的发现，更是发现学校好的办学经验以及特色工作的一个过程。集团化办学对支教以及跟岗教师的专业提升上可以从以下几个方面进行：一是蓝青结对，明确双方职责。对师徒双方听课节数、指导要求都要细化，并定期检查。二是定期听课，评中促进。同组教师每周定期听课，在评课的过程中促进教师的专业成长。三是课题研究，引领教学。让支教教师及跟岗教师参与到学校的小课题研究中来，在课题研究中获得进步。

听评课是提升教师业务能力的有效手段，如果教师能掌握科学的听评课方法，明确听评课任务及方向，这对于授课教师和听课教师的能力提升都大有裨益。因此作为学校业务管理部门，应引导教师明确听课记录的书写及作用，听课记录包括两个主要方面：一是教学实录，详细的时间、地点、授课教师的书写，教学过程采用详录；二是教学点评，在记录过程要进行合理有效地评价，如果集体听课，除了自己的总评也要适量记录其他教师的点评，如果是个人，那要进行全方位的点评。针对授课教师的教学过程发现不足，指出缺点，并提出合理化的改进建议。还要在一定程度上结合自己的教学进行反思。以规范教学行为为提高质量的落脚点，狠抓听课、评课两个环节，加大"预约课"的力度，由各学科分管领导成员带队深入教研组，听课后认真组织评课交流。加强教学流程管理，根据前沟小学及《西关街小学教学常规实施细则》，要求教师对于教学目标、教学设计以及练习设计、二次批改等方面予以关注，树立目标意识，体现班级学生特点，倡导反思的实效性。反思提高促成长。结合西关街小学制定的"课堂教学改进计划书"的实施，不断总结前沟学校课堂的运行模式，不断完善方式方法。每学期进行复习课送教指导、开展学科质量分析会，为前沟学校教师问诊把脉，针对教材梳理、难点突破、知识点的专项训练提出具体可操作的建议，通过课堂反思、试卷分析反思，提升前沟学校教师课堂教学质量，借学校名师的智慧与经验，夯实学科素养。

教学常规规范做实　教学质量绿色提升

一、背景介绍

日月藏族乡中心学校初中部共 6 个教学班，由于长期结构性缺编严重，教师共 25 人，10 位教师长期跨学科代课，生物、历史、政治、音乐长期缺乏专业教师。因此，课堂的有效性和教师的专业性严重受到影响，为帮助乡村学校教师把握教学重难点、设定科学的教学目标，提高课堂效率，从而提升整体教学质量，西宁市第十二中学教育集团定期赴乡村学校开展教学视导、实地诊断、科学指导。

二、具体做法

（一）专业对口，组建团队

西宁市第十二中学教育集团初中部通过前期的调查研究，在充分了解到乡村学校缺乏专业教师，难以形成教研等现状后，按照骨干引领、优师为主的原则，组成了由各学科教研组长、备课组长为组员的教学视导小组，以专业的视角进行调查研究并给予专业的建议和指导。

（二）深入课堂，把脉导航

西宁市第十二中学教育集团教学视导通常采用随机、随堂推门听课的方式，教师按照教学进度授课，听课教师关注课堂教学的各个方面，如师生精神面貌、学生学习兴趣、教师教学方式、教学活动的有效性、课堂容量、目标的达成，课后进行评课，赞优点、找不足，真诚的提出有效的指导意见，并针对教学重难点的确定、教学策略的选取等方面进行深入的探讨，互通有无。

（三）常规检查，立改立行

每月一次由西宁市第十二中学教务处组织相关视导小组成员，前往乡村学校进入教务处进行督查。主要内容包括查看教学进度、检查指导教案、听评课记录、作业批改、单元检测、候课等常规，记录检查结果，并如实反馈，提出整改意见。

（四）交流座谈，悉心指导

城乡教师围绕教学中难点问题开展面对面或者网络教研的方式开展主题教研，通过课标研讨、教学策略分析、学情分析、质量分析交流观点和看法，以城区教师指导为主，乡村教师要正视问题并及时整改。

三、主要经验

（一）要立足质量、聚焦课堂，打造真正高效课堂

要有明确追求，要能够跳出区域找准目标。要深化乡村课堂教学改革，强化课堂教学研究，形成具有鲜明个性的课堂教学风格，追求有内涵的教学质量。要帮助教师扎实、真实、有效备课；持续关注课堂规范；坚持现代与传统有机结合，合理设计媒体运用。

（二）要一如既往沉下身子，抓好细节

认认真真做好计划和制度的制定与落实，做好跟踪，加强督查，确保制度的成效引领；切实抓好学生习惯的养成，组织丰富多彩的活动，促进城乡学生、教师之间的手拉手齐发展。

（三）要重视教育科研，推动学校教育科研的发展

要制定和完善学校教育科研制度，建立和培养教育科研队伍，鼓励乡村教师积极参与，以草根课题为起点，细心积累并记录教学所获，以项目带动科研，以科研促进发展。

（四）要关注新晋教师教学全素养的提升

新晋教师是学校的宝贵财富，是学校教育教学质量发展的动力；学校是教师成长的重要平台，要充分发挥学校的组织与引领作用，组织合适的队伍、开展适当的培训，重视理论学习和业务指导，引导新晋教师苦练基本功，从

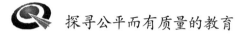

最基本的能力和最基础的规范抓起，引导他们及早成为学校教育的行家里手。

四、工作设想

西宁市第十二中学教育集团将认真梳理近年来教学视导的经验与心得，发现问题立行立改，继续在"精"字上提要求，在"细"字上下功夫，在"实"字上做文章，在"效"字上求突破，不断强化精致教学管理，努力提升教学质量，使集团教学工作再上一个新台阶。

强督导职能　促师资建设

"教育是民族振兴和社会进步的基石。要加强教师队伍建设，提高师德水平和业务能力，增强教师教书育人的荣誉感和责任感。"只有把加强教师队伍建设作为教育工作的重点，才能办好人民满意的教育。西宁市第二十一中学教育集团充分认识到师资队伍是集团化办学的重中之重，把提高教师专业化水平作为工作重点，发挥教育督导的职能，帮助教师建立或更新教育理念、改进教育方法、调整自身专业发展策略，从而促进教师专业发展。

一、集团师资队伍现状描述

西宁市第二十一中学初中部教师共79人，其中市级骨干教师2人，校级教师骨干3人；西宁市小桥大街小学教师共110人，其中市级骨干教师3人，区级骨干教师4人，高级教师5人；斜沟乡中心学校教师共59人，其中市级骨干1人，县级骨干4人，校级骨干6人，高级教师13人。总体情况来看，实现学校教育教学质量的快速提升，提高教师队伍的素质已迫在眉睫。为此，教育集团督导组结合学校的发展现状，努力探索提升教师素质的方法，以适应学校发展和教育改革的需要。

二、集团对师资队伍的督导

（一）对教师"教"的督导

直接以课堂为中心、以教师的问题为中心，以帮助教师理解和提高教育水平为主要目标的督导。一是开展对教师常规的教案检查，检查教师教学计划安排的合理性和教案设计的科学性；二是学校学科组长和同学科教师进门听课外，教师同伴小组内成员通过相互听课、评课，互挑"毛病"、互提意见，从而不断地改进教师课程实施计划。课程研究并不是一劳永逸的活动，而是一个对课程的否定与肯定、再否定与再肯定的一个循环、螺旋式的发展过程，这与教师专业发展的终身性相吻合，促进教师相互指导，共同反思教育实践，从而不断调整教育计划，改进教育方法；三是为夯实教师专业理论功底，提高教师将知识融入教学、将教学过程融入课程建设的能力，集团校制定了《西宁市第二十一中学教育集团备课组（教师）业务考核工作方案》。集团校每月都会组织各学科教师进行说课考核，并将考核结果纳入集团校备课组的考核中。

（二）对教师"研"的督导

教育研究已经不再仅仅是教育科学研究者的事，教师成为研究者，对自己的教育实践进行研究已经成为现代教师所必须具备的专业素养。基于教师专业发展的教师督导必须重视对教师"研"的督导。集团校以"大教研"为抓手，以"三全"团队式为教研模式。"三全"团队教研模式就是将同学科教师"捆绑"，成立大学科组，集体开展教研活动，实现"全员、全学科、全覆盖"。活动内容统一，要求一致，活动地点实行轮流巡回。在相互交流中促进教学能力提升，教科研水平发展，充分发挥两校骨干教师的示范辐射和指导作用，促进教师交流，实现优质教育资源共享。督导组随时检查集体教研的进度和完成情况。

三、督导中发现的问题

教师专业成长动机不强。通过督导，发现集团校教师中确实存在一批德高艺精的教师和期待成长的教师，可是，他们在自我的专业发展方面认识不足，目标不明确，导致了在这么一所大规模的学校里教师参赛意识淡薄，毫无自我提升的意愿，名师、骨干教师的人数稀缺。教师专业成长动机不强，主要原因是学校对教师们的专业要求不够具体，专业发展的目标与方向不明确，导致教师专业发展的动力不足。

四、解决措施

针对上述问题，集团校督导组针对不同年龄段教师拟定出不同的培训计划，使教师专业发展目标明晰化，从而提高教师专业发展的内趋力。

（一）新教师制定五年发展计划，开展城乡互助结对

为给他们开好头、起好步，集团校引导其制定五年发展规划；集团校根据人员安排给所有新教师配备了一名优秀骨干教师作为导师，做到了全员，全学科结队，使新教师在较短时间内适应并开展教育教学工作。

（二）青年教师以赛促教，提高业务素质

针对 35 岁以下的教师，组织其参加各级各类教学竞赛，并在过程中给予指导，提升其专业技能。集团校定期举行"教学基本功大赛""青年教师比赛""说课比赛""教学设计比赛"等活动，以赛促教，以赛促研，进一步提高教师的专业技能水平。

（三）成熟教师外出参观学习，搭建辐射平台

主要是针对 35 岁以上教学经验较丰富、各方面工作较为成熟的教师，鼓励他们坚持学习，外出参观，进修高一级学历。积极创办优师工作室，搭建交流平台，通过支教交流，跟岗研修，正确认识新时代对教师的要求，能够熟练使用信息化教学手段，主动适应新技术变革，积极有效开展教育教学。通过优秀教师开展优质课展示，发挥他们的辐射带动作用。

五、取得的成效

细致、全面、多形式的督导使集团校的课堂教学表现出了崭新的生命力，课堂设计精益求精，教学活动更加丰富，教师团队更有活力，教学氛围空前和谐，有效保证了教师团队的质量，从而确保教育教学常规水准的逐步提升，乃至学校整体教育教学质量的提升。西宁市第二十一中学集团校将以按需培训、立足教学、强化实践的原则，优化教师队伍。

与时俱进　不断创新

促进城乡教育集团化办学新发展

一、背景介绍

西宁市城西区是在全市率先开展集团化办学工作的地区之一。为全面贯彻落实市委、市政府办公厅《西宁市城乡义务教育集团化办学指导意见》，促进西区集团化办学成员学校创新工作发展模式，探索建立跨区域、跨体制的教育集团办学机制，充分发挥城区优质资源的辐射带动作用，快速提升农村学校办学水平。近年来，城西区教育督导工作坚持与时俱进，改革创新，不断转变观念，改进措施，认真研究集团化办学工作的目标和进展情况，将集团办学设定为开局阶段、推进阶段、巩固提高阶段。结合西区实际，先后采取了"调研＋督导""先导后督，导督结合""教育督导与督导服务相结合"的督导模式，通过教育督导促进集团化办学起好步，开好局。指导学校建立健全工作机制。着力解决集团化办学工作中出现的困难和问题。营造良好发展环境，促进资源共享，发挥城西区优势和教育督视导的职能作用提升湟源教育水平。

二、具体做法与成效

（一）深入调研，务实求真，提高工作成效

2016年集团化办学工作刚刚跨出第一步，面对集团化办学这项前所未有的工作，我们通过认真研究，达成做好督导工作首先要"深入实际、调查研究"的共识，提出了"调研与督导相结合"的工作思路。2017年初，城西区教育督导室组织督学、集团化办学成员学校校长、教育局相关科室负责人先后3次深入湟源县开展调研性督导工作。与湟源县教育局、学校进行工作对接，统一思想，达成共识，确定了党建联盟、校园文化建设、教师队伍建设、教育教学管理、德育共育等方面的工作主题。同时详细了解湟源学校面临的困难，提出了"根据需求确定工作主题"的建议。西区学校根据湟源学校的需求，开展了送教下乡、教师培训、教育互动、捐赠教育教学设备和课桌椅等工作。2017年6月，教育督导室成立集团办学专项督导组，深入城西区集团化办学成员学校，开展调研性督导。在调研性督导中引导西区各成员学校在充分了解自身情况的前提下到湟源县学校进行实地查看、现场座谈，了解校园文化、师资队伍、教育教学等方面的情况，积极主动地与湟源学校共同制订工作计划及措施。2017年10月，城西区教育督导室与区人大协商，成立集团化办学工作督导调研组，深入到湟源、西区各集团化办学成员学校，采取实地察看、走访、座谈、听汇报、网上问卷、研究政策等多种方式，全方位、多层次调研集团化办学工作，并现场探讨问题，明确工作思路。调研性督导工作不但接地气而且针对性强，能够有效解决实际问题，对促进集团化办学工作起到极大的推动作用。

（二）与时俱进，深化改革，发挥导向作用

2018年全区集团化办学工作已经迈出新的一步，走上了新的台阶。进一步完善集团化办学管理体制机制，营造集团化办学良好环境。发挥城西区教师资源优势，加强乡村学校教师队伍建设。促进资源共享，提升湟源学校管理水平已成为集团化办学工作的重点。面对现实，城西区坚持"与时俱进，改革创新"，及时转变工作思路，采取"先导后督，导督结合"的工作方式。制定了《城西区集团化办学成员学校工作督导评估方案（试行）》《城西区交流（支教）教师考核评估办法（试行）》。首先制定《方案》和《办法》的过程作为引导学校明确目标，改进措施的过程，先后3次组织集团化办学成员学校的领导班子成员、教师代表以及教育局相关科室的负责人和工作人员学习、研究、修改《方案》和《办法》，通过深入学习、研究，多次征求意见，修改《方案》和《办法》，集团化办学成员学校对工作目标、任务有了明确认识，工作思路进一步清晰，工作认识进一步提高，教育督导的导向作用得到了发挥。在2018年的督导中重点抓"引导和督促落实"，取得了良好的督导成效。一是督导学校开展教师结对互帮工作。2018年两地学校共有140余名教师结对，结对教师在定期面对面交流工作的同时充分发挥网络功能，从教研、备课、教学等方面开展"传帮带"工作，取得了良好成效。二是督导学校加强优秀教师引领工作。胜利路小学、五四小学、虎台小学、贾小庄小学、新宁路小学、行知小学等6所集团化办学成员学校采取"走出去送教，请进来交流"的方式，定期开展团体教学交流活动。三是督导学校促进资源共享。通过督导协调引领，湟源县先后选派教育局领导、干部，湟源县学校中层以上领导和学校教师150多人次到西区参加校园文化建设、教育信息化、学生社团建设、第三方督导等教育活动。四是督导落实学生互动措施，加强德育工作。集团化办学成员学校根据实际情况定期开展学生互动活动。组织学生共同体验城乡生活；共同走进德育教育基地；共同参观科技馆、图书馆；共同感受城乡文化、风土人情。在学生互动实践活动中400余名学生结为友好同伴。五四小学组织两地学生共同开展"开笔礼"活动；胜利路小学组织两地学生开展"阳光读书节活动"；行知小学学生与湟源学生共同开展学校体育运动活动；贾小庄小学组织两地学生同桌听课活动；新宁路小学组织湟源学生走进学校少年宫，参加"七彩教育"社团活动；虎台小学开展两地学生作文的交流活动。

（三）创新思路，立足服务，巩固提高工作成效

2019年城西区集团化办学工作取得了初步成效。如何进一步巩固提高集团化办学水平，成了教育督导值得思考的一个问题。我们认真学习国家及省市有关创新教育督导的文件，认真分析教育督导工作新形势，提出了"教育督导与督导服务相结合"的工作理念。确定了"发展与均衡并重，继承与创新并重"的工作原则，针对"重督查，轻指导"等陈旧的督导工作模式，解放思想，转变观念，从督导品质、督导风格、督导素质、督导制度等四个方面改进工作。一是认真做好需求督导和回访督导。将需求督导和回访督导作为一种新的工作模式，把学校的需求作为督导工作的重要内容和服务项目开展工作。通过督导帮助学校解决问题，落实工作，体现督导的服

务性。例如我们了解到湟源寺寨中心学校在教师队伍建设方面急需优秀教师引领，协调贾小庄小学派出优秀党员教师到寺寨中心学校支教，发挥了很好的模范带头作用。二是将督导工作拓展到具体工作中，邀请学校领导班子成员参与督导，在督导中总结经验，交流学习，发现问题，改进方法。三是拓展督导工作，在督导中推荐和组织学校领导、工作人员学习相关集团化学的理论和经验，协调相关部门解决学校在工作中遇到的问题。

在2019年主要从加强教师队伍建设和教研工作；发展"互联网＋教育"，促进教育信息化；落实学生互动措施，加强德育工作；创新党建联盟工作，加强教育集团党建工作等四个方面开展督导工作，着力帮助学校解决实际问题和困难，各项工作得到了有效落实。在督导中帮助学校总结工作特色和亮点，并通过资料传阅的方式对学校特色和亮点进行交流宣传，有效激发了集团化办学的积极性、主动性。

三、主要经验

（一）要正确认识教育督导的意义

教育督导不是简单和单纯地挑毛病、查问题，我们深刻认识到教育督导是宣传教育路线、方针和政策的过程，是统一思想，提高认识，明确思路的过程。教育督导要敢于担当，敢于引导学校通过自主创新，开拓进取，不断迈上工作新台阶，开创工作新局面，实现工作新突破。

（二）教育督导工作一定要接地气

督导工作不能凌驾于学校之上，要充分尊重和理解学校的工作，在督导工作中要认真听取学校的意见，寻求共识。要善于把督导的意愿转变为学校工作的思路和措施，转变为提升工作水平的抓手和载体。2018年在督导集团化办学工作时走访湟源教师，论证校园文化建设，参加学生互动活动，使督导工作与集团化办学工作融为一体，开创了督导工作新局面。

（三）实施调研性督导要坚持调研和督导并重

调查研究是谋事之基、成事之道，做好督导是落实工作的有力保障。在调研性督导中，一方面要多层次、多方位、多渠道调查了解情况，做到

"耳聪目明、心中有数"。要了解教师和具体干工作的人员在想什么、盼什么、最需要领导班干部做什么、干什么。要了解工作中存在的短板、困难和问题，更要想出符合实际情况的点子、举措、方案，不好高骛远，不脱离实际，要善于找到一条"发展新路"。另一方面要面对集团化办学工作目标和任务，我们要正视现实，坚持求真务实，"细致"查看情况，认真总结工作成效；"深入"研究问题，研判病根症结；"准确"评价业绩，做出科学结论。

（四）教育督导中要加强宣传工作

近年来，我们在督导的过程中紧紧围绕《西宁市统筹推进城乡义务教育一体化改革发展的实施意见》（宁政办〔2016〕131号）等一系列政策制度，通过多种方式讲政策、谈形势，分析现状，推介经验，明确目标，理清思路，引导集团化办学成员学校领导班子成员和工作人员积极投身到集团化办学工作中去。并集思广益为学校建言献策，提高督导的效能。

四、工作设想

城西区教育督导工作认真贯彻落实《西宁市城乡教育集团化办学改革三年行动计划（2020—2022）》，紧紧围绕《三年行动计划》提出的目标和任务开展工作。在工作中始终坚持以习近平新时代中国特色社会主义思想为指导，全面贯彻党的十九大和十九届历次全会精神，认真落实全国教育大会精神。深刻领会青海省教育厅《关于推广西宁市集团化办学经验进一步完善强校带弱校城乡对口支援办学机制的通知》要求，进一步改进工作措施，通过教育督导进一步提升集团办学效能，抓实乡村教师队伍建设，提升乡村教学教研质量，丰富文化共育内容，推进乡村家庭教育援助工作，加强教育信息化建设全方位，全面巩固提高集团化办学工作水平。

盘活资源 视导督行 反思成长

为进一步深化基础教育综合改革，深入贯彻落实市委、市政府关于《西宁市城乡义务教育集团化办学指导意见》，坚持问题导向推进改革方式，借助全省一流的城西区优质教育资源，通过"优质引领、互融共建"模式，着力提升学校管理水平，提高教学质量，促进教师专业成长，服务学生全面发展，促进县域学校的各项工作迈上一个新台阶。湟源县教育局督导室有效发挥教育督导的职能作用，加强教育督视导工作，解决基层学校发展面临的问题，增强学校发展内生动力，通过诊断助推学校教育教学改革，帮助学校在特色办学、校长治校育人能力、教师专业发展、学生个性成长等方面改进提升，不断促进集团化办学工作取得新发展、实现新突破。

一、背景介绍

自 2016 年秋季学期西宁市城乡义务教育集团化办学工作实施以来，湟源县作为西宁市集团化办学先行试点县，坚持推进城乡义务教育集团化办学与服务全县群众需求、推进脱贫攻坚行动相结合，积极探索城乡学校在学校管理、办学质量、教师发展、学生成长等方面均衡发展的路径，努力提升城乡教育均衡发展水平。湟源县教育局教育督导室为使集团化办学工作顺利实施，积极承担起教育督导任务，发挥教育督导的职能作用，深入集团乡村校开展教育教学工作督视导。通过听取汇报、随堂听课、教案查阅、交流反馈等形式对学校的教育教学工作进行了全面视导和指导，采用"三督三促"模式，即督制度促规范、督教学促提升、督落实促成效，督视导并举，诊断促改同步，进一步推进城乡教育的均衡化、一体化发展。依据湟源县实际，扩资源、补短板、强弱项、提质量，不断创新城乡教育集团化办学改革的体制机制，助力乡村振兴，努力办好人民满意的教育。

二、主要做法

（一）加强调研，突出针对性

集团化办学改革工作是以提高乡村学校教育教学质量为目标。督视导调研过程主要通过查看资料、实地考察、深入课堂听课评课、访谈、督视导反馈等方式开展工作。内容涉及教育教学、德育、党建、疫情防控、营养餐、校园安全、教育扶贫、教学常规、档案管理及内涵式发展等方面工作。其中访谈工作，一是访谈学校本土师生对集团化办学改革工作的认识和给学校教育教学带来的变化。调研显示，乡村集团校师生普遍认为集团化办学对学校带来的变化是可喜的，师生精神面貌发生了很大的转变，薄弱学科教学做到了较好地填补，教学成绩提升明显，支教教师示范引领作用发挥突出。二是访谈支教教师对乡村学校教育教学工作地体验，征求意见和建议。在调研中，支教教师敞开心扉谈工作经历与感受，从自己被安排担任学校教务、教研组负责人一职谈自己的价值体现，从乡村教师的跨学科工作量谈教师的工作强度，从寄宿制学校管理到教师的奉献精神，自己的支教经历成为相互学习的过程。同时根据自己的经历反映受援学校存在的问题，提出了诸多建设性意见建议。

寺寨乡中心学校支教的城西区贾小庄小学教师成飞：学校要创建本土特色,学校有特色,才能得到持续发展;教师对教材的理解,编者的设计意图、新课标的解读理解要到位,教师不应该是教书匠,应该是一个懂得反思和学习的人才;适当增加年轻教师,缓解乡村教师老龄化问题,始终明确教师身上的责任与义务。

东峡乡中心学校支教的西宁市第七中学教师毛艳：农村学生家庭教育意识单薄，学生基础知识底子薄弱，需要教师在课堂上反复加以巩固；对特殊学生学习习惯养成上存在困惑；农村教师兼得课时较多，在教研活动上存在精力不足；因专业教师奇缺，部分课程实施不扎实，要加大教师培训力度，切实开阔教师眼界，提高教学水平。

身临其境才有真感受，支教教师的工作建议为学校工作开展融入了一股清流，为学校盘活教师资源，解决学校发展面临的问题，增强学校发展内生动力起着关键作用。

（二）诊断促改，立足学校内涵发展

督视导是提高学校规范办学和内涵式发展的重要手段。湟源县教育督导部门通过"每月一督"工作，对学校出具诊断处方，找出问题的症结和规律，提出问题解决方案和意见建议，视导结果不作为考核评价学校的依据，鼓励学校直面问题、反思自省、改进提升。这种督视导方式扭转了传统检查考核带来的功利化倾向，让学校放下包袱，用好外脑借力发展，坚持扶贫、扶弱与固本强基，规范办学与发展提高相结合，促进内涵发展。在督视导协调引领下，各集团校重视吸纳市区先进办学经验，把学习与反思相结合，多次选派学校中层以上领导和教师到西宁城西区参加校园文化建设、教育信息化、学生社团建设、第三方督导等教育活动。

三、工作成效

督视导工作助推学校教育教学改革，帮助学校在特色办学、校长治校育人能力、教师专业发展、学生个性成长、多元课程开发等方面改进提升。

一是先进教育思想广泛传播。发挥城西区优师工作坊作用，教师的教学主张和风格逐步成为风尚，以先学后教、小组互助、合作探究为代表的高效课堂全面普及。

二是校长治校育人能力普遍提升。公平对待每名学生，促进每一名学生健康成长的理念深入人心，学校章程、教师考核、学生综合素质评价靠拢教育规律、指向立德树人，学校精致、管理精进、教学精准、学生精神成为每所学校的办学追求。

三是强弱校联合办学形成新机制。以督视导为平台，激活县域教研联盟内强校带弱校力量，扩大优质教育资源。

发挥挂牌督导职能　完善学校工作机制

一、背景介绍

近年来，为缩小城乡间、区域间、校际间的发展差距，促进义务教育优质均衡发展，西宁市大通县积极推进集团化办学模式，充分发挥城区优质资源的辐射带动作用，提升农村学校办学水平。县政府教育督导委办公室积极跟进，先后采取了专项督导和责任督学挂牌督导等方式，促使学校建立健全工作机制，着力解决集团化办学工作中出现的困难和问题，营造良好发展环境，促进集团化办学起好步，开好局，有效发挥了教育督视导的职能作用。

二、案例描述

大通二中是青海省重点中学，近年跻身于省内名校行列，教育教学质量在全县首屈一指。2018年，在大通县教育局的统一部署安排下，大通二中与桦林乡中心学校结成教育联盟校，次年四月更名为教育集团校，二中为教育集团总校，桦林乡中心学校为集团分校。为检查评估集团办学所做的工作和取得的成效，2020年10月大通二中集团化办学工作做了一次挂牌督导。督导前，首先认真学习关于集团办学的各级各类文件，明确集团办学的指导思想、战略意图、行动措施和工作要求，以提高站位，精准发力。督导中采取听取工作介绍、现场查看、查阅档案资料的方式进行。督导后写出督导纪实和督导报告。

两年多来，集团两校领导高度重视，在党建引领、文化交融、教研联动、资源共享、经验分享等方面展开了积极的探索与实践，成效明显。其工作亮点如下：

一是建立工作机制。集团校内部每学期至少召开一次集团化办学工作推进会，总结工作，寻找差距，制定措施，开展活动。两校党办、校办、教务处、政务处、总务、团委的相关人员参加了会议，各部门就各自的工作方法、经验，以及存在的问题、解决的思路进行了交流与沟通。同时集团还成立了以集团总校校长为组长、集团分校校长为副组长、两校副校长为成员的集团内部督导组，定期或不定期进行集团内部督查和视导，检查各部门工作，及时发现问题、分析情况、解决问题。

二是加强师资交流。集团总校在自身教师缺编的情况下，选派了吴静梅（教务处副主任、物理学科）、胡彩娟（化学学科）、任启平（体育学科）三位优秀骨干教师前去桦林乡中心学校支教，解决了集团分校教师紧缺的问题。三位支教教师在支教工作中表现突出，积极参与到集团分校的各项工作中，起到了模范带头作用。同时，桦林乡中心学校也选派了史生菊（英语学科）、莫维云（数学学科）两位教师到集团总校跟岗学习，总校为两校跟岗教师安排了优秀的骨干教师做师傅。支教和跟岗学习既弥补了教师资源的不足，又增进了集团两校间的相互了解和交流。通过评选集团校优秀教育人才、支教与跟岗、师徒结对、教学基本功大赛等方式，促进集团师资队伍建设。

三是教学教研活动一体化。每个月集团校至少开展一次主题教研活动或学科组交流活动，两校初中部各学科教研组通过各类教研活动建立了较紧密的联系，建立了学科教研群，两校老师能积极主动地联系，交流教育教学经验和方法。在2020年中考备考中，集团总校共有8位优秀骨干教师承担了6个科目8场次的中考备考讲座和4节中考复习课例展示，充分发挥了集团总校优秀教师的引领和辐射作用。集团总校心理健康教师马媛娇老师的中考毕业生心理辅导课更是受到了集团分校师生的欢迎。

四是思政工作积极跟进。在集团校成立之初，两校的交流与合作主要以教学教研为主，后来在县教育局集团办和督导室的指导引领下，两校在党建思政工作方面开展了积极的学习与交流。依托集团总校全国教书育人楷模杨毛吉的"德育工作室"积极开展德育工作。集团校先后开展了"迎五四、话青春"青年教师读书交流会、师德师风演讲比赛等活动，"传承五四精神、承担时代使命"为主题的八年级离队入团仪式、"传承红色基因，争做时代新人"主题团课，实现德育教育一体化。

五是优质教育资源的共建共享。集团总校分享了购买的第二教育资源网、橡皮网、学科网的使用权，并要求各学科教研组及时在集团学科教研群上传相关资源以供两校教师下载使用，借助互联网优势，带动了优质资源的共建共享。

在挂牌督导中也发现了一些存在的问题，最主要的问题是两校对集团办学认识上在还存在一些偏差，对集团办学的工作目标认识不足，所以其行动主要体现在共同组织一些教育教学活动。实际上集团办学有许多形式，像大通二中教育集团属于是在一个品牌学校的牵头下，依据共同的办学理念和章程组建学校共同体，在工作机制、日常管理、课堂建设、教师发展与设施使用方面实现共享、互通、合作、共生，进而实现共同体内优质教育的品牌的辐射与合作再造。现在品牌的辐射带动作用发挥较好，但合作再造方面尚存在很大不足。针对这个问题，提出了如下意见和建议。

一是加强集团学校制度建设。应制定共同的办学章程、管理制度和激励机制。重点放在激励集团总校教师帮助分校教师实现专业较快成长，课堂较快转变，补齐短板，优质均衡发展。积极打造集团管理一体化、教育教学一体化、考核评价一体化、教育资源一体化、德育共建一体化平台，逐步形成"一个集团、两个学校、统一管理、融合发展"的办学目标。

二是实现学校共同理念＋特色发展。两校距离较远，差异较大。一所是县城学校，一所是农村学校，一所是名校，一所是薄校，属于强弱联合，在日常管理和课堂建设方面找到契合点还比较困难，应在共同的理念下发展各自的特色，加强两校间学校文化交流，以文化建设促学校发展。

三是实行研训联动。通过义务教育均衡发展，两校在硬件上并没有太大的差距，差距主要存在于师资水平和教学质量。建议学校加大师资交流培训力度，实行走校式教研和网上异地同步教研，增强教师间的交流互动。建立考核激励机制，激发教师主动发展意识，提高教师参与集团各项活动的积极性。

督导建议提出后，集团校非常认同，积极对待，认为问题存在、诊断明确、建议诚恳、建设性强。目前集团校正在制定和完善集团共同制度与机制，明确各自的特色和目标，真正实现名校领跑，融合发展。

三、案例分析

集团化办学是当前教育发展的必然趋势，是区域教育改革的现实需求，是学校自身发展的迫切要求，是满足人民群众教育新期待的有力措施。2020年大通县集团化办学持续推进，取得初步成效，如何巩固提升集团化办学水平，成为教育督导的一个值得思考的问题。集团化办学遵循的原则是"补齐短板、优质均衡"，基本思路是"优势互补、资源共享、合作交流、共同发展"，基本策略是"名校领跑、学校结盟、整体提升"。目的是解决人民群众日益增长的优质教育需求和不平衡、不充分的教育发展之间的矛盾，办好老百姓家门口的每一所学校，让每个孩子享有公平而有质量的教育。在本次督导中，督导人员首先认真学习，做足功课，提高站位，因此能提出有见地的意见、建议和对策，取得集团的认同，并采取行动认真对待；其次，挂牌督导中站位正确，不凌驾于学校之上，充分尊重和理解学校的工作，充分肯定集团办学中取得的成效和亮点，在督导工作中要做学校的高级参谋，教师的互助同伴，家长的贴心伙伴，督导工作比较接地气；其三，挂牌督导恰当地处理了"长牙齿"和柔性化的关系，善于把督导的意愿转变为学校工作的思路和措施，转变为提升工作水平的抓手和载体，使督导工作与集团化办学工作融为一体，开创了督导工作新局面。